U0327134

现　代　职　业　人　教　育　丛　书

ZOUJIN JIANXIONG

走进健雄

张标　主编

苏州大学出版社
Soochow University Press

图书在版编目(CIP)数据

走进健雄 / 张标主编. —苏州:苏州大学出版社,2016.7
(现代职业人教育丛书)
ISBN 978-7-5672-1782-9

Ⅰ.①走… Ⅱ.①张… Ⅲ.①高等职业教育-入学教育 Ⅳ.①G718.5

中国版本图书馆 CIP 数据核字(2016)第 170073 号

走进健雄

张 标 主编

责任编辑 周建兰

苏州大学出版社出版发行
(地址:苏州市十梓街 1 号 邮编:215006)
苏州恒久印务有限公司印装
(地址:苏州市友新路 28 号东侧 邮编:215128)

开本 787×1092 1/16 印张 11.5 字数 259 千
2016 年 7 月第 1 版 2016 年 7 月第 1 次印刷
ISBN 978-7-5672-1782-9 定价:24.00 元

前言 Preface

新生入学教育是大学教育的引入点。入学教育也是大学生人生新的起跑线，谁能更早地适应大学的学习、生活，并确立自己的奋斗目标，谁就能在成功、成才的道路上取得先机。对于学校来说，新一届学生入学教育的成败则会在很大程度上影响到学校的学风和校风建设，从而影响到学校的整体育人环境。《走进健雄》结合高等职业院校学生入学教育的教育需要与特点，引导大学生树立科学的价值观与人生观，帮助大学新生尽快适应新环境，让他们学会学习，学会做人和与人相处，规划好奋斗目标，培养积极向上的个性品质，为大学的学习与生活铺平道路。

本书共分六章，以苏州健雄职业技术学院入学教育为范例，从大学生了解学校状况开始，去探寻何为大学生、高等职业教育内涵、高校文化精神和底蕴；在入学适应性阶段，为大学生在环境适应、心理健康调整、人际交往能力改善、正确树立恋爱观等方面提供指导和帮助。在学习方面，对于大学学习特点、学习规划、学习方法等一系列问题进行了讨论与思考，让学生掌握一些必备的学习常识、学习能力；在大学生素质能力培养方面，让学生了解学团组织的职能、特点，树立起在服务同学、服务学校过程中成长自己的价值追求；在学生面对生活困境时，引导学生去寻求助学政策的帮助，更鼓励学生在自助成长的平台上，学会自尊自立、诚实守信、懂得感恩；在大学生成长过程中，要求大学生掌握适应社会变化的安全防范知识和自我保护技能，培养自救互救的能力。本书如同一名大学向导，循着路线图，引导同学们走进大学校园，登上知识殿堂，游历于知识与创造的乐园里，发现并获得大学生活的真谛、学习的规律、学习的方法、成人成才的路径。

本书由“现代职业人教育丛书”编委会统一组织编写，魏晓锋担任编委会主任，盛建军、张学军担任副主任；张标担任《走进健雄》主编，负责内容框架的确定、统稿与终审工作。其中，第一章由张标编写，第二章由王志明、钱伟钧编写，第三章由周懋怡、李奕编写，第四章由王玉、马晓盼编写，第五章由吴成炎、沈晓婷编写，第六章由高飞、王钰岚、周友焕编写。在此，特别感谢霍彧老师对于编写本书的指导！

本书在编写过程中参阅了国内专家的大量研究成果和文献资料，在此谨向有关作者表示感谢！由于编者水平有限，时间仓促，书中难免存在缺点和不足，恳切希望读者和同仁提出宝贵意见。

编 者

2016 年 7 月

目录 Contents

引 言

当我们打开烫金的大学录取通知书时，仿佛是打开了人生崭新的一页。从此，我们把生命中最美好的时段都安放于大学校园里，把青春最壮丽的诗篇都刻画在大学岁月的轨迹上。从踏进大学校门的这一刻起，我们离开了父母的呵护，独立面对着新的挑战，我们心中充满着激动、兴奋，也夹杂着些许的不安。在大学的帷幕拉开之时，让我们一块儿分享师长给予的嘱咐。

一、“立人”为本，打造两个底子

求学有其功利性，我们不回避，但需正确理解。鲁迅曾说过：“一要生存，二要温饱，三要发展。”在大学里学得专业知识、技能，使自己成为合格的专业人才，一方面是个人和家庭谋生的手段，另外一方面也是国家建设、社会发展的需要。这是我们要打的第一个底子——专业技能的底子、终生学习的底子。但是，人不仅仅要有功利目的，更要有精神的追求。我们需要陶冶自己的性情，锻炼自己的品格，发展自己的爱好，开掘和发展自己的想象力、审美力、思维能力和创造能力，使自己成为一个健全发展、有人文关怀的人。这是我们精神的底子，是大学的根本任务——“立人”！

二、励志成才，大学生活主旋律

大学匆匆，光阴从指缝中调皮地逃走，而我们总掉入时间的陷阱，总以为时间还很充裕。其实，我们已经处在必须奋斗的战线上了，诸多的抉择与挑战需要我们去竞争拼搏而非等待。励志与成长是大学里一种唯美的追寻，你可以为了你的升学而去探索知识的源远流长；你可以为你步入企业工作而去热衷各种实践和探索；或者你单纯为了你的爱好，而去追求成长的快乐……励志与成长不会是一张空头支票，但它取决于你将以怎样的姿态来使你变得强大，变得与众不同，更加富有内涵。这就需要我们用奋斗与拼搏来储蓄知识，练就技能，营造友情，谱写不可能的故事。

三、责任，成熟的思想内定

责任，并不是别人给你的，而是自己成熟的思想内定的。我们每一个人从出生到长大成人，无不凝聚着父母的艰辛和无微不至的关怀。我们大多数人来自农村，或普通职工家

庭，家境一般，我们应克服依赖思想和寄生心理，树立自主意识和责任观念，关爱他人，我们不能在无为与堕落中放弃所应承担的使命，学习、担当是一种责任，也是一份成熟。

四、塑造品质，保持自我

网络游戏里发出让人兴奋无比的厮杀声，湖边路灯下站着一对对相互依偎的情侣，同龄人潇洒的消费生活方式……面对这些大学里别样的诱惑，我们需要平心静气地认清自己，需要在拒绝、忍耐中培养自己的毅力与智慧。我们需要时刻警醒，知道什么事能做，什么事不能做；知道自己是谁，知道自己不能是谁；保持谦卑而感恩的心态，拥有不断重新归零的勇气与信念，保持那些能够永恒不变的、真正属于自己的品质。

五、适应大学，早日规划

尽快适应大学生活，是我们入学首先要面对的一项重要内容。这个过程对我们来说情况各异，有的困难有的容易，有的时间长有的时间短，但不管是曲折的还是顺利的，这都是一个必须完成的过程。学习方式的变化，自我管理方式由被动向主动的改变，生活习惯的差异，人际关系的协调，经济问题、感情问题等等，都是我们必须面对的。这种种问题有很多解决方法，我们要勤于学习，根据自己的实际情况去适应。早一天适应，我们就比别人更早起步，更早规划，成功的可能性就会越大。

有人说，如果时光可以逆转，多数的人都会成为伟人。光阴的宝贵就在于它无法倒流。当我们离开校园的时候，再次回眸这段难忘的岁月，倘若我们能够问心无愧地说：青春，无悔！如此，便足够了。

第一章 初识大学——苏州健雄职业技术学院

大学时代是人一生中最为关键的阶段。大学生从入学的第一天起，崭新的大学生活就此拉开了序幕。面对全新的学习、生活环境，除了好奇与兴奋之外，或许还会有些茫然。新生的首要任务是尽快适应大学生活，进入大学生“角色”。当面对一个新的转折点，一个新的起跑线，我们应成为一个“敏捷的起跑者”，应有一个新的精神面貌，一个新的人生目标，一个新的成才规划。而这一切，就让我们从认识大学，认识高等职业教育，认识我们将为之挥洒青春的苏州健雄职业技术学院开始吧！

第一节 认识大学

一、何为大学

儒家经典著作《大学》中曾写道：“大学之道，在明明德，在亲民，在止于至善。”意思是：大学的宗旨，在于点燃学生心中那盏真、善、美的明灯，使之能够革故鼎新、治国新民，使之能够追求真理、不断创新。虽然这里的“大学”并不等同于今天的高等教育，但其内涵对我们认识“何为大学”仍有参考意义。

当你怀着坚定的志向走进大学时，有没有认真地想过：何为大学？

大学是社会的灯塔。大学不限于传播知识，她还是传递价值观的地方。她应占据社会的精神高地，成为普通民众心灵中仰望的净土。大学是社会的灯塔，给社会带来光明。点亮灯塔的是思想，没有思想的大学，就是没有光明的大学，也是被笼罩在黑暗和世俗中的大学。

大学是创新的活水。大学是一批值得尊重而又有经验的人和一批充满激情而又渴望知识的人激荡思想的地方。鲁迅先生在《我观北大》中说：北大是常新的。其实这是对所有大学的期望。为什么大学是常新的？她每年都有新的学生，每年都有新的教师。如果她每天都有新的知识、新的见解、新的思想产生，大学就真正成为社会精神财富的源头活水。这样，不但大学是常新的，一个国家、一个民族也将是常新的。

大学是真理的福地。哈佛的校训是：“与柏拉图为友，与亚里士多德为友，更要与真理

为友。”对此，我们心生景仰之余也不免慨叹其深意：圣贤如柏拉图、亚里士多德者，其地位也高不过真理！倘若没有“吾爱吾师，吾犹爱真理”的境界和勇气，苏格拉底之后就不会有柏拉图，柏拉图之后也不会有亚里士多德。耶鲁大学的校训是“光明和真理”，是否有光明在于真理、真理即光明之意呢？哈佛大学校长索马斯在耶鲁建校三百周年庆典上说，哈佛与耶鲁实乃互相鞭策、共同进取的战友，他们共享信奉真理、宽容和思想的力量这一价值观，并为之奋斗不息。

大学是文化的酵母。一个人一生中需要三个“母亲”来塑造他的品格：自然人格是母亲给的，民族品格是祖国给的，文化品格则是母校给的。大学既传递知识，也滋养文化。不同的大学必然有不同的文化，其区别即是不同的大学必有不同的传统、所秉持的理念以及洋溢于外的校风。一个人进了大学，就像进了一个发酵池，会受到氛围的熏陶。母校的文化品位，必将影响人的终生。

大学是知识的源泉。学习知识是大学生活的中心。大学对知识有五种处理方式：传播知识、运用知识、收藏知识、创新知识、交换知识。大学不是公司，她是非营利性的，因此可以专心于知识和真理；大学不是政府，无须随一时的政治需要或俯或仰，因此可立足长远，心无旁骛地追求知识。斯坦福大学校长在造访中国的一次演讲中说，在历史上，大学是社会进步和经济发展的强大动力。今天的大学，在这方面又被赋予了更多的期望，特别是在知识创新方面。由于产业界对长远的基础研究缺乏兴趣，大学的作用再次凸现。只有扎根于基础研究的肥沃土壤，才会有应用研究的百花齐放。

大学是道德的高地。大学有两堵墙。一堵是有形的墙，墙外是世俗的，墙内是高雅的。大学内的人，要成为一个道德的共同体，遵从高尚，创新文明，拒绝世俗，拒绝功利。另一堵墙是无形的，是心灵上的墙。大学师生应有一种道德的担当，自觉做公民的表率、社会的楷模、人之师表。只有共同遵从高尚，才能组成道德的共同体。

大学是良心的堡垒。正是有大学对社会的良知，才有五四运动。大学关心政治进步、法治昌明、文化繁荣、社会公正。这四个方面，是大学的良心所在。大学是收藏社会良心的地方，当社会无德时，大学还有德。当社会因为物欲横流、政治腐败而使人们心灵堕落的时候，大学还应以其独立、自由、公正的品格予以对抗。企业会因唯利是图、不顾公益而无德，政府会因派系斗争、丧权辱国而无德。如果一个社会连大学都堕落了，社会的良心也就沦丧殆尽了。

大学是知识的共同体、学术的共同体、思想的共同体、文化的共同体、道德的共同体，这就是大学的本质所在。

二、何为大学生

在中国，大学学子历来被看作是国家的栋梁、社会改革的先锋、民族振兴的希望。在这个价值多元的时代，大学生仍然是社会进步的先驱和引领者。那么，何为大学生？

第一点，“大专”。“术业有专攻”，所有的大学无不以此为根本，当然所有的学生也就必须以此为根本。大学生要在“专”字上用功是毫无疑问的，但更要在“大”字上用功。也就是说，懂得一点专业还不行，还必须在你的专业里“精”而“深”，正所谓学而不精等于不学。可以这么说，不精通等于没有专业，没有专业也就不是大学生。我们的教材“专”也许有了，但不一定“大”，不管编的教材是否具备大和专的要求，自己都要深入、系统地钻研。一个学生仅掌握十来本的专业教材是远远不够的，如果你钻研了上百本书，“先专后大”，那么无论你走到哪里，人人均知道你是货真价实的“大”而“专”了。

第二点，“大德”。专业只解决了你做事的问题，品质才能解决你做人的问题。不解决做人的问题，你可能很难有做事的机会或者做不长。品质是从个性心理特征中磨炼出来的坚固的心理特征，是一个人的质地。气质是先天性的质地，品质是后天性的质地。磨砺品质就是向虚伪、懦弱、懒散、拖拉、狭隘、自私开战。磨砺品质就像夯实地基一样，把我们身体内的松散轻浮、虚无缥缈、气泡之类的东西全部驱除，把我们锻炼成坚不可摧的铸铁，如此才能承担一切困难和压力，如此我们才会有真正的大心胸、大格局，我们才会真正成为一名合格的大学生。李开复在《一生的保证》里提到，成功只有两条途径：一是兴趣，二是被某组织赋予责任。组织凭什么委你重任？就是因为你的品质让人相信你能承载组织的重托。通过组织为社会服务，你的力量将千万倍地放大。

第三点，“大识”。你的见识与众不同，这不是偶尔的，而是一种思维模式。大识，首先就是大思。何谓大思？牛顿的“苹果思维”是在默想中寻找生活的规律，是在默想中寻找看似平淡但暗藏玄机的命运载体。有时一件事无所谓对错，关键是从哪个角度、依据什么条件去看、去思考。大识，其次表现在信念上。坚定的价值观，即在无所谓对错的情况下你坚持什么。坚定的信仰是只有少数人才能达到的境界，大学生就要向那些成功人士、伟人学习他们的价值选择，做信仰坚定的“少数人”。

第四点，“大为”。所谓大为，是指自己能主导自己的行为，不再是为了分数而战，而是用行动来表达一切。你的生活不再是纯程序化的，大部分情况下你可以自由地控制自己的生活。也就是说，你现在就可以向着个人的人生总目标奋进，而不是通常所说的业在学后成。大学期间就可以有作为，而且从许多行为上就可以显示一个人今后的作为。比如，有的大学生骑自行车周游世界，有的大学生整天待在图书馆研读《资本论》……凡此种种都是大为之表现 。一个真正的大学生就是开始用行动描绘自己人生的人，就是敢于用行动描绘自己人生的人。渴望成功的人总在行动，一次次小行动带来大行动，一次次小成功带来大成功，一次次艰难的成功最终带来了容易的成功，从而造就了成功人生——大为实乃不断的小为也。

三、大学与高中之异

有高中老师说：大学是自由的天堂，进入了天堂就如同拿到了打开未来成就的保险箱。进入大学，你会发现，自由是相对的。你能一眼看到大学与高中有很多不同，但真正的不同却是隐性的，需要切身的感受与体会。

1. 高中要解决的问题是单一的，而大学要解决的问题是多样的

高中要解决的主要问题就是考上大学。在一般人看来，高中阶段只要学习成绩好，就

算好学生，考上大学就算完成任务。而大学教育要解决的问题具有多样性。首先面临的问题就是适应大学生活，学会与同学和老师相处；接下来要面对的问题就是对本专业是否有兴趣。大学阶段还涉及怎样认识自己、怎样全面发展自己、自己今后干什么等问题，所以大学需要解决的问题与高中比起来更为多样。有的问题如果解决不好，会影响到今后的发展。

2. 高中的学习内容是有限的，大学的学习内容则是无限的

高中的学习内容有限，一个高中生用3年时间就能把高中的内容学完。而大学的学习内容是无限的，大学要求学生不仅要有扎实的理论基础，还应有宽广的知识面和较强的动手能力。任何一个专业的大学生除学好本专业知识外，还应掌握相关专业的知识。比如，学经济学的学生，仅仅了解经济学方面的知识是远远不够的，还要了解政治、人文等知识，并掌握各种研究方法。

3. 高中竞争中的绝对优势，到了大学则成为相对优势

在高中学习成绩优秀的同学，是其他同学学习的榜样；可是到了大学，人才济济，高中的学习优势可能就没有了，同学们又在同一个起跑线上竞争。同时，有的同学在社会工作上特别优秀，有的同学在文体方面特别优秀，有的同学动手能力较强……在激烈的竞争中，有些同学原有的绝对优势被弱化了，具有的只是相对优势。面临这种现状，及时调整心态就显得更为重要。

4. 高中学习大多是被动的，大学学习是主动的

高中学习总体上来说是被动的，学生基本上围绕老师的安排、在老师的要求下一步步地学习。而大学则要求学生主动学习，要“读万卷书，行万里路”，把理论与现实相结合，不断地提高自己分析问题和解决问题的能力。没有主动的学习精神，要想在学业上取得成就是不可能的。

5. 高中生活以家庭生活为主，大学生活则以集体生活为主

上高中的时候大部分学生住在家里，即使是住校生，每个月也至少回一次家，会从父母那里得到较多的关爱，生活上的事不用太操心，与人的沟通能力并不重要。上大学后就不同了，远离父母，过着集体生活，一切问题都要自己独自面对和处理。与同学关系处理的好坏，会直接影响日常生活情绪。所以，沟通能力的锻炼就显得尤为重要。

6. 高中生是未成年人，大学生则是成年人

高中生还是未成年人，是民法上的限制行为能力人，涉及法律上的事情，有的可以不负责任。但是上大学以后，年龄大都在18岁以上，从民法上讲已是完全民事行为能力人，要对自己的行为负全责了。我们一定要认识到这一点，尽快提高自己的素质，对自己的行为负责。

爸爸的信——我所理解的“大学之道”

乖乖：

寒假里忙，总是年呀节呀什么的，吃喝玩乐，忘乎所以，把本来很想和你讨论的一些问题也给耽搁了。这次听你在电话里说，你参加了一些学社，参与了一些辩论会，和同学们一起参与了公益活动，我很高兴，也替你高兴。想不到离家才半年的“毛丫头”，这么快就在一所新型的学校里成熟起来，走向社会了。作为家长，我和你妈妈感谢你们的学校和各位师长，看来你选择这个学校是对的，是有前途的。

但同时，这也让我想起了我本应在假期想和你交流的一些话题。其中之一，就是要正确理解“大学之道”，即为什么要上大学。我们应该懂得大学里一些基本的问题。

古人云：大学之道，在明明德，在亲民，在止于至善。在这里所谓的“大学”，其实是指知识分子的一种修养。其中的“明明德、亲民、止于至善”，与所谓“格物、致知、诚意、正心、修身、齐家、治国、平天下”谓之“三纲八目”，很繁难，不好懂，与现在我们所说的现代“大学”教育，显然不是一个概念。

应当说，从西方引进中国才100多年的大学教育，从本质上说，是一种专门的教育过程。也就是说，你必须理解，当你高中毕业以后，事实上的普通教育已经结束。而大学教育的任务和目的，就是要造就一个有具体专业特长的专门人才。正因为这样，你才必须有专业所属，才可能得到专家的培养。不了解和明白这一点，仅仅把大学当成高中之后的一种上学延续，就可能误解，也可能浪费时间而无所知之。

虽然现在国家大力发展高等教育，上大学也较过去容易些，但就每个人而言，层层筛选的结果，自然只有不多的人可以接受大学教育，这在世界各国都是如此。因此，你要始终记着自己的使命，就是通过大学学习，努力成为一名有着专业知识和素质的专业人才。科学发展到现代，分门别类，愈析愈细，任何一个人想成为通才都是不可能的，也是没有必要的。社会是一架分工细密的庞大机器，我们只能在其中做一项或与之相关的工作。这个专业基础，就是自己的安身立命之处，就是自己为社会发热发光的资本所在。记住这一点，就是掌握了“大学之道”的核心和基石，就会明白在熙熙攘攘的大学校园里，为什么聚居着这一群年轻人的原因所在了。

当然，专业基础并非只学专业。做人的修养，知识的丰富，良好的习惯，办事的能力，特别是志向的树立，都应当在大学阶段奠定出“模型”来。因为在普通教育阶段是没有大学阶段自由选择的从容心态的，也缺乏人生开悟的紧迫感。我以为，虽然古人的“大学之道”与我们所论的“大学之道”是不同的概念，但非常巧合的是，“三纲八目”正是需要在大学阶段培养的“气质”（即古人所说的“浩然之气”）。古人不讲科学，只论道德，但在做人做事方面的经验之谈无疑是正确的。从这个意义上讲，大学阶段的博览群书和勇于任事也非常重要。差别只在于，如何科学地分配时间与精力，在不影响专业学习的情况下，将学校工作和社会工作也做好。这对自己是一种考验，也是一种能力的培养，望善处之。

大学时光虽短，但真正的人生是从这里起步的。青年时期是可贵而短暂的，更应当在这个黄金阶段闪耀出生命的光彩。作为家长，我们不希望你成为只知书本的老夫子，也不希望你挥霍时光，不知所归。要真正做到这一点，其中关系较复杂，很难掌握，惟望你能心里有数，不致懵懂就好。至于能否做到最好，则就看你的努力和资质了。

开学之初，这算是俗称的“开示”。对与不对，可以讨论。

祝你愉快，进步！

爸爸

3 月 3 日于家里

第二节　认识高等职业教育

中国的高等职业教育经过近二十年的发展，培养了数百万的高等技术应用型人才，为我国的现代化建设做出了重要贡献。目前，我国高等职业教育规模已占有高等教育规模的半壁江山，高等职业教育办学思想日益明确，办学规模不断扩大，办学形式日趋多样化，健康、和谐、快速发展是当前高等职业教育的主流。

一、高等职业教育的内涵

2004 年，我国在《关于以就业为导向，深化高等职业教育改革的若干意见》中明确指出：“高等职业教育是高等教育体系的重要组成部分，也是职业教育的重要组成部分。”国内外有关专家将高等职业教育的属性概括为以下三点：第一，它是高等教育；第二，它是职业技术教育；第三，它是职业技术教育中的高等阶段。层次上的“高等性”与类型上的“职业性”是高等职业教育的本质特征和基本属性，它决定着高等职业教育的基本特色。

二、高等职业教育的特色

从高等职业教育的内涵来看，高等职业教育的特色主要包括以下几个方面：

（一）培养目标的特色

一些发达国家对高等职业教育的培养目标有明确的规定：“为工业、商业以及应用科学部门培养既有一定理论基础，又有较强实践能力的高级技术员。”其任务是“将抽象的设计或理论研究的结果具体化”。我国在 1999 年全国教育工作会议中更是明确地指出：“高等职业教育应培养一大批具有必要的理论知识和较强实践能力的生产、建设、管理、服务第一线的急需人才，学生在掌握必需的文化知识的同时，具有熟练的职业技能和适应职业变化的能力。”综合以上阐述，高等职业教育人才培养目标应具有四个特性：

1. **定向性**

由于高等职业教育面向的是生产、建设、管理、服务的第一线，与普通高等教育相比，与生产的关系更为直接，所培养的人才更具有行业、专业或工种的职业方向要求，培养目标更侧重于现实生产第一线的操作人员或技术人员的职业岗位规格要求，因而更明确、更有针对性。而普通高等教育虽也面向职业，但只是指明了职业的大体方向，并且注重学科理论的系统性和完整性，目的是为从事研究工作或为从事高技术要求的职业做准备。因此，高等职业教育人才培养目标更具定向性。

2. **技能性**

高等职业教育以培养学生具有某一职业技能或岗位群所需技能为目标，上手快、动手能力强、适用范围广是其对毕业生的基本要求。因此，以能力为本位，重视实践教学，突出动手能力的培养，提升学生技能水平，是其教学改革与发展的方向。在人才规格上，要求学生既能动脑，又能动手；既有理论知识，又有实践技能；既有学历证书，又有技能等级证书或职业资格证书。

3. **高等性**

教育属性的"高等性"决定了其培养目标的"高等性"。主要表现在：第一，高等职业教育是高中阶段教育基础之上的专门教育，它培养的是能将设计、规划等转化为现实产品或其他物质形态的，具有较强的技术应用能力的高等专门人才。第二，它与中等职业教育培养目标的根本区别在于学生对前沿性技术的了解和掌握程度较高。第三，毕业生应有较高的综合素质，他们除应具有必需的专业知识外，更应具有较强的管理和实践能力。

4. **兼容性**

随着科学技术和生产技术的突飞猛进，高等职业教育的培养目标不能仅限于岗位相关素质的提供，还要求培养对象对新知识、新技术有吸收消化的能力，对职业岗位变动有适应和应变能力，对现行工艺和管理有创新能力和开拓能力。因此，高等职业教育强调培养复合型人才，以适应随经济发展和科技进步而产生的高新技术岗位、技术与技能间的复合岗位以及岗位技术层次上移和技术难度的加大。

(二) 教学内容的特色

高等职业教育的内容由知识、能力与态度三个基本要素构成，其内容特色包括：

1. **职业导向性**

高等职业教育教学内容三要素的设计必须考虑教育对象的就业需要。如同样名称的制图课程，中等职业教育以识图为重点，高等职业教育以作图为重点，普通大学教育则以"画法几何"、培养空间想象的设计能力为主要内容。因而从职业导向性的特点要求出发，高等职业教育使用的教材与普通高校使用的教材相比，其内容的侧重点不同。

2. **技能主导性**

由于高等职业教育是一种以各种生产技术为主的教育，因而职业技能的获得成为其成功与否的重要标志。熟练的操作技能或现场解决技术问题的能力是高等职业教育教学内容三要素的重心所在，这就要求在高等职业教育教学内容中，技能不仅占有较大比例，而且知识和态度的选择与安排也常为技能的要求所左右。技能在教学内容中的特殊地位是高等职业教育区别于其他类型教育的显著特点之一。

3. 必需、够用性

传统的高职课程强调学科知识体系的系统性、完整性，按照学科的逻辑顺序来确定教学内容、组织课程体系。这不仅偏离了应用型人才的培养目标，事实上在有限的时间内也不可能给予学生全部的理论知识。因此，高等职业教育的理论教学必须把握“必需、够用”的原则。“必需”，是指知识的讲授和学习是专业和职业能力培养所需要的，同时也是能兼顾学生素质的培养所必需的；“够用”，就是不再追求学科体系的逻辑严密性，强调教学内容的实际与实用，即高等职业教育给予学生的知识既不能过时，又不能超现实太远，既要能满足学生职业技能培训的需要，又能让学生有一定的发展潜力。

（三）教学过程的特色

1. 灵活性

灵活性是对有效需求变化的适应。在市场经济条件下，各专业人才需求规模、规格品质不断发生变化。高等职业教育的教学过程必须根据国家、社会、劳务市场对职业的需求，确定应设专业，根据对专业岗位工作和任务的分析，确定所需的能力，然后据此开发课程，确定教学方式。职业教育课程模块化的趋势正是这种灵活性特点的反映。

2. 实践性

职业能力的培养重在训练，重在实践。教育部2000年下发的《关于制订高职高专教育专业教学计划的原则意见》中明确提出，三年制专业的实践教学一般不低于教学活动总学时的40%，两年制专业的实践教学一般不低于教学活动总学时的30%。高职的实践教学主要包括动手操作的实验、模拟试验、实训、实习和设计等，这些教学活动应贯穿于高等职业教育的全过程。理论与实验一体化、课堂与实习地点的一体化、工作与学习的一体化，是高职学生学习的主要模式。把教学活动与生产实践、社会服务、技术推广及技术开发紧密结合起来，也是高等职业教育人才培养模式改革的重要切入点。

3. 开放性

高等职业教育培养目标以需求为第一，决定了其办学体制、办学形式、办学特色必须适应社会、企业或市场的要求。具体来说，专业设置应以市场需求为前提；教学实践以社会资源为依托；学生就业由社会供求来调节；职业培训以岗位要求为内容。离开了社会需求，高等职业教育无立足之地，更无发展的可能。因此，高等职业教育必须坚持开放办学、开放育人，要主动面向社会，不断扩大学校的内涵和外延，拓宽高等职业教育的功能，密切与社会各方面广泛的联系，充分争取社会各界的广泛支持，不失时机地调整育人方案，这是保证职业教育质量和效益的重要措施。

三、高职人才职业素质的构成要素

高职学生在学校接受知识、获得技能的同时，还要培养良好的职业素质。从人的发展来说，具有较高的职业素养比具备某种技能更重要，因为社会上的行业各不相同，但对求

职者的基本职业素质要求是一致的。职业素养问题关乎高职学生迈向社会第一步——竞聘职业岗位的成功与否，甚至决定着未来事业的成败。具体地说，高职人才职业素质有以下五个构成要素：

1. 思想政治素质

思想政治素质要素体现了培养目标的政治标准和思想素质，要求高职学生热爱社会主义祖国和社会主义事业；有强烈的社会责任感、明确的职业理想和良好的职业道德，勇于自谋职业和自主创业；具有面向基层、服务基层、扎根于群众的思想观点，理论联系实际、实事求是、言行一致的思想作风，踏实肯干、任劳任怨的工作态度，不断追求知识、独立思考、勇于创新的科学精神。尤其是敬业精神、团队精神和诚实守信，是职场人的立身之本，也是一个企业的灵魂，并已成为企业录用员工重要的条件。可以说，高职学生学会做人比学会做事还重要。

2. 知识素质

知识素质要素包括文化基础知识、现代科技知识、专业基础知识和专业知识。文化基础知识和现代科技知识是高职人才必备的基本知识。专业基础知识是学习本专业所必须具备的基本知识，是专业学习的基础。专业知识是从事本专业工作所应具备的专业理论知识。对于高职人才来说，拥有必备的文化基础知识和专业基础理论，不仅是胜任当前技术密集型岗位的需要，也是知识再生和迁移，进一步学习与提高以适应将来岗位变革的始发点。随着科学技术的进步和发展，不同领域的科技知识交叉、渗透和组合，使社会上出现了许多跨学科职业岗位，这就要求高职人才还必须具备与专业相关的多学科基本理论知识，才能提升"接口"能力。要树立终身教育的思想，克服"重实践""轻知识"的倾向，从自己今后不断学习的需要出发，奠定扎实的知识基础，增强可持续发展的能力。

3. 能力素质

能力素质要素是人才规格的核心，是学校为社会培养有用人才的具体体现。能力要素包括本专业技术能力、工作能力、社会能力和创新能力。高职人才不仅要熟练掌握本专业技术能力，在任职岗位上表现出较强的工作能力，而且要具备一定的社会能力。在不断变革的21世纪，工作环境、人际环境、思想环境的动态变迁和国际化、开放化的社会环境的形成，对高职人才的适应能力、合作能力、公关能力和交往能力等提出了新的要求。

4. 身心素质

身心素质要素包括健康的体魄和良好的心理，它体现了培养目标的物质基础和心理素质，是从事一切工作的前提。只有具有良好的身体体能，才能胜任本专业岗位的工作；只有具有良好的心理素质，才能在工作中遭遇挫折时有足够的心理承受能力，也才能在艰苦的工作中不怕困难，奋力进取，不断激发创造热情。

5. 劳动素质

劳动素质是人才规格的基本素质，它包括劳动观念、劳动知识和劳动实践。高职学生大多数是独生子女，父母希望他们早日成才，宁愿自己多吃苦，也不让孩子受委屈，因而高职学生劳动素质较差。如果不加强劳动素质教育，即使在学校学习掌握了一定的专业知

识和专业技能，也不可能成为受社会欢迎的高素质的劳动者。因此，对高职学生加强劳动素质教育具有极为重要的意义。通过劳动素质教育，可使他们树立热爱劳动的观念，增进与劳动人民的情感沟通，了解劳动知识，掌握劳动本领，做好将来从事艰苦工作的思想准备。

四、赢在高职，成就自我

有不少人对高职院校存在严重偏见，有些年轻人甚至因为自己是高职生而感到失落，陷入困扰。因此，高职新生入学后一定要树立一个良好的心态，正确认识高职院校。

1. 学会转换视角，接纳高职学校

心理学告诉我们，决定人的情绪是积极的还是消极的，不是现实生活本身，而是人们对现实生活的看法和理解。考入怎样的学校，对于一个人成才确实有很大的作用。但人的成才与否绝不是由一所学校就能简单决定的。古今中外没有高学历、高文凭而成才者的故事屡见不鲜。考进一所高职院校，与考上传统的本科类院校的同学相比，难免让人萌生失落感。但是，换个角度看，你会有新的体验。在这里，也许正好是你展示自我、发展自我的一个恰当的环境。况且，对过去的成败得失有所反思之后，会帮助你找到前进的方向。当你持之以恒地奋斗之后，会以自身证实：高职大学生同样能够取得成功。

2. 学会接纳自我，稳步走向成功

也许你会说，正是因为这样的学校，我才做了那么多的努力来发展自己，可是失败了呀！千万不要灰心，万里长征要一步一步地走。刚刚步入一个新的环境，首要的问题是适应，而不是发展。如果在不顾现实的情况下怀着一颗急切的心、焦躁的心、浮躁的心、好高骛远的心，在这样的心态下怎能收获成就感？怎能找到满意的自我？拥有一颗平常心，你就会坦然地接纳自我，就会现实地确定目标，就会扎实地稳步前进，就会理性地对待失败，也就会从失败中收获智慧，收获成熟，进而一步一步走向成功。

3. 做好社会对接工作，建立现代职业人意识

高职，除了“高”所具有的高素质、高技能外，还突出了“职”所具有的职业素养、职业定位、职业规划。如果高职学生仅在教室里从理论到理论，肯定不能适应未来职场的需求。高职学生应充分利用、创造社会实践机会，了解社会对于现代职业人的需求与要求，了解现代职业人应具有的素养。学生利用假期到企业打工、调研，这是成为一个企业人之前最好的职场体验、实习和热身。成功属于有准备的人，尽早地培养起职业人所应具有的素养，是你胜人一筹的优势。

德国双元制职业教育在健雄职业技术学院的本土化改革与实践

苏州健雄职业技术学院　魏晓锋

一、德国双元制职业教育的概况

“双元制”是德国职业教育最具特色的核心部分，是学校教育与企业培训紧密结合，以企业培训为主的职业教育模式。受培训者一方面在职业学校以学生身份接受职业专业理论和普通文化知识教育，另一方面以学徒身份在企业接受职业技能和相应知识的培训。在学校与企业的合作中，企业培训是主体，学校教学处于辅助地位，学生在学校与企业的时间比为1∶4或2∶3，以培养既具有较强操作技能，又具有专业理论知识和普通文化知识的技术工人。这种模式在德国中等职业教育领域所占的比例超过80%，并突出反映了德国职业教育的观念和特点，以至于“双元制”几乎成了德国职业教育的代名词。“双元制”职业教育是德国人才培养的主要模式，为德国培养了大批高质量技术工人，促进了德国经济的快速发展，德国人曾自豪地将“双元制”称为“德国经济腾飞的秘密武器”。目前，德国约有六成以上年轻人在接受“双元制”职业教育。自20世纪70年代以来，世界上许多国家也都在不同程度上吸取其精髓以改进本国的职业教育。

二、苏州健雄职业技术学院的“双元制”本土化人才培养模式

苏州健雄职业技术学院依托太仓市发达的产业体系，引进、消化、吸收、创新德国“双元制”职业教育模式，在长达近十年“双元制”职业教育模式的探索过程中，已经形成了具有学院特色的高职人才培养模式。

1. 苏州健雄职业技术学院人才培养模式改革思路

苏州健雄职业技术学院在引进德国“双元制”教育模式过程中把握其本质特征，并由此进行“双元制”本土化改革，其主要内容如下：在办学思路上，德国“双元制”以企业为主，以实践为特色，苏州健雄职业技术学院主要面向企业，通过产学紧密合作，推进产学合作教育。在培养机构上，德国“双元制”是企业与学校共同培养，苏州健雄职业技术学院根据“工学交替，定岗双元培养”“‘2+1’定岗双元培养”等模式，实现校企合作。在学生身份上，德国“双元制”中是学生与员工双重身份，苏州健雄职业技术学院根据上述两种人才培养形式，实现学生双重身份的构建。在教师组成上，德国“双元制”是工厂师傅、实训教师承担实训教学，教师承担理论教学，苏州健雄职业技术学院组建双师型教师+培训师的教师队伍。在经费来源上，德国“双元制”由企业和联邦政府提供，苏州健雄职业技术学院多渠道筹措外部经费。

2. 苏州健雄职业技术学院“双元制”本土化模式的两种形式

在长期的探索与实践中，苏州健雄职业技术学院总结出了“双元制”本土化模式的两种具体表现形式：

（1）“工学交替，定岗双元”培养形式

这种形式借鉴德国“双元制”教育模式中的企业培训和跨企业培训，即按照德国“双元制”教育运作机制，按照企业的要求，由学院和企业联合组织培养学生的职业教育模式。学生进院后经过考试等环节的筛选，一部分学生直接与企业签订协议确定相应岗位，学生具有双重身份，既是学院学生，又成为企业员工，在学院的三年中以工学交替的形式组织教学，在学院和企业两个地方完成培养任务，毕业后进入企业工作；一部分学生一年级由学院培养完成岗位必需的理论和专业基础培训，进入二年级时与企业签订协议成为企业员工，工学交替定岗双元培养；还有一部分学生三年级在学院和行业协议共同投资组建的培训中心，由学院和行会组织的多家企业双元定岗培养，工学交替完成培养任务。

（2）“2＋1”定岗双元培养形式

这种形式是学院参照德国“双元制”教育的基本要求组织实施，吸取了德国“双元制”精髓，学生在校三年的培养均保证在“企业元”和“学校元”双元的共同作用下完成的一种模式。第一、第二年学生主要轮流在学院的课堂和教学工厂中学习文化知识、专业理论和专业技能，第三年通过双向选择与企业签约，定岗双元培养，在企业生产岗位上实习。这一模式中，为了凸显学生在学院学习的前两年中“企业元”的作用，学院参照德国“双元制”模式中理论与实践教学的时间比例，尽量增加学生在教学工厂的实训和在企业生产部门的短期实习时间；学院教学工厂的环境和气氛也尽可能模拟企业生产车间，内部全框架、开放式，分培训师办公区、专业理论教学区、实践操作区等三大功能区；培训师都是从企业应聘者中录用的高级技术工人，且要接受“双元制”教育理论、模式、方法和实践操作的专门培训。同时，为了避免学生第三年在企业生产岗位上实习时学院管理失控，学院特别重视第三年“学校元”的作用。通过开设就业指导课，对学生就业意识、能力等进行规范化培训；组织双向选择会，促进学生与企业的相互了解；规定校企双方指导老师填写教学档案并定期交流，反馈学生各方面情况。上述措施让“企业元”和“学校元”的共同培养在第三年得到升华。这种模式充分体现了“双元制”精髓，是苏州健雄职业技术学院在太仓本土大规模实施、运用最广泛的一种形式。

苏州健雄职业技术学院的“定岗双元”培养模式吸取德国“双元制”职业教育培养模式的精髓，与太仓市乃至长三角经济社会发展实际相结合，是本土化的“双元制”职业教育。

摘自《世界教育信息》杂志
2009年第11期

第三节　认识苏州健雄职业技术学院

苏州健雄职业技术学院是一所公办全日制普通高等职业院校，是以被誉为“中国居里夫人”“世界最杰出的女性实验物理学家”“核物理女皇”的太仓籍科学家吴健雄的名字而命名的地方高校。

一、追溯历史

苏州健雄职业技术学院的渊源要追溯到清朝末年。在封建王朝腐朽没落，西方列强瓜分中国，中华民族面临着亡国灭种的危急关头，教育救国呼声高涨，唐文治、俞庆棠、吴仲裔等太仓籍教育家，兴时学、办学堂、启民智、揽英才，成为我国现代教育的先驱。在兴办新教育的潮流中，太仓师范学校的前身太仓州属学堂于1909年孕育而生。一个世纪以来，太仓师范学校四易校名，数度迁徙，虽历经沧桑，但根脉连延，为民族解放、新中国建立和社会主义建设培养了数以万计的人才。全国人大原常委会副委员长胡厥文，原内蒙古自治区党委第一书记周惠，中国科学院院士黄胜年、郑国锠等都是从太仓师范学校走出来的校友。

1979年，以培养应用型高级人才为目标的太仓电视大学成立。太仓电大在中央电大和地方教育部门的大力支持下，办学成效显著，成为中央广播电视大学“人才培养模式和开放教育试点总结性评估”优秀学校。

1984年，随着苏南乡镇企业的异军突起，技能型人才供不应求，太仓工业学校顺势成立。这是苏州第一所县办中专校。太仓工业学校引进德国“双元制”职业教育模式，坚持校企联合办学，为地方企业输送大批紧缺人才和管理人才。2000年，太仓工业学校成为国家级中等职业技术学校。

2004年7月，经江苏省人民政府批准，在太仓师范学校、太仓广播电视大学、太仓工业学校的基础上，整合升格建立“健雄职业技术学院”（下简称“学院”）。2006年8月，在太仓市科教新城毗连上海204国道、占地500亩的学院一期新校园建设基本完成，学院整体迁入。2012年6月，学院占地200亩的二期校园建设完成，各功能模块开始运行。

二、跨越发展

升格以来，学院初步建立了以全日制高等职业教育为主体，成人教育、五年一贯制教育、开放教育、远程教育、联办专业硕士研究生教育、职业资格培训为补充的办学体系，设有电气工程学院、软件与服务外包学院、机电工程系、现代港口与物流管理系、应用外语系、生物与化学工程系、艺术设计系、职业素质教育中心、职业发展教育中心、继续教育学院、联合研究生院（与东南大学、苏州大学等8所高校联办）等教学单位，设置以机电一体化、数控技术、模具设计与制造、软件技术、精细化工等以工科为主的34个专业。学院以

产、学、研深度融合为手段，以太仓市发达的产业体系为平台，以培养经济和社会发展一线需要的高技能人才为目标，校企合作共同制订培养方案、共同参与培养过程、共同评价和分享培养成果。引进、消化、吸收、创新德国“双元制”职业教育模式，在国内外职业教育界形成了广泛影响，其中的“中德职业技术教育培训中心”“太仓健雄服务外包人才培训基地”已成为长三角知名的人才培训基地。

学院坚持以邓小平理论和“三个代表”重要思想为指导，以科学发展观统领全局，遵循高等职业教育的发展规律，注重以区域经济结构为背景的产、学、研深度融合；确立“以服务为宗旨，以就业为导向，以质量为生命，秉承吴健雄精神，彰显‘双元制’精髓，致力于培养高素质的技能性人才”的办学指导思想；积极探索“政、产、学互动互惠”的办学体制；积极创设推行“定岗双元”人才培养模式的环境与条件，力争把学院打造成具有鲜明“双元制”特色的高职教育典范。

三、四大办学理念

学院坚持“政、产、学、研”融合中求突破的开放办学理念。太仓市政府不遗余力地支持学院发展，出台了18项措施优化学院发展环境，政府、行业、企业、学院共同建设中德中心董事会和各专业指导建设委员会。学校主体、政府主导、行业指导、企业参与、各界支持的办学体制基本建成，多元合作、互利共赢的太仓教育模式，被国内教育界誉为“职业教育样板”。

学院坚持“双元制”本土化、促创新的人才培养理念，大力发挥“中德企业合作基地”的优势，彰显定岗双元人才培养特色。学院建设了一批基于校、企双方的工程教学团队，基于德国标准的教学、评价体系，成为江苏省重要的高职教育人才培养创新实验基地和国际服务外包人才培训基地。

学院坚持传承健雄精神，加强素质教育理念。学院重视人的全面发展，以校本德育教材和德育基地为载体，以“5S”管理为抓手，狠抓德育工作和校园文化建设，逐步形成以吴健雄精神为核心的校风、学风、教风。学院毕业生素养好、发展潜力大，得到了用人单位的普遍好评。

学院坚持在贡献地方经济中谋发展的社会服务理念。学院主动适应苏州学习型城市建设需要，联合地方政府部门长期开展高新技术培训，完善了区域型社会终身教育体系；学院在全国高职院校中率先启动大学科技园建设，为发达县区经济结构转型升级提供便捷的科技创新平台、高层次人才服务和创新创业基地。

四、建设成就

建院以来，学院顺利通过“教育部高职高专人才培养水平评估”，跻升“江苏省示范性高职院校建设单位”行列，获得“江苏省职业教育先进单位”“江苏省平安校园”等60项荣誉称号。学院申报省精品课程和精品教材成功率达到100%；“定岗双元人才模式研究与实践”获“江苏省高等教育教学成果特等奖”；教师中涌现出一批省青蓝工程培养对象和东吴中青年学者;学生在省部级技能大赛中屡获殊荣……中德工程训练中心、国际服务外包人才培训基地、港区供应链实训中心等成为企业认可的优质人才培养基地。中央电视台、光明日报、中国网等数十家媒体,对于学院人才培养模式的创新给予了广泛关注。

五、宏伟蓝图

为地方发展输送人才,是苏州健雄职业技术学院安身立命的根本宗旨。“十三五”期间,学院将以建设“江苏省示范高职院校”为契机,进一步坚持四大办学理念,努力把学院建设成为“高职政、产、学、研合作办学体制和机制建设”示范基地,“德国‘双元制’人才培养模式本土化创新”示范基地,“吸收优秀校本文化资源融入素质教育”示范基地,“高职院校集聚资源服务地方经济社会发展”示范基地,为太仓率先基本实现现代化提供更大的人才支撑、科技支撑、智力贡献和文化引领,实现“全国知名,长三角一流”的发展目标。

知识1:

苏州健雄职业技术学院“三风一训”

校训:厚德载物,积健为雄。

校风:重德笃行,务实求新。

学风:明德勤学,尚能求精。

教风:崇德敬业,善道求真。

知识2:

苏州健雄职业技术学院校标设计

图1-1 校标

1. 设计主题:厚德载物,积健为雄。

2. 设计元素:由健雄汉语拼音首字母JX(Jian Xiong)构成基本造型要素,加以延伸则含知识之帆之义(图1-1)。

3. 设计思想:整体形象为知识之帆,象征勇于向前的活力与精神;喻示着苏州健雄职业技术学院的莘莘学子从此扬起知识的生命之帆快乐出航;用帆的形象,标明太仓临江近海，标明苏州健雄职业技术学院的地理区位特征。

4. 设计风格：构图巧妙，造型简洁、流畅。

5. 标志阐述：以清新的蓝色作为标志的主色调，显现出充满活力和开拓的形象；简洁、流畅的造型，合乎学校的行业属性，象征勇于向前的活力与精神。

第四节　伟大的物理学家——吴健雄

一、生命足迹

1912 年 5 月 31 日，吴健雄出生在江南水乡——太仓浏河的一个书香世家。伴着父亲吴仲裔的人格启蒙，吴健雄在其父创办的“明德女子职业学校”接受了小学教育。思想开明的父亲是吴健雄幼年成长的重要引导者，吴健雄曾说，“我的父亲是一个教育家，他超越了他的时代”。

小学毕业后，吴健雄以优异的成绩考入苏州第二女子师范学校。在那里，吴健雄见到了中国著名思想家胡适。胡适“大胆假设，小心求证”的思想对吴健雄后来的科学研究产生了深远影响。吴健雄在给胡适的信中特别提到，除了父亲吴仲裔之外，胡适对她一生的影响最大。

1930 年，吴健雄被保送到南京国立中央大学数学系。1931 年，吴健雄从数学系转入物理系，从而迈出了人生中的重要一步，在施士元、方光圻、张钰哲、倪尚达等诸多名师的指点和教导下走上了探求科学真理的道路。

1936 年，吴健雄在父亲吴仲裔和叔叔吴琢之的支持和资助下，离开家乡远赴美国留学。从最初在加利福尼亚大学伯克利分校求学，到毕业后在史密斯学院、普林斯顿大学任教，直至最后在哥伦比亚大学退休，吴健雄经历了博士、教授、美国科学院院士、美国物理学会会长等多次学术上的飞跃，登上了事业的顶峰，名满天下，世人瞩目。

吴健雄事业辉煌，婚姻和家庭生活也极为美满。1942 年 5 月 30 日，吴健雄与后来也成为著名物理学家的袁家骝走进了婚姻的殿堂。在漫长的人生道路上，吴健雄和袁家骝生活上互敬互爱、学术上互相砥砺，在当代科学家中演绎了一出最现代也最传统，最绚烂也最感人的爱情传奇。

二、学术巨人

1936 年 8 月，24 岁的吴健雄远渡重洋来到美国加利福尼亚大学伯克利分校物理系求学。

1944 年，吴健雄以一个外国人的身份参加了“曼哈顿计划”，她的一项关于铀原子核分裂后产生的氙气对中子吸收截面研究的实验结果，解决了核反应堆因放射性惰性气体——氙的影响而使核分裂反应停止的问题，对“曼哈顿计划”的完成起到了重要作用。

1957 年,吴健雄和她的小组经过艰难的实验,首次验证了李政道、杨振宁提出的“弱相互作用下宇称不守恒”的理论,从而使这两位中国科学家获得了 1957 年的诺贝尔物理学奖。该实验同时论证了电荷共轭不守恒和中微子的二分量理论,开辟了物理科学的新纪元。20 世纪 60 年代,吴健雄又进行了包括双 β 衰变实验在内的一系列实验,这些实验对量子力学的完备性做出了有力的论证。吴健雄一生还发表了 100 余篇科学论文,并与袁家骝先生合写了《实验物理学方法:原子核物理》,与莫斯科夫斯基合写了《β 衰变》等享誉物理学界的著作。

吴健雄杰出的科学成就使她获得了崇高的荣誉。1958 年,吴健雄获选美国国家科学院院士;同年,她成为普林斯顿大学打破百年传统而将荣誉博士学位破例授予女性的第一人;1964 年,吴健雄获得美国国家科学院的“康士托克奖”;1975 年,吴健雄成为美国物理学会历史上第一位女性会长;1976 年,美国总统福特在白宫亲自向吴健雄颁发了国家科学奖章;1978 年,吴健雄成为以色列沃尔夫奖的第一位获奖者;1990 年,南京紫金山天文台为表彰吴健雄为人类科学事业所做的卓越贡献,特别将他们发现的编号为 2752 号的小行星命名为“吴健雄星”;1994 年,吴健雄入选中国科学院第一届外籍院士;吴健雄还被包括母校东南大学在内的国内外二十多所大学聘请为名誉教授或授予名誉博士学位。

吴健雄把自己的一生献给了物理学。她是当之无愧地享有“世界最伟大的实验物理学家”“原子核物理的女王”等美誉的科学巨星。

三、心系中华

作为一个中国人,吴健雄深深地热爱着自己的祖国,从 1936 年离开祖国到美国求学,到 1997 年去世,吴健雄在美国生活了整整 61 年,她的故乡情、爱国心却丝毫没有改变,她以自己是一个中国人而自豪。她最爱穿的服装是中国的旗袍,最爱吃的是中国菜,最爱喝的是中国茶,她的客厅最醒目处挂的是中国字画,她最爱说的是中国话,吴健雄有时在和外国好友谈话时,会不自觉地说起中国话来。

1962 年 2 月,吴健雄回到祖国宝岛台湾,这也是她离开祖国 20 多年之后第一次踏上中国的土地。1973 年 9 月 22 日,吴健雄和袁家骝夫妇终于回到了他们魂牵梦萦的祖国大陆,受到周恩来等国家领导人的亲切接见。另外,她还回到自己的家乡太仓省亲。

自此以后,吴健雄几乎每年都要回国访问和讲学。她十分关心祖国的科学事业,曾经对北京的正负电子对撞机、合肥的同步辐射加速器等实验设备的研制进展给予了极大的关注。她也时刻关心着祖国的教育事业,并对祖国的基础教育和高等教育做出了重要贡献。1986 年,吴健雄以毕生积蓄在纽约设立“纽约吴仲裔奖学基金会”,用以奖励太仓明德学校的优秀师生,帮助添置必要的仪器设备、图书资料等。

吴健雄非常关心母校东南大学的发展。1988 年,吴健雄、袁家骝夫妇为东南大学欣然题词“母校的新气象和新精神给我们很深的印象”。1990 年,东南大学聘任吴健雄为校务委员会名誉主任、校友总会名誉会长、名誉教授。1992 年 6 月 6 日东南大学 90 周年校庆之际,为了表彰这位杰出校友并勉励后学,东南大学将原“科学馆”更名为“健雄院”,将

“分子与生物分子电子学实验室”命名为“吴健雄实验室”。夫妇二人为表达他们对母校后辈学人的提携与期望，特意设立了“吴健雄、袁家骝奖”，以奖励年轻有为的教师。为促进物理学科的发展，吴健雄、袁家骝夫妇还出资100万美元，设立“吴健雄、袁家骝科学讲座基金”，用于资助一流的物理学家到东南大学和南京大学讲学。吴健雄还在中国物理学会、南京大学等设立了多项奖学金。

四、永恒魅力

吴健雄充沛的活力、独特的个性、高尚的品格和优雅的气质，使她具有一种特有的魅力。

在吴健雄的生活中，科学研究是最重要的。在她40多年的科学生涯中，最为科学界所称道的就是她精确而细致的风格和永不疲倦的求索精神。吴健雄个性中最突出的地方是质疑和挑战精神。在费米等大权威对“宇称不守恒”实验的价值公开表示怀疑时，吴健雄不仅没有退却，反而信心更加坚定，工作更加努力。在完成“宇称不守恒”实验后，吴健雄说，“永远不要把所谓‘不验自明’的定律视为是必然的”。

不矜夸，尚自然，雍容大度，淡泊名利，虚怀若谷，平易近人，这是最本真的吴健雄，也是最有魅力的吴健雄。凡是同吴健雄接触过的人，都会为吴健雄身上自然流露出的那种朴实的优雅和灿然的睿智而倾倒。

1997年2月16日，吴健雄因病在纽约家中与世长辞，中国国家主席江泽民发出唁电对吴健雄的逝世深感惋惜。根据吴健雄生前遗愿，她的骨灰被安放在太仓明德学校的校园内。东南大学建筑系为这位著名校友精心设计了墓园，世界著名建筑师贝聿铭先生对设计进行了审定。墓前一对球体标志物象征了吴健雄在1956年所做的著名实验，精妙地表现了吴健雄通过实验首次验证的“弱相互作用中宇称不守恒”这一科学论断。诺贝尔奖获得者李政道亲自撰写了标志物的说明，诺贝尔奖获得者杨振宁题写了墓园名。

1999年，为纪念吴健雄伟大的一生及辉煌的科学业绩，中国政府批准在东南大学校园内建造吴健雄纪念馆。2002年5月31日，在吴健雄诞辰90周年之日，纪念馆在东南大学隆重揭幕开馆。2004年7月经江苏省人民政府批准建立了以吴健雄博士命名的高校——苏州健雄职业技术学院。2012年5月31日，在纪念吴健雄100周年诞辰之际，吴健雄陈列馆、吴健雄铜像在苏州健雄职业技术学院隆重揭幕。

伊人已逝，吴健雄精神是世界永远的财富。终生不渝的爱国精神，勇于探索的创新精神，实事求是的科学精神，谦虚俭朴的律己精神，是伟大的吴健雄精神，是激励全体健雄师生奋发前进的动力源泉。

第五节　锦绣金太仓

在东方中国的版图上，太仓犹如一块碧绿的翡翠镶嵌在长江经济带与沿海开放带的交汇点上。风调雨顺的地域生态，和濒江临海连接上海的区位优势，催生出这里的兴旺、繁华。太仓在融入世界的变革中，不断创新、超越，书写着经济、文化的缤纷传奇，延续着自然之光和都市文明的精彩链接。

一、娄东底蕴

太仓又名娄东。她以悠久的历史、繁荣的经济和璀璨的文化，在素称“人间天堂”的江南享有“金太仓”的美誉。

太仓地处我国的东海之滨，扬子江口。境内错综交织的河流，青黄相间的田野，温和湿润的气候，是孕育太仓古代文明的摇篮。据史志记载和新中国成立以来考古发现的遗物证明，早在二三千年之前，我们的祖先就在此劳动、生息和繁衍，创造了光辉灿烂的鱼稻文化。相传春秋战国时期的吴王楚君在此屯粮置仓，供奉朝廷，这也许就是“太仓”地名的由来。

太仓为“东南之富域”“天下之良港”。奠定这一基石的当推元代。在元代，太仓不仅设卫垒城，成为我国东南沿海的海防前哨，更为重要的是元统治者开发漕运，加强南北经济交流，拓展海上对外贸易的治国兴邦之策，加快了太仓农副产品、水产品和手工业品的流通和经济的对外开放，使太仓在不到百年的短短时间内，成了“漕运万艘，行商千舶，高樯大桅，集如林木”，“四方谓之天下第一码头”的东南大港。随着经济的繁荣，人口的剧增，完成了从一滨海集镇到“朱门大宅，不可胜记，琳宫梵宇，列若鳞次”的港口城市的飞跃。而港口城市的形成，则为太仓种下了海纳百川、兼收并蓄的文化基因。至明代，永乐帝为扬威天下，敦睦友邦，先后七次派遣郑和从太仓刘家港出发，扬帆西洋，又为太仓积淀了敢为人先、开拓进取的精神财富。地处江海之交的太仓，正是历经了多次大规模的大陆文化与海洋文化的冲撞，因此早在明代中叶，已形成了亦耕亦渔、亦工亦商的多元化经济格局，商品经济较为发达，社会出现了空前的繁荣，同时也孕育了义利兼顾、革新务实的人文精神。

太仓不仅是“漕舟之津”“商货之区”，还是人文荟萃之地。繁荣的经济，宽厚外向的民风，吸引了天下无数英才在这里汇集。明清时期，太仓的文化随经济的发展而显活跃，经祖籍或客居太仓的鸿儒先贤、仁人志士的积极倡导、身体力行，在经史理学、文坛艺苑、科技工艺等方面，涌现了数十名史有所载的著名人物。如胸怀雄才大略、忠心报效国家的祖孙宰相王锡爵、王掞，大思想家陆世仪，复社领袖张溥，抗倭名将熊桴、任环，吴中水利专家郏亶，才华横溢、独步文坛的王世贞，大诗人吴梅村，“明四家”之一的大画家仇英，执清朝画坛三百年牛耳的娄东画派开创者王时敏、王鉴、王原祁，昆曲的创始人、戏曲音乐学家魏良辅，博古通今、道德化人的经史学家毕沅、陈瑚，教育家陆宝忠、唐文治，民主革命先驱俞剑华，巧夺天工、蜚声朝野的雕刻大师陆子冈等。现代，还有被誉为“中国的居里夫人”的核物理学家吴健雄，诺贝尔物理学奖获得者朱棣文，中国科学院、中国工程院10余位太仓走出的院士在各自学科独领风骚。至今，在太仓这块古老的土地上，还保留着他们不少珍贵的文物遗迹，流传着他们大量的趣闻轶事，绵延着他们留下的优秀传统。

二、建置沿革

太仓古代为滨海村落，人烟稀少，户不满百。春秋时属吴地，秦属会稽郡，汉为吴郡娄县惠安乡。三国时吴于此建仓屯粮，渐次发展。元代于刘家港开创漕粮海运后，遂日益繁盛，成为万家之邑。元末筑太仓城。吴元年建太仓卫，明初置镇海卫，屯兵驻防。明弘治十年(1497)，割昆山、常熟、嘉定三县地建太仓州。清雍正二年(1724)，升为江苏直隶州，并析地置镇洋县。清代，太仓是江苏省下属的一个直隶州，下辖四县：镇洋、嘉定、宝山、崇明，辖境除今太仓市以及今上海市的嘉定、宝山两区和崇明县以外，还包括今上海市中心城区的杨浦、虹口、闸北、普陀四个区的大部分。民国元年(1912)，太仓州和镇洋县合并，定名太仓县。中华人民共和国成立后，始属苏南人民行政公署，后隶属江苏省苏州地区专员公署。1983 年 3 月，改隶苏州市。1993 年 3 月 28 日，撤县建太仓市。

2012 年，太仓全市共有 6 个镇和 1 个街道办事处，即城厢镇(市区)、娄东街道办事处(陆渡)、浏河镇、浮桥镇、沙溪镇、璜泾镇、双凤镇，126 个行政村、3483 个村民小组、68 个居民委员会，以及 3 个开发区：太仓港经济开发区(新区)、太仓港经济开发区(港区)以及科教新城区。市区面积 188 平方公里，其中建成区面积达 50 平方公里以上。中心城区在城厢镇，旅游区域在新毛金仓湖地区(新市区)。

三、地理与人口

太仓属北亚热带南部季风性湿润气候区，四季分明。冬季受北方冷高压控制，以少雨寒冷天气为主；夏季受副热带高压控制，天气炎热；春、秋季是季风交替时期，天气冷暖多变，干湿相间。

太仓属长江三角洲冲积平原，全境地势平坦，自东北向西南略呈倾斜。太仓总面积为 822.9 平方公里，水域面积为 285.9 平方公里，其中长江水域面积为 173.9 平方公里，陆地面积为 537 平方公里，内陆土地面积为 649 平方公里，耕地面积为 3.66 万公顷。

因为太仓户籍管理规定只要在太仓购房和有固定工作并交社保两年以上者可迁入太仓户籍，使太仓户籍人口增长很快。2015 年，太仓市户籍人口 47.96 万人。2015 年，实有人口 91.96 万人，其中流动人口达 44 万人。太仓为汉族聚居地区，少量少数民族散居，其中以回族和满族相对居多一点，主要分布在城厢、沙溪、浏河等镇。

四、经济建设

“十二五”期间，太仓市以高新技术产业为先导，以基础产业和制造业为支撑，以服务业全面发展为驱动，产业结构更加合理健全。太仓市利用沿江沿沪优势，大力实施“以港强市、接轨上海”战略，规划沿江产业带的港区、浮桥镇、璜泾镇着力发展电力供热、化纤加弹、高档造纸、石油化工、物流等产业；沿沪产业带的新区和城厢镇、陆渡、浏河镇加快发展汽车配件、精密机械、电子信息、金属冶炼及加工、生物医药等产业；中部经济圈的沙溪镇和双凤镇大力发展纺织化纤加弹、化工、金属冶炼及加工等产业。“两带一圈”良性竞争、联动发展,不断放大优势。太仓市综合实力连续多年列全国百强县市前十位。2015 年,太仓市实现地区生产总值 1065.3 亿元,按照户籍人口计算,人均地区生产总值为 24504 美元。对照世界银行标准,太仓市经济社会发展已进入“发达状态”。

太仓作为一座新兴城市,近 20 年里,充分发挥区位优势和亲商、惠商、安商的投资环境,吸引了大批德国企业投资落户,开创了中德合作的“太仓奇迹”。自 1993 年第一家德国企业落户太仓,太仓已累计引进 230 多家德资企业,总投资 20 亿美元,年工业产值约 300 亿元,形成精密机械、汽车零配件两类特色产业。据悉,有着“中国德企之乡”之美誉的太仓市是中国德资发展最好、密度最高的地区之一。2008 年被国家商务部和德国经济部共同授予全国第一个“中德企业合作基地”称号,2012 年被国家工信部授予中国首个“中德中小企业合作示范区”称号;2015 年,德国中心落户太仓,成为我国继北京、上海之后的第三个德国中心,也是德国在全球设立的第八家德国中心。

五、宜居名城

太仓靠近上海、苏州,是一小时都市圈内的卫星城市;太仓相对人少地多,城乡协调发展水平高,交通便捷,市区与各镇有快速通道相连,每个镇 10 分钟都能上高速;太仓生态环境优美,集聚了一大批欧美企业,尤其是德资企业,田园式的城市环境已成为太仓招商引资的“名片”。基于太仓特定的区位优势、资源禀赋、发展基础,太仓的宜居名城建设提出了一个全新理念:打造现代田园城市。太仓既有现代的城市功能、发达的工商业,又有优美的田园风光,并体现丰富的历史文化内涵,形成了城乡一体、产城融合、城在田中、园在城中的美好景象。太仓所有居民,无论居住在城区还是乡村,工作与生活的条件都是现代化的,都能够身处田园之中,享受到现代城市的文明与服务。太仓已有的“中国长寿之乡”“中国最具幸福感城市”和“中国最关爱民生城市”等人文光环,是太仓现在人居环境的一种概述,更是现代化田园城市建设的一个起点。

“精致、和谐、务实、创新”是太仓的城市精神,是深厚娄东文化的传承与发展,是强烈时代气息和浓郁地方特色的精神凝聚,更是太仓创新发展、科学发展精神风貌的彰显。

【吴健雄的实验精神】

没有人能告诉我,没有人知道,风从何处来,风吹何处去。假如我放开,我风筝的绳子,必将随风飘去,一昼和一夜。当我再找着它,无论在哪里,我就会知道,风也已经到过那个地方,然后我就可以告诉别人,风去了那里。可是风从何处来,还是无人知。

注:李政道先生用这首诗很好地概括了吴健雄博士的实验精神。假如是理论学家的话,当然他就要猜风从哪儿来了。而实验学家的话,只要跟着风走,知道风到哪儿去了;而欲知风从哪儿来,就要另做一个实验了。

第二章 适应大学——寻找最佳自我

大学是追求理想的净土，是成长成才的沃土，是展示才华的舞台。大学生活是丰富多彩的，有独立的生活环境、浓厚的学术氛围、纷繁的校园文化、自由的课余时间。进入大学校门后，各种环境和条件发生了很大的变化，需要一个逐渐适应的过程。适应大学生活，是大学生面对的第一个问题，也是一个需要不断学习的过程。大学生的入学适应问题，主要包括：环境的适应、心理健康的调整、人际交往能力的改善、树立正确的恋爱观等。本章将针对大学生如何适应大学生活进行讨论，并提供相关知识和方法帮助大学生顺利度过新生阶段。

第一节 大学新生面临环境的变化

高考的硝烟逐渐散去，经过一个暑假的调整，同学们怀着一份激动，伴着一份好奇进入了大学校门。对大一新生而言，大学的校园充满了神秘感和陌生感。在这里，学习环境、生活环境以及管理模式与中学时期相比变化很大，这就要求同学们正确认识和面对周围环境的变化，及时调整心态，充分发挥主观能动性，适应新环境，迎接新挑战。

一、适应新的学习环境

从紧张的中学阶段进入自由度较高的大学阶段，学习内容、学习目的、学习条件、教学方式都发生了很大的变化。总体来讲，中学的“应试教育”以教师课堂教学为主，学生依赖教师和课本；大学教育的显著特点是在教师的指导下以学生自学为主，学生有更多的学习自主权。在这种情况下大学生要树立正确的学习目的，端正学习态度，不断适应新的学习环境。

1. 大学的学习特点发生改变

中学阶段的学习大多是为了应付升学考试，而大学阶段的学习则具有较高层次的职业定向性，学习内容比较复杂，有专业性、综合性和前沿性等特点，所学的课程不仅仅局限于语、数、外等基础课程，大学生从刚入学开始就围绕一定的专业需求学习专业基础课和专业课，各专业课程的设置都是为了增强大学生的职业能力，提高其将来对工作的适应性。因此,明确大学学习的特点是适应新的学习环境的基础。

2. 大学的学习围绕专业展开

要培养对本专业的兴趣,学会适应本专业的特点。专业没有好坏之分,只有间歇性的冷热之别。不能总感觉自己的专业如何不好,别人的专业如何吃香。每一专业或者技能都会有用武之地,社会的发展是靠方方面面的人才推动的,既需要研发人才,也需要技能型人才。若把时间都花在抱怨所学的专业上,即使该专业的人才变得炙手可热,到时候自己也不一定能胜任。只有热爱自己的专业才会有学习的动力,也才能学有所成。

3. 大学的学习需要自学能力

大学期间,每天的上课时间明显减少,有的班级甚至一整天都没课,学生自由支配的时间较多。教学方式一般是几个班在一个比较大的教室里一起上课,有的班级会在实验室或者机房上课。大学老师不如中学老师讲得详细,一节课讲十几页内容,甚至有的老师不按照课本的内容上课。大学的学习没有老师无处不在的催促,没有家长时时刻刻的提醒,也没有密集的考试,每个学期的考核不是仅依据期末考试的成绩,而是更加注重过程考核和平时成绩,因此,大学里对自学能力和自学意识要求较高。

4. 大学的学习需要理性规划

大学的学习环境在时间上和空间上都有比较大的自由度,这种新的学习环境往往会使一部分自觉性较差的同学失去学习的方向和能力。自由时间较多,没有了升学的压力,有的同学比较迷茫,不知道如何安排时间,或沉迷于网络游戏,或外出打工。上课期间,或玩手机,或睡觉,或不认真听讲,课后又不会自主学习,有些同学的作业一抄了之。因此,理性规划自己的学习是适应新的学习环境的重要内容。

我们需要深刻反思新的学习环境引发的一系列问题,更要认真去解决这些问题。每位大学新生都应该明白,自己是学习的主人,要努力去适应新的学习环境,而不是等待学习环境来迁就你,应切实增强学习的主动性和抵抗各种不良诱惑的能动性,学会自己安排时间,掌握学习的主动权,在知识的海洋里乘风破浪,奋勇前进。

二、适应新的生活环境

大学新生所面对的生活环境的变化体现在生活方式、生活习惯、生活范围等方面,面对陌生的生活环境要以一种积极的心态去适应、多包容、多交流,只有适应了新的生活环境,才能为更好地学习打下基础。

1. 从生活方式看

中学生大多住在家里,不少人拥有属于自己的独立空间,生活由父母安排。即使寄宿制的中学,学校离家一般不会太远,学生一个月可以回家一两次。而大学生活是集体生活,且日常生活、经济开支都需要靠自己处理,这种改变对缺乏独立生活能力的学生是一种严峻的挑战。面对这种情况,同学之间要相互照顾,相互关心,生活中遇到困难应主动找老师或同学寻求帮助。同时,要学会谦让,懂得换位思考,只有这样才能尽快适应新的生活方式。

2. 从生活习惯看

同一个宿舍的同学来自五湖四海，在饮食、语言表达、作息制度与卫生习惯等方面都存在差异，也会出现步调不一致的情况，这些都有可能造成环境的不适应。面对这种情况，我们应该明白能同住一个宿舍本身就是一种缘分，同学之间应多一些包容和理解，少一些抱怨和误会，彼此以诚相待，问题一定可以解决。宿舍是大学生主要的活动场所，大家朝夕相处，一起吃饭，一起上课；有些人喜欢给舍友起外号，有些人喜欢给自己的宿舍取一个雅致的别名，也有些人喜欢晚上睡觉之前大家一起畅谈；放假回来后宿舍里堆满了同学们带来的家乡特产，这些均充分体现了集体生活丰富多彩的一面。

3. 从生活范围看

中学生生活领域较窄，生活的中心是学习，课余时间很少，校园生活单一。而进入大学犹如从"小天地"来到"大世界"，生活领域大大拓宽。大家可以加入自己喜欢的社团，参加丰富多彩的校园文化活动，尽情展现自己的才华，也可以结交很多朋友，甚至三五成群外出旅游，生活范围比中学时期大了很多。面对这样的变化一定要分清主次，不能因为参与活动而影响学习，在与人交往过程中要学会甄别，在扩大生活范围的同时也要提升交往的质量。

三、适应新的校园文化环境

校园文化环境分为物质文化环境（硬环境）和精神文化环境（软环境）两个层次。校园物质文化环境建设是校园文化环境建设的基础，根本在于文化设施和校园景观的规划、建设融入丰富的文化内涵。校园精神文化环境建设是校园文化环境建设的目的，根本在于规章制度、符号体系、文化活动等的制定、提炼、组织过程中体现浓厚的人文理念。

1. 理想的大学校园建筑美学设计有其独特的气质

它是功能性、艺术性、教育性的统一，通过其中的人文关怀理念给身处其中的师生以愉悦的精神感受，陶冶师生的审美情趣，激发师生的爱校热情。校园景观的规划和设计是提升校园文化层次的点睛之笔，涵盖了校园的山、水、园、林、路等，强调使用功能、审美功能和教育功能的统一，承载着学校的历史和人文价值。学校的一山一水、一草一木都是有生命的，都体现着学校的精神。进入校园，除了爱护学校的物质文化建筑之外，还应该静静地欣赏和品味其中的理念和内涵，这样不但可以更好地了解学校、热爱学校，还可以从中感受到学校的气质和良好的文化氛围。

2. 大学是创造和保存人类文明的场所

大学是培养全面客观地了解和研究世界的智者的地方，是学子们的精神家园。一般来说，每一所大学在其创办和发展过程中都逐渐孕育并形成了具有自身特色的大学精神，大学精神是学子们的精神内核。在以后的发展中大学精神逐渐渗透到学校的管理、教学、课外活动等方面，形成了具有学校特色的精神文化环境。大学生进到大学之后，在日常的学习、工作、生活过程中都会对自己大学的精神文化耳濡目染，这种文化会在潜移默化之中影响自己性格的形成。大学生应积极地融入这种精神氛围之中，充分利用这笔宝贵的精神财富，不断促进个人综合素质的提升和进步。

3. 校园文化活动是校园精神文化环境的重要组成部分

它是提高校园精神文化环境水平的重要途径。大学的课程安排相对宽松，为学生开展或参与丰富多彩的校园文化活动提供了大量的时间和广阔的空间，目的就是在培养学生专业能力的同时提高学生的综合素质。在大学里，各种学术活动、体育活动、文艺活动、社会实践活动层出不穷，形成了丰富多彩的校园文化，在这多姿多彩的校园文化中，学生的心理氛围、生活方式等将会发生很大的变化。因此，大学生在认真学好专业知识的同时，也应该积极参与到各种各样的校园文化活动中去，这样不但可以开阔视野，还可以培养和形成正确的人生观、广泛的兴趣、高尚的道德、顽强的意志和健康的性格等。

四、适应新的管理环境

无规矩不成方圆，在大学里有系统的规章制度，大学的管理多以引导为主，约束为辅，在严格的制度下，透着柔性的教育与关怀，管理环境的变化主要体现在教学管理、管理方法与管理体制方面。

1. 从教学管理看

中学实行学年制，学生必须读满规定的学年，修完所有的课程，考试合格才能毕业；大学实行学分制，学分是衡量学生是否完成教学要求的标准。因此，不管是基础课还是专业课，不管是必修课还是选修课，都要认真对待。不同的课程有不同的考核方式，只有修满所要求的全部学分才能毕业。所以，在学习方面对各科要一视同仁，不能厚此薄彼，这也关系到个人的全面发展。

2. 从管理方法上看

大学强调得更多的是学生的自我管理、自我教育、自我服务。这就要求大学生克服依赖心理，把外在管理和自主管理结合起来，行事多审视，提高对实现成才目标的自我管理能力。大学的年级辅导员、班主任的职责是通过组织开展各种活动来培养学生的自主、自立、自理能力的。中学时期，学生可能会对自己的班主任、任课老师比较惧怕，有什么事情不敢与他们交流。大学里则截然不同，学生可以与辅导员、班主任进行朋友式的沟通和交流，大家有什么想法或者困惑可以通过电话、网络甚至当面与辅导员、班主任交流。

3. 从管理体制来看

大学的管理环境同样是严格的，学生务必要严格遵守学校的规章制度，务必要严格要求自己。同时，大学的管理又是相对宽松的，在这里我们可以充分表达自己的思想，充分展现自己的才华。作为一名合格的大学生，更作为一名成年人，要让这些制度引领自己形成良好的行为习惯，而不是作为惩罚的工具。大学是我们的大学，我们一定要正确地适应它，只有这样，我们才能尽快熟悉新的环境、新的变化、新的事物，也才能够在大学这片沃土里茁壮成长。

大学宿舍——我们的新家

苏州健雄职业技术学院生物与化学工程系2008级的某个女生宿舍一共住了6位同学。刚来到一个新的环境,同学们之间还不太熟悉,彼此之间都比较客气。随着时间的推移,大家在生活习惯中出现了分歧。有两位女生喜欢早睡早起,而其余的四位同学喜欢上网聊天、看电影,经常会到晚上12点以后才睡觉,在聊天或看电影的时候声音比较大,影响了那两位早睡觉的同学。这两位同学也曾经提醒过她们,但作用不大。早睡觉的那两位同学早上起来时,另外四位同学一般都在睡觉,于是她们在洗漱的时候故意发出乒乒乓乓的声音,以此来发泄心中的不满。时间一长,6位同学就分成了两派,而且之间的矛盾日益加重,经常背后说对方的坏话。如果遇到宿舍卫生扣分,就会觉得是对方在故意搞破坏。这样一来就没有同学想打扫卫生了,一学期下来,该宿舍卫生没有达标。根据学院的有关规定,这六位学生都失去了"评优"及学生党员发展的资格。其中,还有三位学习成绩特别优秀的女生,因为宿舍卫生没有达标,导致奖学金等级的下调。在辅导员老师的调解下,宿舍成员间坦诚交流,制定了宿舍公约,在后来的一些宿舍团体活动中宿舍成员间的裂痕渐渐消失了,感情也愈加深厚。

由此可见,面对新的环境、新的同学,彼此之间要相互体谅、相互理解,遇到分歧应该及时、真诚沟通,而不是以对抗的手段或方式解决,否则对整个团队来讲都是一种损失。

第二节　大学生心理健康

1990年,世界卫生组织(WHO)将健康的含义确定为四个方面:躯体健康、心理健康、社会适应良好和道德健康。可见心理健康在人的成长和发展中已受到广泛的关注。21世纪的竞争,不仅是强健体魄、良好社会适应能力、崇高道德感的竞争,更是心理素质的比拼。

一、我国公认的心理健康标准

目前在我国得到普遍公认的心理健康标准如下:

1. 智力正常

国外心理学家通常用智力测验来测量人的智力发展水平。一般说来,智商低于60,属于智力落后。在日常生活中,判断智力是否正常最简便的方法有两个:一是与同年龄的大多数人智力发展水平相比较;二是能否基本适应生活、学习与工作。如果一个人智力发展水平比同年龄大多数人落后得多,就应进一步诊断智力是否正常。同样,一个人不能适应生活、学习与工作,也应进一步明确智力是否正常。

2. 情绪稳定

情绪的健康程度也是衡量心理健康的重要标准。许多心理困扰是由负性情绪引起的。那么,大学生具有怎样的情绪才是健康的情绪呢?第一,善于控制和调节自己的情绪。能使自己的情绪稳定在某种积极的水平上,做情绪的主人,而非情绪的奴隶。第二,情绪反应适度。当喜则喜,当怒则怒。第三,愉快的情绪多于不愉快的情绪。在生活和学习中,积极乐观的心境占主导,表现为乐观向上、富有朝气、自信心强、善于自得其乐、对生活充满希望。

3. 意志品质健全

在学习、训练等任务中不畏困难和挫折,知难而上,持之以恒;需要做出决定时,能毫不犹豫,当机立断;还能够为了达到目的而控制一时的感情冲动,约束自己的言行。

4. 自我意识正确

心理健康的人能体验到自己存在的价值,了解自己,接受自己。对自己的能力、性格和优缺点都能做出恰当的、客观的评价;对自己不会提出苛刻的、不合适的期望与要求;对自己的生活目标和理想的确定也能切合实际,对自己无法补救的缺陷,也能正确对待。

5. 个性结构完整

心理健康的人的个性特征是有机统一的、稳定的。如果一个人的行为表现不是一贯的、统一的,则说明他可能存在心理健康问题。

6. 心理行为表现符合年龄特征

在生命发展的不同年龄阶段,都会有对应的心理反应,形成不同年龄阶段独特的行为模式。心理健康的人具有与同龄人相符合的心理行为特征。

7. 人际关系和谐

人际关系是心理健康的一个重要指标。和谐的人际关系表现在:能够接受他人、悦纳他人,哪怕是与自己意见不同的人,也能够以诚相待;在与他人的交往中,能够以尊重、信任、友爱、宽容、理解的态度与人相处;能分享、接受、给予爱和友谊;能与他人同心协力,合作共事,乐于助人;有稳定的人际关系,拥有可信赖的朋友,社会支持系统强而有力。

8. 社会适应良好

在人的一生中,内外环境是不断变化的,因此要求人们对各种变化做出相应的适应性反应,而对变动着的环境能否适应,则是心理健康的重要标志。

二、大学生心理健康的自我调适

要成为一名优秀的大学生,具备心理状态的自我调适能力是十分必要且迫切的。认知、情绪和意志是人类心理活动的三种基本形式,大学生心理健康的自我调适,也可以从这三方面入手。

(一) 认知方面

认知是个体认识客观世界的信息加工活动,是人最基本的心理过程。它包括感觉、知

觉、记忆、想象、思维和语言等。认知的目的之一在于解决“是什么”或“什么是事实”的问题。人只有首先了解事物的外在特性和内在规律,即首先了解事物“是什么东西”,才能对它进行其他方面的深入了解。认知目的之二在于解决“有何用”或“有什么价值”的问题。人只有在了解事物“是什么东西”以及“对我有何价值”,才能知道如何对它采取正确的处理措施。

1. 认知误区及危害

(1) 极端化的思想意识——非此即彼的绝对化认知模式。

不是白就是黑,绝无中间的过渡部分。这种走极端的错误想法是由一种要求十全十美的至善论观点造成的。它使人对自己任何小的失误或不完善,都产生极大的失望和恐慌。一遇挫折,就有彻底失败的感觉,进而觉得自身已不具任何价值。陷入这种极端意识中,人就会对自己取得的一切进步都不满意,会觉得思想感情和客观世界格格不入,且会不时地泛起一种幻灭、失去自信的感受。

(2)“滤色镜式”认知模式。

一般抑郁症患者遇到事情往往只想事情消极的那一面,似乎认为整个形势都对自己不利。也就是说,人在情绪低落时,就像戴了一副滤色镜。它滤掉了生活中所有的光明,使整个世界看起来全都黯淡无光。这时外界事物进入脑海,自然就显得消极压抑。这种无益的心理状态,会给人带来完全不必要的精神烦恼与痛苦。这样的认知模式,会给人的身体与心理健康带来极大的损害,也会让我们的生活少了许多的快乐。

(3)“贴标签”式认知模式。

贴标签就是给自己或他人冠之以不适当的代名词。当人给自己贴上不适当的“标签”后,不仅会使人的勇气锐减、信心消失,而且还会把本来能胜任的工作视为不可能完成的任务。而当我们给别人贴上不恰当的“标签”时,会让我们对别人产生误解与敌意。例如,你对你的上司有不满,你可能称他为“笨蛋”。在这种称呼的作用下,你往往就不可能再尊重他了。当然你的上司会感受到你的这种不尊重,若他“以牙还牙”,那么你和他往往就不能很好地相处。

认知误区还有很多,对我们的学习、工作和生活带来的危害比比皆是,因而我们应当注意自我的认知调适。

2. 自我认知调适

学会在认知上及时地进行自我调适,对我们的学习、生活和工作都有积极的影响,同学们可以从以下三点入手:

(1) 正确地看待自己的长处和短处。

每个人都有自己的强项和弱项,正所谓“尺有所短,寸有所长”,过分夸大自己的弱点,就可能给自己贴上无能的标签。如果一个天才认为自己是一个侏儒,那么他很可能成为一个精神上的侏儒。一个人目前的整体能力是不是很强,这一点不是最重要的,因为自我评价将决定自己的努力结果,将决定他是否会成为一个成功者。一个能力平平,但是自信心很强的人能够取得的成就,往往比一个具有卓越才能却自暴自弃的人要多得多。

（2）进行积极的自我心理暗示。

积极的自我暗示又称自我肯定，是对某种事物的有力、积极的叙述，这是一种我们正在想象的事物坚定和持久的表达方式。进行肯定的练习，能让我们开始用一些更积极的思想和概念来替代我们过去陈旧的、否定性的思维模式。这是一种强有力的技巧，一种能在短时间内改变我们对生活的态度和期望的技巧。自我暗示可以默不作声地进行，也可以大声地说出来，还可以在纸上写下来，更可以歌唱或吟诵。每天只要十分钟有效的肯定练习，就能抵消我们许多年的思想习惯。例如，“我是一个聪明、漂亮的人”“在我所从事的专业领域，我是出类拔萃的”“我是最棒的”“我能实现自己的美好愿望”，等等。

（3）建立积极的自我评价。

古人云：“以铜为镜，可以正衣冠；以古为镜，可以知兴替；以人为镜，可以明得失。”通过与他人比较，我们能够看清自己的长处和不足，客观地认识自我，进而建立积极的自我评价。但我们在与他人比较时切忌单向比较，既要与在某些方面比自己做得好的人比，这样可以时刻提醒自己“山外有山，人外有人”，也要看到自己在哪些方面较他人而言有优势，这样可以增强自信心，同时保持自己的定位。

（二）情绪方面

情绪指的是人们在心理活动中，对客观事物是否符合自身需要而产生的态度体验。情绪是婴儿在掌握语言之前适应生存的重要心理工具，它会影响人类高级的目的和意志行为，如兴趣和好奇会促使人探究等。情绪同时又是人脑内的一个监测系统，对其他的心理活动具有重要影响。

1. 情绪的功能

一般来说，我们的行为常被当时的情绪所支持。积极情绪对活动起协调、组织的作用；消极情绪则起破坏、瓦解或阻断作用。当人处在积极乐观的情绪状态，则倾向于注意事物美好的一面；而消极情绪状态则使人产生悲观意识，失去希望和追求。人类在没有获得语言之前，正是通过情绪信息的传递而协调彼此之间的关系以求得生存。

2. 大学生情绪的特点

大学阶段是人生的第二个“心理断乳期”，是一个非常关注自我，注重个性表达，同时情绪体验丰富，情绪波动起伏的时期。大学生常见的情绪有：喜悦、愤怒、哀伤和恐惧等。大学生情绪具有如下几个特点：

（1）情绪的丰富性。

从自我意识的发展看，大学生出现较多的是自我体验。自我尊重的需要强烈，易产生自卑、自负等情绪；从社交看，大学生的交往范围日益扩大，同学、朋友及师长之间交往频繁，有的大学生开始谈恋爱，情绪表现得更细腻、更复杂。大学生通过各种活动了解社会，学习社会道德规范，对自己的身份、角色、志向、价值等问题有了更深入的思考，理智感、美感、集体荣誉感等高级情感也有所发展。

（2）情绪的不稳定性。

由于大学生的人生观、价值观还未完全定型，认知能力还有待提高，大学生的情绪活

动往往强烈而不能持久，情绪活动随着认知标准的改变而改变。喜怒哀乐无常、阴晴雾雨变化是大学生情绪常见的现象，风平浪静之后可能就是疾风暴雨。大学生情绪容易从一个极端走向另一个极端，高兴时忘乎所以，看什么都顺眼；消沉时心灰意冷，看什么都别扭，情绪呈现不稳定状态。

(3) 情绪的掩饰性。

大学生随着知识水平的提高，思想内涵的丰富，在情绪反映上较隐晦。他们已具备在一定的情景下控制自己愤怒、悲伤等情绪，将真实的情绪掩饰起来的能力，形成外在表现和内心体验不一致的特点。他们会根据一定的条件来表达情绪，如对一件事情或对某人明明是厌烦的，但由于种种原因，可能表现出较好的或不在意的态度。

(4) 情绪的冲动性。

有的心理学家把青年期形容为"疾风怒涛"时期。大学生的情绪往往表现得快而强烈，常因一点小事振奋不已、豪情万丈。大学生情绪的冲动性一般表现为对外部环境或他人的不满，情绪失控，语言、行动极富攻击性，如果不予以引导会给大学生本人以及社会带来危害。因而，大学生学会情绪的自我调适是十分必要的。

3. 自我情绪调适

科学、及时地调适自身情绪对大学生来说十分必要。下面介绍几种情绪调适法，供大家参考：

(1) 转换认识角度。

美国临床心理学家艾里斯在20世纪50年代创立的被称为"合理情绪疗法"(RET)的理论认为，情绪困扰并不一定是由诱发性事件直接引起的，常常是由人们对事件的非理性的解释和评价所引起的。如果改变了非理性观念，调整了对诱发事件的认识和评价，领悟到理性观念，情绪困扰就消除了。实际生活中的许多情绪困扰的确如此，从非理性的角度去认识某一事件，使我们恨恨不已；换个角度去认识，理性一些去认识，我们便会豁然开朗。正所谓"退一步海阔天空"，或者说"换个角度天地宽"。

(2) 合理宣泄。

如遇到挫折和失败，内心苦闷难忍时，畅快地哭一场，或者找人诉说一通，都是缓减压抑情绪的好办法。打开心灵的"阀门"，倾吐心中的苦闷，得到他人一番开导，可能使你的心地豁然开朗。因此，我们可以选择自己信任的老师、同学、老乡、恋人等，特别是受过专门训练的心理咨询人员作为倾诉对象。这些人可以成为我们缓解消极情绪压力的"心灵港湾"。

(3) 幽默。

幽默感是消除不良情绪的很有用的工具。一个得体的幽默，一句适宜的俏皮话，常常可以使紧张的局面轻松起来，可以使一个窘迫难堪的场景消逝。乐观地对待生活，不为任何挫折、失败和痛苦所压倒，这样的人才是真正的强者。

(4) 升华。

将不为社会所认可的情绪反应方式或欲望需求导向崇高的方向，使其成为具有建设性和创造性的行为,这种过程称为升华。升华,是一种宣泄,也是一种转移,是对不良情绪的一种高水平的积极转移和宣泄,是将情绪的"能量"导向对人类社会有益的方面去的转移和宣泄。

上面所列举的四种方法,都是从自我调适的角度提供的。对于一般性的偶尔发生的不良情绪反应,是可以通过自我调节加以消除的。如果有持久性的严重的情绪异常,或者由于生理原因造成的情绪异常,就必须求助于专门的心理治疗和生理治疗了。

（三）意志方面

意志是人有意识地确立目标,调节和支配行动,并通过克服困难和挫折,实现预定目标的过程。意志是人类所特有的心理现象,是人的意识能动性的集中体现。它总是和人的行动联系在一起,意志调节、支配行动,并通过行动表现出来。如学生为了争取优异成绩而刻苦学习,体育健儿为了祖国的荣誉而顽强拼搏,科学工作者为科学研究而夜以继日地工作等,都是人的意志的体现。

1. 意志的功能

意志作为意识的能动性和积极性的集中体现,在人的活动中具有巨大的作用。意志在活动中的功能主要有发动和制止两个方面。发动功能表现为激励和推动人们去从事达到预定目的所必需的行动;制止功能则表现为抑制和阻止不符合预定目标的行动。

具体说来,意志的作用主要体现在:意志是人们学好文化知识,攀登科学高峰,发展智力的重要心理条件。一个人意志水平的高低和意志品质的好坏,对于人的学习和人的智力的发展都有重大的影响。人们在从事各种认识活动时,特别是在进行系统的学习和独创性的研究时,总会遇到一些困难,经历许多失败。如果没有百折不挠、始终不渝的顽强意志是很难长久坚持和最终获胜的。古人云:"宝剑锋从磨砺出,梅花香自苦寒来。"华罗庚言:"勤能补拙是良训,一分辛苦一分才。"马克思说:"在科学的征途上,是没有平坦的大路可走的,只有不畏艰险,沿着崎岖的小路攀登的人,才有希望到达光辉的顶点。"他们所指的便都是这一道理。

2. 坚韧意志的培养

下面介绍几条培养自我意志力的方法,同学们可以一试:

(1) 积极主动。

美国东海岸的一位商人知道自己喝酒太多,然而他从事的是一种很烦人的工作,而在进餐前喝几杯葡萄酒似乎能让人紧张的心情得到放松。可酒和累人的活又使得他昏昏欲睡,因此他常常一喝完酒便呼呼大睡。有一天,这位经理意识到自己是在借酒消愁,浪费时光。于是他决定不再贪杯,而是把更多的时间用于儿女身上。刚开始时很不容易,常常想起那香气四溢的葡萄酒,但他告诫自己现在所做的事将有所得而不是有所失。后来的事实证明,他越是关心家庭和子女,工作起来的干劲也就越大。主动的意志力能让你克服惰性,把注意力集中于未来。在遇到阻力时,想象自己在克服它之后的快乐,积极投身于实现自己目标的具体实践中,你就能坚持到底。

(2) 下定决心。

美国罗得艾兰大学心理学教授詹姆斯·普罗斯把实现某种转变分为四步：抵制——不愿意转变；考虑——权衡转变的得失；行动——培养意志力来实现转变；坚持——用意志力来保持转变。有的人属于“慢性决策者”，他们知道自己应该减少喝酒量，但决策时优柔寡断，结果无法付诸行动。为了下定决心，可以为自己的目标规定期限。玛吉·柯林斯是加州的一位教师，十分关心如何使自己臃肿的身材瘦下来。后来她被选为一个市民组织的主席，便决定减肥6公斤。为此她购买了比自己的身材小两号的服装，要在3个月之后的年会上穿起来。由于坚持不懈，柯林斯终于如愿以偿。

(3) 目标明确。

普罗斯教授曾经研究过一组打算从元旦起改变自己行为的实验对象，结果发现最成功的是那些目标最具体、明确的人。其中一名男子决心每天做到对妻子和颜悦色、平等相待。后来，他果真办到了。而另一个人只是笼统地表示要对家里的人更好一些，结果没几天又是老样子，照样吵架。不要说诸如此类空空洞洞的话：“我打算多进行一些体育锻炼”，或“我计划多读一点书”。而应该具体、明确地表示“我打算每天早晨步行45分钟”，或“我计划一周中一、三、五的晚上读一个小时的书”。

(4) 权衡利弊。

如果你因为看不到实际好处而对体育锻炼三心二意的话，光有愿望是无法使你心甘情愿地穿上跑鞋的。普罗斯教授劝告前往他那儿咨询的人说，可以在一张纸上画好4个格子，以便填写短期和长期的损失和收获。假如你打算戒烟，可以在顶上两格填上短期损失“我一开始感到很难过”和短期收获“我可以省下一笔钱”。底下两格填上长期收获“我的身体将变得更健康”和长期损失“我将推翻一种排忧解闷的方法”。通过这样的仔细比较，聚集起戒烟的意志力就更容易了。

天使的积极性思考

两个旅行中的天使到一个富有的家庭借宿。这家人对他们并不友好，并且拒绝让他们在舒适的客人卧室过夜，而是在冰冷的地下室给他们找了一个角落。当他们铺床时，较老的天使发现墙上有一个洞，就顺手把它修补好了。年轻的天使问为什么，老天使答到：“有些事并不像它看上去那样。”

第二晚，两人又到了一个非常贫穷的农家借宿。主人夫妇俩对他们非常热情，把仅有的一点点食物拿出来款待客人，然后又让出自己的床铺给两个天使。第二天一早，两个天使发现农夫和他的妻子在哭泣，他们唯一的生活来源——一头奶牛死了。年轻的天使非常愤怒，他质问老天使为什么会这样，第一个家庭什么都有，老天使还帮助他们修补墙洞，第二个家庭尽管如此贫穷还是热情款待客人，而老天使却没有阻止奶牛的死亡。

"有些事并不像它看上去那样。"老天使答道,"当我们在地下室过夜时,我从墙洞看到墙里面堆满了金块。因为主人被贪欲所迷惑,不愿意分享他的财富,所以我把墙洞填上了。昨天晚上,死亡之神来召唤农夫的妻子,我让奶牛代替了她。所以有些事并不像它看上去那样。"

上面的小故事告诉我们,每个人看问题的角度都有所不同,有的人常常能看到事情消极的一面,而有的人却能看到事情积极的那些面,这个不同就在于人们不同的认知模式。希望同学们能避免用歪曲的认知模式去看事情,采用科学认知。同时,在愤怒等负性情绪要爆发之前,注意自我的情绪调适,避免伤己伤人,造成不必要的危害。

第三节　大学生人际交往

人际交往能力是现代人必须具备的基本素质之一。大学生不论是在学校学习,还是毕业后的职业生活,都不可能脱离人际交往。人际关系的好坏直接影响着一个人的身心健康。在大学校园里,同学之间生活上的相互照顾,学习上的相互帮助,活动中的相互支持,感情上的相互交流,师生间的教学相长,都需要有良好的思想、行为和情感的沟通。进入大学后,大学生的成长环境、学习和生活方式与中学时代相比发生了较大的变化,这种变化向大学生提出了更高人际交往能力的要求。提高交往能力,构建健康和谐的人际关系,是大学生成长成才过程中必须面对的实践课题,对正处于学习生活适应期和心理转型期的大学新生尤为重要。

一、大学生人际交往的重要性

人际交往指在社会活动中人与人之间互相接触、交流信息、沟通感情的过程。它是个体社会需要的重要组成部分。人际交往也称人际关系,是人与人之间心理上的关系。人是社会的动物,不能离开群体而单独生存。亚里士多德曾说:"能独自生活的人,不是野兽,就是上帝。"有人统计过,一个人每天除8小时睡眠以外,其余16个小时中有70%的时间是在进行人际交往。阿尔波特·维哥姆博士在自己的联合报业专栏"探索你的心理"中提出自己的研究成果:4000名失业的人中,只有10%,即400人是因为他们不能干这种工作;90%或者说3600人,是因为他们还未发展出自己与人成功相处的良好品质。科学研究已证明,如果一个人学会了如何与他人打交道,不管他从事什么工作,不管他的职务是什么,他都在通往成功的道路上走完了85%左右的行程,而在取得自己的幸福方面已经有了99%的把握。可见,建立良好的人际关系能力的培养对当代大学生而言意义非凡。

二、大学生人际交往的特点

1. 重横向联系

大学生的横向人际关系指大学生在同龄的同学与朋友之间建立的人际关系,纵向关

系指他们与父母、师长等不同年龄人之间建立的人际关系，大学生对同辈关系的重视程度超过与父母或其他成年人的交往。这一方面是因为大学生的自我意识有了进一步的发展，另一方面也是因为与同学和同龄朋友在生理、心理上有更多的相似之处，在理想、爱好、愿望等方面有更多的共同点。

2. 小群体多

小群体指那些由于成员彼此认同而自发形成的群体，其主要特征是以情感因素来调节人际关系。大学生随着自我意识的增强，特别不愿意接受各种硬性的制度束缚，加之感情丰富，渴求高度个别化的私人情谊，因而极易自发地形成各种小群体。

3. 自我选择

与中小学生的结伴上学、共同游戏为基础的人际关系不同，大学生与同学朋友的关系更多地表现在思想政治、价值观念、文化知识等方面的相互作用上。他们人际关系的建立是自我选择的结果，而与自己同辈亲属的关系反而淡薄。

4. 深刻持久

大学阶段是人生交朋觅友的高峰期，也是最重友谊、最重交往的时期。他们珍视大学时代的友谊，广交朋友，持续时间较为长久。大学阶段朋友间的友情非常纯粹、至真至诚，是人生岁月中最为美好的生活片段。

三、大学生人际交往的主要类型

根据交往的对象与范围不同，可以将大学生人际交往分为师生交往、同学交往、亲人交往和恋爱交往四种类型。

1. 师生交往

在现代教育的师生关系中，师生关系是一种业缘关系，师生之间心理距离小，相容程度高。应当说，教师和学生之间是很容易建立一种“良师益友”关系的。但从目前的调查结果看来，大学生与教师的关系还存在许多不尽如人意之处。究其原因，很多是因为大学教师与学生接触的时间短，师生交往往往随教学任务的完成而中断。

2. 同学交往

由于成人感和独立性的增强，大学生重视同学交往，喜欢与同学交往。因为在生理、心理上有更多的相似之处，有共同的理想爱好，能够互相帮助和理解，分担忧愁。

大学宿舍的人际关系是目前比较复杂的问题，它有三种基本类型：友好关系型、一般关系型和冷漠关系型。

（1）友好关系型的宿舍特点：同宿舍成员之间以互相吸引为主，彼此具有好感，人际关系融洽。舍友之间团结友爱，常常以宿舍集体名义开展一些有益的活动。

（2）一般关系型的宿舍特点：舍友间表面能和睦相处，但感情上冷漠，彼此不关心。舍友间只顾“自我设计”“自我奋斗”，或者分别形成几个小团体。团体间存在隔膜，而团体内部关系密切。

（3）冷漠关系型宿舍的特点：舍友间互不团结，分裂为对立排斥的小团体，常常为日常琐事争吵。缺乏温暖,舍友关系紧张,宿舍氛围压抑。虽然冷漠关系类型宿舍不多见,但其不良影响不容忽视。

3. 亲人交往

大学生从家庭中走出,尝试独立,经历心理上的断乳,与同龄人的交往上升到了主要地位,但一般在经济上仍依赖父母。大学生"情书长,家书短"的现象普遍存在,甚至有的大学生家书就是一张"催款单"。真正的成熟与独立,绝不意味着对父母和家庭的冷漠,而是在"心理断乳"的同时,懂得对父母报以理解、尊重和关切,并懂得以适当的方式去处理两代人之间可能存在的隔阂或矛盾。

4. 恋爱交往

目前大学生恋爱的现象已经非常普遍,现在对大学生谈恋爱不提倡、不反对。大学内的爱情问题是大学生人际关系的一个重要方面。爱情是一种美好的感情,值得我们去珍惜,但如果遇到恋爱问题找不出好的解决办法,往往会因恋爱问题的出现,给大学生带来心理困扰。因而大学生需要学会恰当地处理恋爱中可能遇到的问题。

四、良好人际关系的建立

在大学生活中,建立良好的人际关系的方法很多,同学们可以主要从以下几个方面去努力:

1. 加强交往,主动交往

人际关系是通过高质量的交往建立起来的,经常交往,有助于逐步加深相互了解,不断提高人际关系水平,即使两个人的关系比较紧张,通过交往,也有可能逐步消除猜疑、误会。很多同学之所以缺乏成功的交往,仅仅是因为他们在人际交往中总是采取消极、被动、退缩的方式,总是期待友谊和爱情从天而降。这些人,只做交往的响应者,不做交往的始动者。根据人际交往的交互性原则,别人是没有理由无缘无故对自己感兴趣的。因此,如果你想与别人建立良好的人际关系,就必须主动交往。

2. 建立良好的第一印象

第一印象在人际交往中具有重要作用。人们会在初次交往的短短几分钟内形成对交往对象的一个总体印象,如果这个第一印象是良好的,那么人际吸引的强度就大;如果第一印象不是很好,则人际吸引的强度就小。而在人际关系的建立与稳定的过程中,最初的印象同样会深刻地影响交往的深度。建议同学们把握好建立良好第一印象的六条途径:

(1)真诚地对别人感兴趣。

(2)微笑。

(3)多提别人的名字。

(4)做一个耐心的倾听者,鼓励别人谈他自己。

(5)谈别人感兴趣的话题。

(6)以真诚的方式让别人感到他很重要。

3. 换位思考

要建立良好的人际关系,第一步是把注意力从自己身上移开。与别人交往时首先想到自己的人,很少能建立良好而持久的人际关系。当你开始把注意力集中到别人身上时,建立良好人际关系的可能性就大大增加。每一名同学都要学会站在别人的立场上,设身处地为别人着想,用别人的眼睛来看这个世界,用别人的心来理解这个世界。“己所不欲,勿施于人。”积极地参与他人的思想感情,意识到“我也会有这样的时候”“我遇到这样的事情会怎么样”,这样才能实现与别人的情感交流。这种积极地参与别人思想、情感的努力可以把自己和他人拉得很近,并能化解很多矛盾和冲突。

五、良好人际关系的维护

1. 互相尊重,求同存异

大学生知识层次高,年轻气盛,经常喜欢争论。但是争论的结果,往往都是以面红耳赤和不愉快结束。事实证明,无论谁输了,都会很不舒服,而且争论往往会演化成直接的人身攻击,对于维持良好人际关系是非常有害的。因此,解决观点上的不一致的最好途径是讨论、协商,而不是争论。由于成长环境、生活习惯的不同,同学之间往往存在很大的个性差异,彼此相处应当互相尊重。

因此,求同存异,宽容地对待同学是增进同学友谊之道。首先,同学交往要严于律己,注意自己的一言一行,注重内省;其次,要一分为二地看待同学,多从积极方面看待同学;最后,要尊重同学的个性和习惯,不因彼此的个性差异而冷淡同学,挫伤同学。

2. 互相帮助,取长补短

大学同学不同的成长经历、不同的生活背景决定了他们有不同的思想、知识、经验和优势。在同学交往中,一方面要善于取人之长补己之短,不断丰富自己;另一方面更要扬己之长帮助同学。当然,帮助同学时要注意分寸,不能刻意炫耀、卖弄、表现自己;帮助同学还必须坚持原则,不能为了友谊或为了情面而不负责任地瞎帮忙。大学生中讲哥们义气,考试协同作弊甚至考试代考等现象还时常发生,结果害了同学也害了自己,严重损害了现代大学生的良好形象。

3. 学会批评与自我批评

人之间相处绝对不会没有矛盾,有了意见怎么办?大吵大闹翻脸不认人不足取,埋在心里不屑一顾也不足取。批评与自我批评是有力的武器,批评时应当学会原则问题不妥协,方式上应和风细雨,从团结愿望出发,经过批评与自我批评,达到新的团结。不到不得已时,绝不要自作聪明地批评别人。但是,有时善意的批评是对别人行为的很有必要的一种反馈方式。因此,学会批评还是很有必要的。教你几招不会招来别人厌烦的批评方式:第一,批评从称赞和诚挚感谢入手;第二,批评前先提到自己的错误;第三,用暗示的方式提醒他人注意自己的错误;第四,给别人保留面子。

六、正视异性友谊与爱情

在人际交往过程中形成了各种人际关系。一个步入社会的人其人际关系很繁杂,对大学生来说，他们的人际关系可以分为：与老师、与父母、与同伴（异性、同性）、与陌生人的关系。在这些关系中，最复杂、最难处理的就是与同伴的关系。在与同伴交往中，第一印象很重要，但是“第一印象”往往带有表面性，对他人的内在品质和性格缺乏深入了解。

大学生与异性同伴的关系很微妙，友谊和爱情有时只差一步，处理得不好更是混淆不清，对大学生的学习和生活可能造成很大的影响，所以把握好与异性交往的度至关重要。

最后，送给大家一个人际交往的黄金法则：像你希望别人对待你那样去对待别人。

天堂与地狱的区别

有一个人问上帝：“为什么天堂里的人很快乐，而地狱里的人一点也不快乐呢？”

上帝说：“你想知道吗，那好，我带你去看一下。”

他们先来到地狱，看见中间放着一只大锅，锅里煮着美味的食物，锅边围着许多小妖怪，每个小妖怪都拿着一只很长的勺子，因为勺子太长，没法把食物送到自己的嘴里，反而把热腾腾的食物泼至其他妖怪身上，所以每个妖怪都烫出了脓包，都瘦得皮包骨，大家都在怪叫和吵架。

上帝说：“我们再去天堂看看吧。”

于是他们来到了天堂，看见中间放着一只大锅，锅里煮着美味的食物，锅边围着许多小天使，每个小天使都拿着一只很长的勺子，因为勺子太长，没法把食物送到自己的嘴里。于是，每位天使都把勺子里的食物递给远处的天使享用，远处的天使再把食物递给其他天使享用，所以天使们都吃得饱饱的，长得白白胖胖，大家都很快乐。

原来天堂和地狱的环境是相同的，不同的是态度和做法。快乐并不在于那把勺子有多长，而在于你如何去用它。

第四节 大学生恋爱观

爱情是个古老而又永恒的话题，一直是大学校园里一道亮丽的风景线。大量事实证明，最让大学生心醉与神往的爱情，同时也是大学生最大的“烦恼源”。不成熟的恋爱观会使大学生吞下自己亲手种下的青涩之果，从而给自己的学习和生活带来一些负面影响，甚至个别学生为此做出过激行为而付出惨重的代价。许多大学新生从入学时就幻想着在大学里能收获一份浪漫、纯真的爱情，以丰富自己的大学生活，但是爱的琼浆需要理性与智慧来酿造，需要等待与心智来培植。因此，大学生要树立和坚定正确的恋爱观，只有这样才会在爱情中间体会到快乐与幸福。

一、大学生恋爱的特点

爱情这个闪闪发光的字眼,古往今来叩开了许多青年男女的心扉,谱写了许多优美动人的篇章。虽然爱情可以让人陶醉,让人更好地工作、生活,但恋爱观的正确与否对大学生的学习、生活有着重要的影响。因此,我们要真正了解大学生恋爱的特点,只有这样才能为开始一段理性的爱情打下基础。

1. 爱情至上,忽视学业

大部分大学生能够正确看待学业与爱情的关系,认为大学阶段应以学业为重,有的同学甚至幻想学业和爱情双丰收,既渴求学业有成,又向往爱情幸福。但在现实中往往理不清两者的关系,更多的是一旦坠入情网就不能自拔,在不知不觉中成就事业的热情一天天冷却,更为严重的是有些同学把爱情放在大学期间的第一位,把爱和被爱视为人生的极点,整天沉溺于卿卿我我之中,对周围的一切事物都漠然处之。在恋爱过程中往往产生很多的消极影响,有的分散精力、浪费时间、成绩下降;有的只有"两人"世界,脱离集体;有的影响正常的同学交往。一旦失恋以后就悲观厌世,精神萎靡,认为从此生活没有了意义,学习没有了动力。

2. 相互攀比,相互炫耀

有些同学谈恋爱不是为了寻觅知音,而纯粹属于从众心理,看到别人成双成对,自己心里难以平衡,于是随大流也追求异性,以此产生某种心理的满足感,同时也可以满足自己的虚荣心,他们对待爱情缺乏严肃认真的态度。有些大学生在择偶的时候非常注重对方的外表,认为外表美是天生的、不可改变的,内在美是看不到摸不着的、没有用处的,有一幅美丽的外表才能在朋友中炫耀,和对方在一起的时候才会觉得自己脸上有光彩。虚荣心的诱使导致对恋爱观理解的扭曲,相互炫耀、盲目追求外表。

3. 恋爱观念日益开放,传统道德淡化

随着时代的发展,当代大学生的恋爱观念日益开放,传统道德逐渐淡化。以前的大学生,谈恋爱大多追求的是志同道合的伴侣,他们能把自己的感情控制在社会道德所允许的范围内,很少有越轨行为的发生,使爱情沿着健康的轨道发展。而现在许多大学生认为自己已经是成年人,可以自由选择恋爱方式,随心所欲,不应当受到干涉。虽然中国传统文化及伦理道德对大学生的影响较深,但随着时代的进步,大学生的恋爱观也变得逐渐开放起来,甚至一些大学生在公开场所,旁若无人地做出过分亲密的举动。

4. 注重恋爱过程,轻视恋爱结果

恋爱向来被看作是为了寻觅生活伴侣,是婚姻的前奏,当代大学生注重的是恋爱过程本身,至于恋爱的结果已经不太在意。注重恋爱过程,有利于双方相互了解、加深认识,也有利于培养感情、增加心理相容度,同时也反映出大学生不愿落入世俗,着意追求爱的真谛。但是,如果只注重恋爱过程,不考虑恋爱结果,一些大学生会把恋爱当作一种感情体验,及时行乐,借以寻求刺激,满足精神享受。还有一些大学生为了充实课余生活,消除寂寞,填补空虚,把恋爱当作一种消遣文化。以上这些行为实质是只强调爱的权利,而否认了爱的责任。

5. 恋爱关系脆弱，失恋后承受能力较弱

在校大学生谈恋爱浪漫色彩浓厚，自主性强，约束性差；情感性强，理智性弱。往往不能理性地对待恋爱中的挫折，表现为恋爱率高，巩固率低，能发展为缔结婚姻关系的寥寥无几。感情挫折后出现一个时期的心理阴暗期是正常的，绝大多数大学生通过找朋友诉说，或理性思考，对自己和对方采取宽容的态度，尊重对方的选择。但仍有一部分学生摆脱不了情感危机，有的失去信心，放弃对爱情的追求；有的一蹶不振，沉沦自弃，认为一切都失去了意义，以至于悲观厌世；有的视对方如仇人，肆意诽谤，甚至做出极端行为伤害对方，因失恋而失志、失德者，虽属少数，但影响很大。

二、大学生恋爱的积极一面

大学生恋爱是在"象牙塔"里的一种青春的萌动和对异性的好感，好比清晨绿叶上的露珠，清新纯洁，在一定程度上有利于促进大学生的成长和性格的完善，有其积极的一面。

1. 恋爱是培养责任心的重要机会

责任心在任何情况下都是人的重要品质之一，而恋爱中男女双方的责任心则显得更为重要。爱情从来不是个人孤立的心理活动，双方在生活的征途中风雨同舟，患难与共，彼此间的责任才会真正带来爱情的幸福。大学生在步入社会前大多都是在父母和家庭的照料下成长，思想上的独立性较弱和生活上的依赖性较强，但当开始恋爱后，受其自主心理的影响会开始追求独立并逐渐摆脱家庭过多的束缚，此时如果加以正确的引导和教育，有利于培养其正确的责任意识和责任感。要懂得为恋人负责就是为自己负责，这样步入社会才能成为一个有责任心的人。

2. 恋爱有助于学会如何与异性相处

男女原本不同，在思想和行为上往往存在较大的差异。大学生今后步入社会不可避免地要与很多异性接触，而这些人和事的复杂性是难以想象的，所以，现在和自己恋人的交流接触就成为一种学习和锻炼的机会，可培养自己的表达、判断、选择等能力，以便于更好地与他人沟通以达到相互理解的目的。处理好恋爱过程中与恋人之外的其他异性的关系，无疑也是一种能力的锻炼，怎样既能与恋人保持亲密关系，又不影响自己同其他异性的交往，这种能力的培养有利于我们分清友谊与爱情的差别，对日后处理类似问题也提供了经验。

3. 自我爱的能力实现

梵·高有句格言"会爱的人才会生活，会生活的人才会工作。"爱本身就是一种能力，一个人如果没有爱或者不愿意恋爱，那么他本身就是不完整的，他就缺乏这种能力。爱是一种奉献的能力，一种包容的能力，一种理解的能力，一种信任的能力，当你做到这些的时候你也许会感到几分辛苦，但得到的将是更多的幸福和快乐。大学生在恋爱的过程中不断学会付出、不断学会包容、不断学会理解、不断学会信任，这是一个人成长的重要组成部分，也是大学生学会生活和工作的重要源泉。

三、大学生恋爱的弊端

大学里的恋爱是美好的、幸福的、纯真的，可以带给我们一些有益的收获，但它也是一把双刃剑，对那些自我约束能力差、自主能力差的同学来说在很大程度上会带来一些弊端。

1. 爱情、学习两误

对爱情执着的大学生，大多欣赏罗曼·罗兰的名言：没有一场深刻的恋爱，人生就等于虚度一场。大学生要面对学业和爱情两大人生课题，如何处理好学业与爱情的关系，一直是令大学生感到头疼的难题。许多大学生认为，自己可以做到恋爱与学业两不误，通常他们认为自己选择的男（女）朋友必是和自己志同道合、不会影响学习的。不否认那些学习目标明确、自制能力强的大学生可以做到。但是，依旧有很多大学生尤其初入大学的新生，他们中有很多人习惯了中学时被管制的生活，曾经考上大学是他们的目标，而此时他们往往还没有找到自己在大学的目标，对自己的大学生活认识并不十分清晰，他们不能非常理智地选择恋爱对象，不能保证学业不受到影响。大学生的学习是一个渐进的过程，需要付出主要的时间和精力，而要圆满地完成学业，需要付出加倍的努力。因此，在打下牢固学业基础之后，大学生才可以从事如恋爱等学业以外的活动。学业基础不够牢固情况下的恋爱，会对学业造成不利影响，情况严重者还会引起大学生情绪上的较大波动，从而造成厌学、辍学等严重后果和不良现象。

2. 大学生的恋爱消费高

恋爱不是一个单纯理念化的过程，而是一个实践过程，恋爱实践需要一定的物质基础，不考虑物质基础的恋爱，是柏拉图式的恋爱。当代大学生经济上不能独立，学习阶段所需费用主要由家庭支撑。大学生的爱情支出，除了一部分是从生活费里省出的，昂贵的“恋爱消费”最终还得家长来埋单。有专家分析指出：大学生这个年龄段正是接触时尚、渴望浪漫的时期，缺乏恋爱的理性，对爱情的浪漫要求程度高，而这一切都是以物质为基础的，所以他们的爱情消费自然是高了些。大学爱情高消费已不是个人问题，已衍生成了高校学子的爱情观、消费观的普遍问题。

3. 朋友圈缩小

根据有关调查数据显示：有25%没有恋爱的同学认为，自己的同学恋爱以后疏远了以前的朋友。这与原本希望因谈恋爱而接触更多朋友的愿望是不相符的，恋爱的最大弊端就是限制了人际交往的范围。身边有了恋人的同学，别的同学尤其是异性朋友为避免同学间的误会会与之保持一定的距离。这样的情况屡见不鲜，往往谈恋爱的同学会过分地注意与恋人的关系，并未意识到朋友们的关系在不自觉之间已经渐渐地疏远。有30%未谈恋爱的同学表示，人际关系受限制是恋爱过程中不得不面对的问题。因此，恋爱对自己的人际交往的影响不可忽视。

4. 失恋的损失

恋爱是一个付出的过程，一旦失恋，曾经的付出将很难收回，尤其是精神方面的付出。

有关调查显示,90% 的同学表示自己对目前的恋爱是认真付出的,有 67% 的同学表示自己会因为恋爱失败而深受影响。大学生在心理上并不十分成熟,情绪波动较大,易感情用事,失恋对其造成影响是不可避免的。失恋造成的心理阴影尚属正常,但是有些大学生并不能正确对待失恋,他们失恋后会引发一系列更为严重的问题。失恋本身就意味着一份感情的结束,而它所造成的影响则是持久的。因此,失恋也是一种损失。

四、应当树立健康的恋爱观

对于一名合格的大学生而言,应当树立健康、理性的恋爱观,这不但有利于自己的人际交往,更能促进正确的人生观、价值观的形成。它包含以下几方面的内容:

1. 爱情以志同道合为基础

莎士比亚曾经说:“爱情不是树荫下的甜言,不是桃花源中的蜜语,不是轻绵的眼泪,更不是死硬的强迫,而是建立在共同基础上的心灵沟通。”因此,在恋人的选择上最重要的条件应该是志同道合,个人素养、奋斗目标和兴趣爱好等大体一致,只有这样才能相互理解、相互支持。不能盲目地将外表漂亮或者帅气作为要求,而应把心灵美好、情操高尚、心理相融作为择偶的第一标准。大学生作为新时代的建设者,其恋爱观在一定程度上能够折射出社会的文明程度。

2. 恋爱要感情专一、遵守道德

爱情是伟大的,更应该是专一的,它只能存在于恋爱者两人之间,不容许第三者介入。与此同时,恋爱不是小朋友过家家,今天跟这个谈,明天跟另一个人交往,这是一种不负责任的幼稚行为,双方应当以诚相待,一旦确立恋爱关系就应该一心一意,不可朝三暮四,见异思迁。谈恋爱也应当遵守道德,尊重对方的选择和自由,行为要端正文明,举止应文雅有分寸,不可玩世不恭,更不能随心所欲,忽视社会道德的存在。

3. 摆正爱情与学业之间的关系

爱情、事业双丰收是每个人的理想,但爱情的稳固应该以事业的丰收为基础,爱情应该促进事业的发展,不能因为爱情而影响事业的进步。一个人只有事业取得成功,其爱情之花才会开得更加鲜艳芬芳。大学生正处在为事业成功打基础的阶段,也是人生比较关键的时期,要摆正爱情与事业、爱情与学业的关系,务必将目前的学业放在首位,不能为了恋爱而影响自己的学习。没有优秀的学业就不会有理想的事业,更谈不上收获美满的爱情。没有事业支撑的爱情犹如无本之木,无源之水,其结果可想而知。

4. 要懂得爱情是一种责任和奉献

大学生在恋爱中应该懂得,爱不仅是得到,更重要的是一种责任和奉献。在社会生活中,人具有两方面的责任:一是个人对社会应尽的责任;二是个人对家庭、父母、孩子、朋友和伴侣的责任。责任属于私人生活的性质,是社会干预最为微弱的生活领域,主要依靠良好的道德修养和自觉的责任感来维持。大学生一旦进入爱的王国,就必须具有强烈的责任感和奉献精神,只有这样才能获得崇高的爱情。

5. 恋爱需要相互理解、相互尊重

爱情是互爱的统一，相爱的双方都有着自己独立的人格和精神世界，既不能完全依附对方，也不能要求完全占有对方。爱情与做人一样，理解、信任、诚实和宽容都是十分可贵的品质，爱很多时候意味着是一种付出，要相知、相敬、相让。“世上没有十全十美的人”，两个人在一起并不是简单的结合，必须互相迁就；爱，就必须接受他（她）的一切，包括缺点。

6. 要正确处理恋爱挫折

正视现实，失恋之苦在于一个“恋”字，爱情是双向、相互的，以双方的爱情为基础，失去任何一方，爱情就会失去了平衡，恋爱即告终止。这时失恋的一方无论对另一方爱得有多深，都是不现实的了，作为有理智的大学生应该正视这一现实，理智对待、正确处理恋爱中的挫折。

爱情可能是大学生活中不可避免的一个话题，但不是大学生活的主要内容。作为一名合格的大学生一定要了解大学期间恋爱的特点，认真分析恋爱的利与弊，以一种健康、科学、理智的心态去对待爱情。学业始终是在校期间的头等大事，一定要摆正学习与恋爱的先后顺序，爱情本身没有对错，关键是人的主观意识是否合理、恰当。我们要让爱情成为促进自己进步的催化剂，千万不能让其成为自己成功的绊脚石。

爱情需要理智

2009 级某位女生，在高中时就谈了男朋友，她的男朋友当时在南方的某一院校读书。在上高中时，这位女生就在校外租房子住，到了大学之后继续在校外租房子，平时独来独往，周末到太仓市区打工，学习成绩不错。因为住在校外，参加校内活动的机会很少，因此大一的时候因学分不够而没有获得奖学金。一次她请假去见男朋友，两人发生矛盾，该女生一时想不开吞服了大量安眠药，幸亏抢救及时才没有危及生命。后来，这位女生与男朋友一同回到了老家，在此期间两人又发生了争吵，这位女生再一次选择伤害自己，而且比上次更为严重，住院两周才恢复健康。在家长和老师的开导下，该女生慢慢想通了，放下了这段感情。同时住回了学校宿舍，全身心地投入到了自己的学习中，而且能够积极参加各项活动，在学院运动会中取得了 400 米的第一名，大二这一年她还获得了学院三等奖学金。

恋爱本身没有错误，但要以一种健康、科学、理智的心态去对待爱情。学业始终是在校期间的头等大事，一定要摆正学习与恋爱的先后顺序，只有这样才能顺利地度过大学阶段。

第五节　大学生消费观

大学生作为一个特殊的消费群体正受到越来越多的关注，他们有着不同于社会其他消费群体的消费心理和行为。一方面，他们有着旺盛的消费需求；另一方面，他们尚未获得经济上的独立，消费受到很大的制约。他们的消费行为和消费心理将直接影响其价值观的形成。关注大学生的消费观，把握大学生的消费心理特征和行为导向，培养和提高大学生的"财商"，是大学教育不可或缺的一个环节。

一、大学生的消费类型

1. 伙食消费

大学生大部分时间都是在校内的食堂或者小吃店就餐，每个月的伙食费一般都是固定的。但是到酒店或者小餐馆就餐也已经成为大学生中的常见现象，大学生都有可能会参加一些大大小小的聚会，聚会的理由多种多样，如老乡聚会、宿舍聚会、班级聚会、离校前聚会、同学过生日、竞选学生干部成功、获得了奖学金、在某项比赛中取得了好成绩等。这些聚会有时会成为一种约定俗成，如果不请客则往往被视为不近人情。于是，来而不往非礼也，大学生就因为这些聚会相互之间请来请去。大学生参加聚会的费用已经成了他们伙食费中的重要支出。

2. 服饰消费

大部分同学在高中时以学习为主，都想考入理想的大学，对穿着没有特别的要求。进入大学后，面对新的环境、新的同学、新的目标，所有的同学都想有一个新的开始、新的自我，故而有些人开始考虑自己穿什么样的衣服更合适、更时髦。于是，有些大学生对服装消费的档次越来越高，买衣服一般是不买则已，要买就买名牌的、价格高的。喜欢运动的男生还会买一些运动装备，比如球衣、球鞋等，这些运动装备一般都是名牌，价格不菲；女生则永远觉得自己缺少一件合适的衣服，所以在经济条件允许的前提下总是买个不停，只要自己喜欢的都会买回来，不喜欢马上就不穿了。甚至个别虚荣心强的大学生一方面为了满足自己的实用需求，另一方面也希望能够增加自己的被关注度，宁可牺牲一部分伙食费也要购买名牌服饰。

3. 恋爱消费

俗话说：谈钱伤感情，谈感情伤钱。许多大学生在入学之前就计划要在大学里谈恋爱，等真正有了男朋友或者女朋友之后，两人的交往便离不开相应的经济支出，大学生恋爱支出主要用于吃饭、逛街、电话、短信、外出旅行等方面。购买礼物的消费是恋爱消费中的重要组成部分，情人节、圣诞节、生日及特殊的纪念日，恋人之间势必会互赠礼物，此项花费少则几十元，多则数百元，甚至有几千元者。有的同学为了营造属于两个人的私人空间，在外租房子，每月的花费都有四五百元。个别同学存在异地恋的现象，虽然吃饭、逛街等的消费不像在同一个学校的恋人一样频繁,但是每天的电话费以及两人见面的交通费、住宿费等也是一笔不小的支出。

4. 网络、手机消费

电脑是大学生学习不可或缺的工具,可以上网查阅资料,完成一些作业,课余时间也可以上网放松一下。某高校的一项调查结果显示:每周上网时间,12.7%的学生在3小时以下,20.9%的学生为3~7小时,30.1%的学生为8~10小时,19.5%的学生为10~20小时,16.8%的学生在20小时以上;在上网时段方面,23.2%的学生在白天上网,33.9%的学生在晚间上网,35.2%的学生在周末上网,7.7%的学生通宵上网。每月花在网络上的支出也是比较可观的。少数同学因为家庭经济原因没有电脑,但智能手机人手一部,手机就成了大学生与外界保持联系及了解各类新闻的主要工具。除了电话、短信的支出外,网络流量的支出也是手机消费的一部分,手机使用频繁的同学每月的花费不比伙食费少。

5. 与学习相关的消费

进入大学后要考各类专业技能、计算机、英语等级考试等证书,需要交纳培训费和工本费。还有一部分同学参加了各种提升学历的考试,因此需要购买相关的辅导材料,参加辅导班。有的同学加入了与自己兴趣相关的社团,参加社团活动时有可能要交一部分费用。另外,个别考核未通过的同学需要重修课程,要缴纳一定的重修费等。所以大学生在学习方面的消费也是相当可观的。

二、大学生消费中存在的问题

大学生虽然已经成人,但在消费观念和消费行为方面还不成熟,理财意识和能力比较差。大学生消费中存在以下主要问题:

1. 消费结构不合理

大学生消费结构呈现出多元化趋势,形成各种各样名目繁多的消费种类和消费内容,如学习消费、爱情消费、通信消费、旅游消费、人情消费等。这反映出当代大学生消费水平和消费质量的提升,同时也显示着消费结构的失衡。主要体现在:其一,物质消费超前性与精神文化消费滞后性。大学生趋向于把大量财力片面用于物质消费,忽视精神文化消费,这在某种程度上折射出部分大学生缺乏精神文化价值追求的空虚状态。其二,享受性消费偏高,生存性和发展性消费不足。

2. 消费观念和消费行为偏离

大学生在消费观念和消费行为方面存在偏离的现象。在消费观念方面,大学生基本上都能体谅父母的经济压力,比较认同勤俭节约,把商品"物美价廉"作为购物的重要考量因素,提倡科学、健康的消费观。而一旦具体到消费行为时,他们很容易受外界环境的诱惑,感情用事,形成盲目消费和从众消费,合理的消费观念没有发挥对消费行为的价值导向作用。

3. 攀比心理较重,消费中存在两极分化

当代大学生在消费过程中,攀比心理比较重。有些物品如数码产品、高档服装并不是必需品，但为了跟上周围的潮流，不少同学都会想方设法去购买，这一切似乎已经成了一种约定俗成的习惯，在这种虚荣心的驱使下形成无休止的攀比现象，这也为大学生犯罪埋下了隐患。与此同时，消费中存在两极分化现象，特别是来自农村和城市的学生，这种现象更为明显，家境贫困学生与富裕学生的消费存在明显的不均衡，这种不均衡现象极易影响大学生群体健康、和谐的发展。

4. 从众现象突出，理财意识差

大学生是经历从学校到社会过渡的一个转型群体，他们不仅会受到学校里消费行为的影响，同时也会受到社会上消费行为的影响。他们缺乏自己合理的消费观念，被动消费现象明显，这表现在实际消费中从众消费现象突出。当前大学生在努力适应从学校到社会转变的过程中，也在仿效着社会上人的消费行为，大多数学生都选择公众化消费形式。不少学生在服饰、发型及饮食上都跟随潮流，花费大量金钱，浪费现象较严重。

大部分同学都是第一次离家，进入大学后，面对日常学习与生活的诸多事务，尤其是金钱的管理，缺乏必要的理财意识和能力。他们在消费中缺乏理性和目的性，根本不知道什么时候该花钱，将钱花在什么地方，常常根据个人的心情来消费，透支消费、超前消费比较普遍。这样就造成了不该花钱的时候乱花，该花钱的时候没钱花，对自己的学习和生活造成了比较大的困扰。

三、大学生畸形消费原因分析

当代大学生在消费中还存在着很多误区和问题，这些误区和问题的形成，是受到多方面因素综合影响的，主要原因如下：

1. 大学生内在消费心理的驱使

大学生受过比较高的教育，与一般社会人不同，他们不仅希望得到社会的认可，更需要的是满足自身被尊重的需要。在马斯洛需求层次中，受尊重的需要处在比较高的层级，这种需求与受教育程度几乎成正比。因此，大学生有着强烈的尊重需求，这种心理表现在消费中，则体现为对高物质生活的追求。大部分的学生都是通过寻求富裕的物质生活来美化自己的形象的，从而满足自身的需求和心理上的平衡。在这种心理的推动下，在大学生中就产生了重物质享受的风气，这种风气的形成，会影响学生心理的健康发展，易产生很多畸形心理。这样，同学之间的攀比现象就会应运而生，最终走向消费误区。这是消费误区产生的内部原因。

2. 家长不当消费观念的延伸

在孩子成长过程中家长忽视培养孩子正确的消费观念，或教育不够。许多家长自身没有一个健康的消费观念。家长们怕委屈自己的子女，宁可自己省吃俭用，也要让孩子与其他孩子一样穿好、吃好、玩好，从而助长了孩子大手大脚的消费习惯。

3. 社会不健康消费行为的影响

大学生是一个特殊的群体，他们正经历着从学校到社会的过渡阶段。因此，大学生的消费观念会受到学校和社会的双重影响，特别是当前社会上不良的消费风气，对当代大学

生的消费行为产生了重要的外部影响。大学生的消费思想还不够成熟,他们极易受到社会上不良享乐主义思想的影响,这种导向错误地助长了学生之间的攀比风。另外,现今社会上流行着透支的消费方式,大学生是对社会潮流有敏锐触角的群体,加之相对缺乏自主判断力,若没有得到适当的引导,很容易产生不正确的消费观念。

4. 学校思想政治教育工作不到位

形成当代大学生消费误区的一个重要的外在因素是高校缺乏思想政治教育。当前高校的思想政治教育中,对大学生消费观的重视程度不够,很多学校并没有开设这方面的思想政治课程,教育缺失。首先,高校缺乏对大学生进行消费心理和行为的研究。当前除了经济类的大学开设消费者行为心理学这门课程,很多学校由于受到专业的限制,并没有涉及这类课程。其次,高校教师教学中,对大学生正确消费观的引导不够,很多大学只做表面文章,采取问卷调查的形式让学生填答,并未进行实质的思想教育引导。再次,高校校园文化建设中,缺乏对大学生勤俭节约精神的倡导。整个校园缺乏勤俭节约的氛围,久而久之就会导致大学生消费行为走向误区,造成消费盲目冲动。

四、建议

1. 大学生应树立正确的消费价值观,逐渐确立正确的人生准则

在消费过程中要做到“一切从实际出发”,强调“合理和适度”消费,提倡“量入为出”,有计划地消费,选择适合大学生群体的消费标准,努力克服互相攀比和盲目追从的不正确的消费观念,提高精神境界,减少对物质需求的过分依赖。在学校与家长双方的共同努力下,大学生应培养其健康向上的精神追求,减少对物质需求的依赖,从而督促正确的消费观念的形成。

2. 形成良好的消费风气,营造校园内健康的消费氛围

学生的消费心理和行为是体现学生生活作风的重要部分,所以当良好的消费习惯得到培养和加强,就会对良好校风的塑造起促进作用,并形成校风助学风的良性循环。因此,应该把大学生良好消费心理和行为的培养作为校园文化建设的重要组成部分。在校园文化建设中设计有关营造大学健康的消费氛围的活动专题,并且持之以恒,以大学生良好的消费心理和行为促进良好生活作风的形成,两者相辅相成,不让错误的消费观念有可乘之机。

3. 营造良好的社会消费风气

为了保证大学生走上健康、合理的消费方式,必须要通过各种途径营造良好的社会消费风气。首先,应加强对社会大众消费方式和思想的引导。其次,要通过各种手段控制社会上的不良消费方式,减少不良消费对当代大学生消费观念的影响。再次,应将各种政策落实到位,开展勤俭节约的教育活动。通过这些途径,可以改善社会上不良消费环境,减少外部环境对当代大学生的负面影响,带动他们全面地发展和健康地成长。

第六节　大学生如何正确应用网络及新媒体

网络已经成为大学生活不可或缺的一部分。作为网民主体之一的大学生能否正确应用网络，直接关系着网络文明和大学生的成长发展。对于大学生群体，网络到底是虚拟的伊甸园，还是潘多拉的盒子？大学生作为信息时代最积极、最活跃的人群，已经成为网络使用的主要用户。一方面，大学生通过网络接触到前所未有的广阔空间，能更加有效和广泛地获取信息、学习知识、交流情感和了解社会；另一方面，网络空间又以令人眩晕的色彩诱惑着涉世不深的学生，使得部分学生遭遇到一定的迷茫。当今没有网络的大学生活已经是不完整的了，因为网络作为一种方便快捷的信息获取手段和通信交流平台，已深深地融入了大学生的生活中。

"新媒体"是相对传统媒体（包括报纸、杂志、广播、电视等媒体）而言的。是指利用数字技术、网络技术，通过互联网、宽带局域网、无线通信网和卫星等渠道，以电视、电脑和手机为终端，向用户（即受众）提供视频、音频、语音数据服务、远程教育等交互式信息和娱乐服务，以此获取经济利益的一种传播形式。从内容上来讲，新媒体既可以传播文字，也可以传播声音和图像；从过程上来讲，新媒体既可以通过流媒体方式线性传播，也可以通过存储、读取方式非线性传播。这样，原有的以材质、样式、符号系统等物理形态，对媒介所进行的分类和定义，已经不再适用，"媒介"这个概念的外延已经大大扩展。

伴随着网络的普及和数字技术发展而逐渐进入大众视野的新媒体，以其便捷的交流渠道、多样的交流形式和传统媒体无可比拟的渗透力成为当今社会的传播利器，而它改变的不仅仅是传播方式，更重要的是人们的思想方式和行为方式。大学生群体因受教育水平较高、接受新事物能力较强，同时他们渴望表达自身观点，渴望得到他人的认可，因此这一群体无疑是受新媒体影响最大的群体。据不完全统计，我国网民规模已达3.9亿，手机网民达2.4亿；青少年整体占到网民的60%以上。新媒体以其独特的功能和魅力强烈地吸引着最易接受新生事物的大学生群体，已经成为大学生获取信息和交流沟通的主要渠道，极大地改变了大学生原有的交往方式、生活方式、思维方式及观念模式。新媒体对大学生价值取向有着重要的影响，新媒体的日益兴盛，已经彻底改变了大学生所处的媒介环境，以互联网和手机为物质基础的网络文化，由于提供了全球丰富的文化信息及互动交流的方式，对大学生的个体价值取向产生了重要的双重影响。

一、网络带来的便利

1. 拓宽大学生的视野

网络文化的全方位、多层次和迅捷性等特点，使大学生开阔了视野，可以紧跟时代发展的步伐。通过网络可以及时了解时政要闻、文体新闻，获取各种最新的知识和信息，提高了大学生的综合素质和文化素养。

2. 有助于大学生缓解学习压力，不断补充精神食粮

通过在网上阅览各类有益图书，听音乐，看电影，或者适当地玩一些健康的网络游戏，可以娱乐身心，缓解压力。

3. 有助于大学生查阅各类与学习相关的资料

大学以自主学习为主，许多学习项目要通过查阅大量的文献资料才能完成，便捷的网络不但为大学生的自主学习提供了工具，而且有助于帮助大学生养成自主学习的习惯。

4. 为大学生提供交流的平台

通过网络，大学生不仅可以与同学、老师进行平等且能敞开心扉的交流，倾诉自己的一些想法，还可以与外界各种各样的人交流，不仅可以帮助大学生提前了解社会，还可以提高其交流能力。

二、大学生使用网络的现状

随着网络信息技术的高速发展，在校大学生的网络接入变得越来越简便，网络与大学生的关系也越来越密切，大学生已经成为上网用户中最大的一个群体。网络的建设的确给大学生的学习与生活方式带来了许多积极的改变，但我们仍然不可盲目乐观地看待网络发展对大学生的影响。在现实中，有许多大学生还在网络的认识和使用上都有很大的不足，大学生使用网络存在以下现状：

1. 使用网络的时间与时段

如何正确控制网络使用的时间与时段，是网络使用中最直接的问题。网络使用时间过长或在不恰当的时段使用网络，都会给大学生的身体健康带来影响。从使用网络时间的分布来看，每天使用网络在 1 ~ 3 小时的人占了大多数。由于课余时间里的信息获得和娱乐消遣等活动很大一部分都是借助网络的手段来进行的，所以这样的使用时间应该是在正常的范围之内。但也有的大学生每日网络使用量时间超过 3 小时，存在过度使用网络的情况，而用来上网的这些时间一般都是占用休息的时间。大学生上网的时段主要集中在 20 ~ 24 时。

2. 使用网络的原因和网络资源的用途

为什么上网？上网干什么？这两个问题很多学生都没有仔细考虑过，许多大学生在使用网络的原因和网络资源的用途上存在着许多问题。有的同学上网的主要目的是获取信息，不少同学是因为无聊、没有事做才上网的，换句话说，就是拿网络来消磨时光。因为无聊、没有事做而上网的同学往往对网络存在着一定的依赖性，他们一般很少进行户外活动或做别的事情来充实自己的课余生活。由于网络的吸引，他们在不使用网络的情况下经常会觉得无聊，所以用网络来填补这些空白成了他们最好的选择。

3. 使用网络缺乏理性

大学生在用网络还是网络在用大学生？我们可以通过这个问题来进行反思。那些使用网络存在问题的大学生，通常被网络所异化，盲目并且不加控制地上网，从而丧失了使用网络的理智。即使那些属于正常使用网络的学生中也有很大一部分对自己如何正确地认识与使用网络不甚清楚，因而有许多人成了被网络使用的大学生。大部分同学购买电脑的初衷是为了能更好地促进学习，但结果适得其反，而是将大部分时间用来上网玩游戏、看电影，很少利用网络资源来学习或做其他有益个人发展的事情。

三、网络存在的负面影响

网络是一把"双刃剑"，在为大学生带来学习、生活和工作上的便利的同时，也带来了一系列的问题，这些问题如果处理不当，将会对大学生的健康成长造成严重的伤害。我们应及时认清网络带来的这些负面影响。

1. 网络的虚拟性

由于网络是超乎现实的，是虚拟的，故它不受现实的制约，在网络中的随意性很强，各种可能都会发生。所以我们要避免将大量的时间耗费在网络上，在一个没有时空限制、没有道德规范约束的情况下，降低我们对网络生存环境的虚拟性所产生的依赖心理，更不能把自己的思想、感情沉浸于网络之中不能自拔，使大学生的人际关系淡漠、情感疏远、道德滑坡，甚至使一些大学生产生心理问题。

2. 网络的风险性

上网的人鱼龙混杂、良莠难分、心态各异。在网络聊天中，有的人很容易被一些不良分子信誓旦旦的谎话所欺骗，以满足自己的虚荣心；也有的人污言秽语、俗不可耐；更有的人巧设骗局、暗藏祸心，以卑鄙的手段获取某些利益。所以网络有风险，上网须谨慎。

3. 网络的肤浅性

我国网络的监控力度还不够完善，对各种违法乱纪的人打击不力，有些大学生上网没有经验、思想单纯、心理准备不到位，心理防线一攻即破；更有甚者在网上肆意散布一些垃圾信息、龌龊画面及不文明的图像，部分网络文化也越来越肤浅。作为大学生应该加强自律和自控力，提高品位，加强对美的鉴赏和反思，增强对时间的敬畏和珍惜。

4. 网络的偏激性

一方面，有些人利用网络言论的自由性，对别人进行人身攻击、漫骂、侮辱，发泄不满，说话肆无忌惮，对他人制造了恶劣的影响。西方反华势力利用网络制造一些虚假消息，蛊惑人心，对大学生的政治信念和价值观造成了很大的影响。另一方面，很多同学把网络当作逃避现实的方式，宁可沉溺于虚拟的世界，也不想通过个人的努力迎接现实的挑战，从而扭曲了心理。

5. 网络的伤害性

有的大学生上网时间过长，对眼睛和大脑造成了严重的损伤，出现了视力下降、腰酸背痛、精神焦虑紧张、睡眠差及情绪低落、思维迟缓等上网综合征。有的大学生在网吧上网，这样的场所大多光线昏暗，空气不流通，有限的空间里人数过多，长时间在如此环境下上网对身体的损害可想而知。另外，大学时期是人生重要的学习阶段，直接关系到今后的就业和人生理想的实现。有些人把大部分的学习时间都用在了上网上，荒废了学业，辜负了大好时光，严重者甚至退学。

四、新媒体对大学生思想行为的积极影响

1. 新媒体为大学生提供了更加方便的学习渠道

利用新媒体各种技术和工具,学习可以变得更加方便快捷。传统的教学方式因其死板僵硬的"一元化"一直遭到社会各界的诟病,而其受到诟病的最大原因是无法实现双向互动,即课堂上所传授的知识无法与学生想学到的和兴趣所在的方面相一致。而新媒体可以很好地弥补这一点。首先,上网速度的加快和学习资料的丰富便于学生查阅,任何人可以较为轻松地从网络上查找到相关资料;其次,网络课程的风靡将学习的主动权传递到学生的手里,教师、学生乃至任何人都可以是传播的中心,也可以是传播的受众。大学生可以依据爱好和兴趣进行选择,既方便又快捷。还有一点值得一提的是一些出色的手机应用软件也使得学习变得更富有趣味性。

2. 新媒体为大学生广泛了解社会提供了便利

在大学期间,大学生的身心迅速发展,对于外界社会也更加充满好奇,对于正处在社会化进程中的学生来说,新媒体提供了一个比家庭和学校更为广阔的空间,他们可以利用这一平台更多地了解社会,实现自身的社会化过程。在3G、4G手机时代到来之前,大多数的大学生不会专门抽出时间去关注社会信息、国际资讯,因为不仅没有充足的时间,也没有便捷的方式,这也就在很大程度上限制了他们的视野,阻止了大学生眼光的拓展。但是在新媒体出现后,在许多大型门户网站(如腾讯、新浪、搜狐等)的推动下,新闻资讯的获取不再费时费力,甚至很多时候,你没有主动获取新闻资讯的意愿,而这些资讯还会推送到你眼前。这样方便快捷、潜移默化的方式就在很大程度上拓宽了大学生的社会视野,使其知识面更加开阔,有助于大学生全球意识的形成和个人素质的提高。

3. 新媒体拓宽了大学生交往的空间

新媒体的出现和发展使得讯息、图片、音频和视频的传输变得更加方便和快捷。基于这一发展而产生的多种交流平台也为大学生的交往带来了便利,以微信(We chat)为代表的聊天交互应用的产生与普及将人与人之间的距离拉得更近,为大学生提供了更广阔的交流空间与平台,使得交友变得更加便利,朋友圈的扩大也使得寻找兴趣相近的朋友更加方便。总的来说,新媒体的出现革新了传统的交往方式,而这种全新的交往方式,无疑是更快捷、更方便的。

4. 新媒体对大学生的创造性给予了充分的肯定

换言之,大学生的创造性能够很好地在新媒体之上得到发挥和认可。英国学者曾提出过"沉默的螺旋"理论,即占支配地位或日益得到支持的意见在传播过程中会越来越强大,而反对方的声音则会越来越小。长此以往,得到支持和肯定的观点必然是主流的、大众化的观点,个人提出的、具有相对创新性的观点无法得到认可,不仅无助于多元思想的融会和交锋,也无助于个人创新能力的培养。大学生无疑是最富有想象力和创新力的群体,而想象力和创新力的发挥和施展在新媒体出现后能够获得更多的认可。我们的创新点可以很轻易地上传到微博之上,引起关注,获得肯定和鼓励。不得不说,新媒体为个人

的发展创新提供了机会和空间，避免了沉默导致的思想湮没。

五、新媒体对大学生思想行为的消极影响

1. 新媒体易导致大学生消费观念变化和攀比心理

一方面，新媒体到来的同时带来了快餐式消费，导致大学生的消费观念变化，即追求体面的消费，渴求无节制的物质享受和消遣，并把这些当作生活的目的和人生的价值。以往传统的消费方式被快餐式消费所取代，导致了花费上升，开销无度。以往简单朴素、为未来美好生活而进行的消费，转而变成空想消费、无目的消费，在手指一动间完成，失去了消费本来的意义。另一方面，以3G、4G手机为代表的新媒体工具也在诱导着大学生不健康消费和引发攀比心理，流量的需求变大，转而变成手机月租变高、花销变大；品牌、型号多样的智能机也让大学生们变得越来越“不智能”，引发攀比行为。加之3G、4G手机更新换代速度之快，在更大程度上加重了其经济负担和恶性攀比心理。

2. 新媒体对大学生价值观形成了冲击

大学生虽说已经开始步入社会，开始有自我决断能力，但总的来说，他们的心智并未成熟，对于事件的观点仍存在不足，不能很正确地认识和处理一些信息和消息。丰富多彩的网络信息极大地充斥着大学生的精神世界，由于这一群体好奇心极强，以及自我监控能力较弱，所以互联网上以色情、拜金、暴力、反动为内容的灰色信息极大地影响着大学生。如果长期接受这种负面信息，会对身心产生极大的危害，滋长不良情绪，包括对现实的失望、追求享乐与刺激、崇尚权利与金钱等。这在很大程度上扭曲了大学生正常的价值观，不仅会对其学业产生影响，还会弱化其社会责任，贻害无穷。

3. 新媒体误导了大学生的日常行为

新媒体对大学生道德素质产生的影响会传递到现实行为，新媒体所传播的一些负面信息，包括拜金主义、享乐主义、色情文化、暴力文化将导致大学生品质畸形、人格扭曲，致使道德和法律意识淡化。又由于大学生多远离家庭，受家庭的管束较少，大学的管理相对高中又较为宽松，若大学生自控能力差，在不良信息的影响下，极易误入歧途。

4. 新媒体的出现诞生了特有的“宅”文化以及“手机依赖症”

以前听到“秀才不出门，便知天下事”，多数人会嗤之以鼻，但如今，这句俗语却成为可能。身居斗室，可以借助新媒体了解到几乎任何自己想要了解到的消息和讯息，越来越多的人选择了“宅”。“手机依赖症”则是对手机过分依赖，一旦离开手机，便会产生空虚、紧张甚至恐慌的心理状态。不用过多赘述，这两种现象危害极大，其一，这使得我们获取知识的渠道单一化，一般来说，获取知识的方式不仅仅是阅读已有材料和别人的见解，真正的知识是要在亲身实践和思考后才能得到的，新媒体的出现“帮助”我们跨越了实践这道坎，带给我们现成的知识，然而这种知识的个体适应性差，不能对自我生活、工作、学习产生应有的指导作用，还在更大程度上弱化了大学生的实践能力，造就了大多数“知识上的巨人，行动上的矮子”。其二，对于新媒体的过分依赖，导致了大学生性格内向，缺乏自信，不愿与人交往，有时甚至心理上对手机与电脑的强烈依赖延伸到对现实生活的厌倦与

冷漠,导致人格的自我异化。新媒体所带来的“弊病文化”削弱了人际沟通能力。

六、大学生如何正确应用网络

1. 正确认识网络是把“双刃剑”,取其精华去其糟粕

网络作为一个载体,衍生出了多种信息传递的方式。大学生通过网络接触到前所未有的广阔的空间,能更加有效和广泛地获取信息、学习知识、交流情感和了解社会。在它积极作用的背后,网络空间又以令人眩晕的色彩诱惑着涉世不深的大学生,使得部分大学生陷入迷失自我的陷阱中。因此我们需要在大量的信息中找到精华,所谓精华就是自己所需要的信息,能对自己有帮助的资源。那么我们首先要做的就是根据自己的需要,有目的地进行阅读。人的精力是有限的,我们不能将有限的精力耗费在无用功上。

2. 让网络成为有用的工具

大学生要充实自己的精神空间和现实空间,让自己有忙的地方、时间和内容,如多参加社会实践活动、校园活动。我们可以通过上网看新闻来了解天下大事,或者上一些学习网站来辅助自己的学习。如果学习任务重、心理压力大,能在网络上找个知心的朋友谈谈,心情可以变得轻松。我们要着重提高自身的素质与能力,培养与提高自控力。让自己做网络的主人,让网络成为自己手中有用的学习工具。

3. 利用好网络虚拟交流平台

网络是个交流的平台,借此平台,我们认识了自己现实生活中完全不可能遇到的人,扩大了自己的交际范围。如果你有烦心事憋在心里,可以找网络上的朋友倾诉,没有在现实生活中的顾虑;如果你希望提高外语水平,可以在国际交友网络上认识外国人,直接交流;如果你想要认识校友,可以上专门的校园网站。总之,网络大大扩展了我们的交流面,各种各样的人都在网络上以自己喜欢的面貌出现,能与他人交流心得看法,逐渐完善自我知识网络体系,通过这个平台我们还可以找到许多朋友共同进步。

4. 合理安排上网时间,正确对待网络娱乐资源

劳逸结合、寓教于乐是我们所提倡的健康的学习方式,适度娱乐能缓解学习、生活中的压力,也为后续的学习和工作提供能量。然而过度沉溺于网络娱乐资源(如网络游戏、在线聊天等)不仅会浪费时间,而且会影响正常的工作与学习。只有正确对待网络娱乐资源,才能真正地从网络上获取轻松,因网络而受益。我们必须合理安排上网时间,在上网和工作、学习之间取得平衡。只有通过合理安排上网时间,才能做到有效率地使用网络资源,并使其真正地为工作、学习、生活带来便利。

七、大学生如何正确应用新媒体

1. 遵守法律法规,传播网络正能量

新媒体成为一些人造谣、传谣、发布奇谈怪论、表达对社会强烈不满的平台,更有甚者利用新媒体抨击国家大政方针。新媒体也成为少数不法分子从事非法经营、违法犯罪的重要平台和手段,如假冒伪劣产品代购代销、违禁物品交易、暴力渲染、色情视频、图片传

播等。作为大学生，需要有明辨是非的能力，在应用新媒体时严格遵守相关法律法规，不传谣、不造谣。同时，可以利用新媒体转发身边的好人好事，通过网络传播社会正能量，既可以净化自己的价值观，还可以为营造积极向上的社会氛围贡献一份力量。

2. 优化学习途径，拓宽个人视野

新媒体为大学生提供了灵活性高、随时随地的学习机会，新媒体平台上有丰富的学习资料，而且有的学习内容寓教于乐，集知识性和娱乐性于一身，容易引起学习者的兴趣。大学生应当增强网络学习的主动性，根据自己的需要进行理性选择。除此之外，门户网站推送的各类新闻、生活资讯、科技信息等都是大学生增长知识、开阔眼界的重要资源，有助于大学生综合素质的提升。

3. 慎入虚拟平台，重视亲情友情

新媒体为大学生提供了更加广阔的交流空间，在短时间内可以认识更多的朋友，尤其是微信朋友圈，让大学生便于找到与自己爱好相同、兴趣相投的朋友，这种便捷的交友方式丰富了大学生活。但是网络毕竟是虚拟的，朋友圈里的一些"朋友"也不一定全是可信的，大学生不应当花太多的时间在新媒体平台上交流，而且需要提高警惕性，防止上当受骗。新媒体的出现让大学生与家长、亲戚、同学进行面对面交流的机会少了，让很多人忽视了亲情、友情。网络上有这样一句话："世界上最遥远的距离莫过于我们坐在一起，你却在玩手机"，就是对现实生活的真实写照。大学生应该利用课余时间、节假日多与家长、亲戚、同学进行交流，不但可以提升自己的人际交往能力，还可以重新找回或者拉近亲情、友情。

4. 拒做"低头族"，克服"手机控"

新媒体滋生"低头族"，新增人身安全隐患。过马路、上公交、挤地铁，随时随地，我们都可见到看手机的"低头族"。他们将注意力集中于手机上，忽视了外界环境，"低头族"撞电线杆、撞树干、撞汽车等事件时有发生，一些人因此而丧失性命。纵观大学课堂，基本上存在三种状态：玩手机、睡觉、听课，其中玩手机者占了不小的比重，这部分学生不管在什么时间都会情不自禁地拿出手机，离开手机就感觉生活好像缺少了什么，这实际上属于心理疾病的范畴。"低头族"可能会造成生命危险，"手机控"会影响身心健康。大学生风华正茂、精力旺盛，应当在教师的帮助下，结合自身实际制定学业规划和职业生涯规划，认真学好专业知识，不断提升专业技能。同时，可以利用课余时间积极参与校园文化活动或体育比赛。这样的大学生活才会变得更加充实和完美。

大学生活是丰富多彩的，大学阶段是提高适应能力非常重要的阶段。面对新的环境、新的师生、新的心境，我们首先要学会适应，适应新的环境是我们改造环境、不断进取、完善自我的开始，是同学们充分展现自己、积极发展自我的前提。人总是在不断适应新环境中成长的，大学生活是我们不断适应世界的一个片段，适应社会就从适应我们的大学生活开始吧。年轻是充满向往和激情的岁月，大学是绚丽多彩生活的缔造摇篮。"象牙塔"里是八仙过海、各显神通的圣地，只要自己有闪光点，总能找到自己的舞台。不管现在是否喜欢自己的大学，都要试着去适应她、热爱她。不能拥有自己所爱的，就要更加热爱自己

所拥有的。不要放弃自己的追求，要努力地培养自己的兴趣，在拓展综合素质的同时扩大交流圈。在修业的同时也要修德，我们不仅要技术精湛，也要厚德载物。

虚拟网络 谨慎对待

2009级的某位男生平时酷爱上网，且经常在网上结交一些不认识的人。2010年11月他在网上认识了一位女网友，两人聊得特别投机，而且约好了春节过后见面。2011年春节过后，该男生去了泰兴与女网友见面，结果被骗到了一个传销组织中，手机、钱包、身份证等被扣留，与家人失去了联系，开学后也没有来上课。后来，他父亲报了警，通过翻查QQ聊天记录及本班同学反映的情况，他父亲与警察一同去泰兴找人，在当地警方的帮助下，在一间出租屋内找到了这位同学。由此可见，在网络聊天中，有些学生容易被一些不良分子信誓旦旦的谎话所欺骗，以满足自己的虚荣心，从而落入了欺骗、诱惑的陷阱之中。

因此，在上网的时候，我们一定要增强警惕性，合理利用网络，让其成为帮助自己的工具，而不是沉迷于虚幻的网络世界之中。

【学长寄语】

千里之行，始于足下。在校期间，一定要坚持做一件有意义的事情，比如阅读、跑步。说起来容易做起来难。一旦坚持了，总有一天你会发现：曾经的辛苦付出终将得到回报。

（刘立，2013届有机化工生产技术专业毕业生，现工作于中国工程物理研究院机械制造工艺研究所。）

第三章 学习成才——追逐理想基点

在从接到大学录取通知书后，每一位同学都会思考一个问题：大学如何生活，如何学习，如何实现自己的目标？学习是每一个大学新生上大学的中心任务，是每一个大学新生面临和思考最多的主要问题。然而，在大学新生群体中，对学习这个至关重要的问题，确有不同的认识和理解，各自的答案直接影响着每位大学新生的生活开端和今后长远学习任务的完成。因此，在新生刚刚开始大学生活之际，对大学学习的基本特点、大学学习的规划、大学学习的方法等一系列有关学习的问题，必须认真地讨论与思考，使自己对大学学习有一个全面的了解，掌握一些必备的学习常识，有利于大学学习期间的成长和发展。

第一节 大学学习的特点

每一位同学从小学到高中的学习，都有一套自己总结出来的学习方法，而且习以为常。为什么到了大学，学习又作为一个新的问题提出来，再三强调新生要尽快完成从中学到大学的转变？这一切，是由大学学习的基本特点所决定的。大学和中学虽然都是学习知识的地方，它们之间还有着内在的联系，但二者的确有许多不同的特点，主要反映在大学教师课堂教学的特点和大学学习的特点上。

一、大学教师课堂教学的特点

1. 介绍思路多，详细讲解少

大学教师上课时，主要讲背景、思路，讲重点、难点，一次课下来，涉及讲义或教材内容十几页甚至几十页。教师上课有时把教材的内容、先后顺序进行调整，有时把本人思考的观点及各位专家对某一问题不同的看法介绍给学生。大学课堂讲授，其主要目的一般不是在课堂上解决问题，重要的是给学生提出各种问题，摆出各种观点，启发学生思考，引导学生探索。大学教师在教学过程中，十分注重思维方法的引导和开发，让学生下课之后，带着问题查资料，与同学探讨，自己去解决问题，寻找答案。

2. 抽象概念多，直观形象少

大学一年级开设的基础课有《思想道德修养与法律基础》《应用数学》《实用英语》

《计算机技术应用》等。这些课程对一年级同学来说似曾相识,但是几堂课上下来,会感到内容抽象,晦涩难懂。例如,中学的政治理论课着重于基本理论的分析和运用上,而大学的政治课侧重于对理论、历史、现实问题的分析。如果新生对此认识不充分,缺乏思想准备,就容易产生厌倦情绪,从而影响学习积极性。一般说来,抽象理论的掌握总不如直观的东西来得容易,但是抽象思维本身也会给你带来无穷的乐趣。

3. 课堂讨论多,课外答疑少

在大学课堂教学中,讨论是一种常见的教学方法。教师讲到每章或者每节时,都会提出与本章节内容相关的问题,供学生思考和讨论,而且这些问题有的是有争论的,有的是需要认真研究的,有的是非常前沿的。在讨论中,有时教师让学生把各种观点摆出来,再归纳总结;有时教师把社会流行观点讲出来,让学生思考每个观点的对与错、全面与片面;有时教师给学生结论,有时又不给结论;有时教师参与讨论之中甚至争辩,最后达成共识,直到弄懂难题。但是下课以后,与任课教师见面机会较少,因教师所教班级较多,或有的教师不住在学校,或有的教师还有科研任务和行政工作,所以不可能像中学老师那样天天见面。如果遇到学习上的困难,主要靠自己看书或与同学讨论解决问题,也可以把问题发到老师的电子邮箱或留到下次老师上课的课余时间向其请教。

4. 参考书目多,课外习题少

大学的学习相对高中而言,习题少得多。大学完成作业的主要目的,是让学生阅读教科书及参考书,弄清问题的来龙去脉。各门课的教师,在本课程的第一堂课,都给学生介绍与本课程有关的参考书籍。参考书是用来解决问题和拓展知识面的,帮助学生打开思路、寻找方法、解决问题。学会使用参考书是大学学习的重要特点,不会使用图书馆,不会借助参考书来学习的同学在学业上要获得成功是很困难的。

以上四个方面是大学教师的课堂教学特点,每个新生应尽快适应和掌握,变被动为主动。

二、大学生学习的主要特点

(一) 学习具有较高层次的职业定向性

从国家的要求看,在培养规格上,对大学生的要求更高、更专业化,每个大学生都必须学好自己的专业,也就是说,大学生学习具有较高层次的职业定向性。实际上,大学生一入学就面临职业定向的问题,并围绕一定的职业定向学习基础课和专业课。各专业课程的设置,将影响大学生的知识结构和智力结构,影响他们将来对工作的适应性。在大学期间,大学生应培养对专业的热爱,形成对本学科知识的浓厚兴趣,既要在本专业所涉及的学科领域内博览群书,又要对本专业的某一方面有深入的了解和钻研。

(二) 学习更强调主观能动性

大学生学习的主观能动性应随着年级的增高而逐渐增强,他们逐步学会处理和把握学习过程中遇到的各种困难的应变能力,学习目的更加明确,学习效率相应提高。通过大学的学习，大学生能逐步学会不需要教师也能获得知识、更新知识的本领。大学生学习的主观能动性主要表现在以下两个方面：

1. 有更多自由支配的时间

据调查，除上课学习外，大学生约有45%的学习时间可以用于自我支配。这种课外学习同中学时期那种专门用来巩固课堂教学的家庭作业显然不同。在独立学习的时间内，大学生要阅读各种参考书和文献资料，扩大并补充课堂知识，或听自己感兴趣的选修课、专题讲座、学术报告，深化自己的专业知识层次，拓展知识范围。大学生拥有较多自由支配的时间，有的大学生能充分利用它来学习、发展自己的特长，完善自我，而有些大学生则把大好时光白白浪费掉。

2. 学习的内容有较大的选择性

除了公共必修课和基础课，对于学校开设的选修课，大学生可以根据自己的兴趣、需要、特长进行选择。而且，不同的课程对学生的要求是不同的，有的需要学生牢固掌握，有的只要学生作一般的了解。这些都给了学生很多自我选择的空间，有利于学生个性的发展。

（三）学习途径具有多样性

课堂学习依然是大学生学习的主要途径，但已不是学习的唯一方式了。课外阅读、主题研讨、参加实践、听各种学术报告和讲座、利用影视和网络等，也是大学生进行学习、获取知识的重要方式。大学生要通过这些方式锻炼自己的实践能力和社交能力，为日后走上社会获得职业成功打下坚实的基础。

（四）学习具有研究和探索的性质

大学生学习具有研究和探究的性质，不仅表现在大学生需要完成毕业论文以及参加学术报告会、讨论会上，而且表现在所学课程内容上。大学生学习不单是掌握知识的结果和结论，而且要掌握科学知识的形成过程、科学的研究方法，了解各学科存在的问题及其解决的可能性。

大学阶段是一个人成为专业人才的关键阶段，这一阶段学习的一个显著特点是专业性强，其主要的学习活动都是围绕这一特点而展开的。同时大学生还要为日后的生活、工作做好准备，因此，不仅要学习专业知识，而且应该广泛涉猎各方面的知识。

听课：不怕走神，怕不留心

要想做到“真正的认真”和“有效的听讲”，最重要的是要抓住“课堂的节奏”。一般情况下课堂的节奏是由老师掌控的，因此，紧跟老师的授课节奏就是“有效听讲”和“真正认真”的基础。“紧跟老师的授课节奏”具体的做法有三个方面：

(1) 熟悉老师的授课风格,抓住课堂的基本流程。

每一个老师都有自己的授课风格,不同的授课风格会使对应的课堂基本流程也不同,有些老师习惯把本课的重点、难点在上课一开始的时候就开门见山地抛出来,然后再逐步解决;有些老师习惯先进行铺垫,然后再把本课的重点、难点抛出,抛出之时就是解决这些问题的时刻……但无论什么风格的老师,每一节课都是要有重点问题需要解决的,解决问题的基本流程虽然因人而异,但都会包括问题的引出、问题的解决和结论的获得等几大部分。熟悉老师的授课风格,抓住课堂解决问题的流程会让你的听课变得更加高效。

(2) 不要不记笔记,也不要总是忙着记笔记。

每一节课都是老师精心设计和准备的,每一个老师都会最大限度地让自己的课堂清晰、高效、内容丰富,因此,老师对知识的讲解是课堂的核心。如果你一直在忙着记笔记而忽略了老师的讲解,那一定是得不偿失的;如果你只是听讲解,而没有留下任何重要的记录,估计你很快就会把听到的讲解忘得一干二净,就像没有听讲一样。

(3) 抓住本课的重点和难点,设计自己课上的“走神点”。

前面已经说过,每一堂课老师都是要解决一个(或几个)重点、难点问题的,而这些重点、难点问题的解决一般不会占据整节课的时间;同样,听课的人也很难整节课都精神集中,只要你能够抓住一堂课中最为重要知识点的解决,其他的时间你是可以走神的,但千万不要反过来,即在可以走神的地方认真听讲,而在需要认真听讲的时候却走神了。一般情况下,45 分钟的一节课,老师解决重点、难点问题所花费的时间会在 30 分钟左右,只要你能跟上老师的节奏,判断好需要认真听课和记笔记的时间点,那么一堂课中即使走神,你的听课效率也是不会受到影响的。至于如何设计走神点,那只能根据老师的风格和你的适应情况而定了。记住:不要在讲解重点、难点知识内容的时候走神。希望你拥有“能够走神”且“认真听讲”的课堂。

最好的休息不是睡觉

我认识的网络红人 A,他似乎每天都有用不完的时间:写书、讲课、看书、赚钱,参加各种节目。他的微博上人们问得最多的问题是:“你怎么可以同时做这么多的事情呢?你不需要休息吗?”

他的回答很简单:“做不同的事情,就是休息啊!”

不知道你有没有这样的感觉,今天学习了三个小时的英语,好累。于是,犒劳自己一下,睡了一下午,换来的是晚上的头疼不已,接下来什么事情都无法继续去做。这种情况发生在很多人身上,原因很简单,正确的休息方式根本不是疯狂地睡大觉,而是换一换脑子,去做其他的事情。

我的好朋友H的故事是我一直难以忘怀的。有段日子，她准备备战英语四级。一天，她做了两个小时的英语题，背了一些单词，累了。她伸了一个懒腰，接着倒在了床上，睡着了……她睡了一个多小时，起来后，效率低得吓人。书一直翻在那一页，一个多小时，还在盯着那几行看。

她四级考了两次，都失利了。有一次她问我："我是不是老了？总觉得睡眠不够，白天困，晚上失眠，学习效率还不高。"

我非常明白，她一天超过十个小时的睡眠，肯定是够的。于是，我告诉她："你试试不要用睡觉来放松。学累了，去跑跑步。"

在我的号召下，她和我一起办了一张健身卡。她本来疲惫的身躯，在跑得汗流浃背后，精神不仅没有萎靡，反倒忽然变得更加有活力。那天，她学到了晚上十一点，没犯困。当她做完了最后一道题，困意袭来，那天晚上她没有失眠。

很多时候，我们觉得很累，提不起精神去做一些事情；我们觉得很困，却在床上睡不着。其实，不是因为我们老了，而是因为我们没有合理地运用时间。睡觉只是众多放松方式的一种，除此之外，我们还有很多方法。

所谓休息，并不是睡大觉，而是去调整生活状态，使它变得多彩一些；关于睡眠，每天保证足够就好。

第二节 大学学业规划

学业是大学生立身之本，是大学生应当集中精力努力掌握的知识、能力、素质体系。具备和拥有好的学业，才会有好的就业、好的职业。

一、大学重要特征

站在大学校园门口，同学们必须思考自己的学业。对待学业，一个重要特征就是：我思故我在。进入大学后，我们究竟应该干什么？一些大学生对此感到十分迷惑。还是那句老话：大学生的天职是学习，大学是学习的天堂。人生也许很长，但只有大学这几年是可以让人充分、自由学习的时期，过了这个阶段就再也难找了。参加工作后，要么有心情没时间，要么有时间没心情。因此，决不可以为学的东西暂时没有发挥作用，或者自己不喜欢这个专业而不去学习。同学们要根据社会需要、社会发展趋势和个人的兴趣、特长及所学专业等确立自己大学期间努力的目标，并根据确立的目标做好切实可行的生涯规划，然后根据制定的规划及早准备、付诸行动。

二、树立正确的学业观

大学生的学业是指在高等教育阶段进行的以学习为主的一切活动，是广义的学习，它不仅包括科学文化知识的学习，还包括思想、政治、道德、业务、组织管理能力、科研及创新能力等的学习。

观念是行动的先导，要完成好大学学业，首先必须树立正确的学业观。所谓学业观，就是对所学专业、课业的态度和认识，它在很大程度上影响着大学生们的学习、生活乃至人生前景。当代大学生在对待学业问题上存在着种种误区：或将学业含义理解过窄，或对学业生活预期过高，或学业角色定位不准，或职业期望值过高，以致学业不精甚至荒废学业。为此，我们应正确处理如下四种关系：

一是正确处理学业与专业的关系。重视自己的学业，就该学得其所，努力培养自己的专业兴趣，把自己的爱好和国家的需要及社会发展的要求有机地统一起来，掌握专业知识、专业技能和相关能力，培养自己的专业素质。

二是正确处理学业与职业的关系。在学习期间就应自觉地学好职业知识，培养职业技能，锻炼职业能力，以期在将来的从业竞争中立于不败之地。

三是正确处理学业与事业的关系。将自己现在的学业、将来的职业和未来的事业联系起来，在学习的过程中，充分认识所学专业在国家建设和社会发展中的意义、作用和发展前景，立志献身其中，在工作中充分实现自己的人生价值。

四是正确处理学业与就业的关系。就业与学业存在着密切的关系，就业是学业的导向，学业决定了就业。以就业为学业的导向，有利于大学生专业报考的选择、学业目标的调整、学习方式的改变、学习外延的拓展以及综合素质的提高。

与此同时，就业也成了衡量学业成就的重要标志之一。想要就好业，必须具备强烈的事业心、广博精深的专业知识、较强的沟通协调能力、良好的心理素质、强健的体魄以及创新精神，这些都应当在完成大学学业过程中养成。

三、大学生活从学业规划开始

大学生学业规划，就是大学生根据自身情况，结合现有的条件和制约因素，为自己确立整个大学期间的学业目标，并为实现学业目标而确定行动方向、行动时间和行动方案。换言之，就是大学生通过解决学什么、怎么学、什么时候学等问题，以确保自身顺利完成学业，为成功实现就业或开辟事业打好基础。对于在校的大学生来说，只有及早设计自己的学业规划，明确自己的学业目标，提高素质优势，才有可能在将来激烈的竞争中把握住机会，获得成功。

1. 做好学业规划能增强自我约束力和自我管理能力

没有学业规划，我们的时间、精力容易处于荒废和散乱之中，生活漫不经心，心态消极怠慢，很容易被学业无关的琐事羁绊，虚度大学美好光阴、浪费青春。而学业规划能让我们明白现在做的每一点都是实现未来目标的一部分，从而重视现在、把握现在，集中时间、精力和资源在学业上。

2. 做好学业规划能增强生活与学习的主动性

一份有效的学业规划，能够引导我们认识自身的个性特质、现有的和潜在的资源优势，对自己的综合优势与劣势进行对比分析，树立明确的学业发展目标与未来职业理想，评估个人目标与现状之间的距离，学会运用科学有效的方法，采取切实可行的步骤和措施，不断增强自己的学业竞争力，实现学业目标与职业理想。从大一开始，同学们就应该认清自己的学习发展方向，并在大学期间为自己的目标努力，而不是到快毕业了，才开始考虑将来干什么，要改变以往的被动局面，由“要我学”变为“我要学”。

3. 做好学业规划能促使大学生积极向上和自我完善

学业规划是我们努力的依据，也是对自我的鞭策。随着学业规划的每一个具体目标的实现，我们就会越来越有成就感，我们的思想方式及心态就会向着更积极向上的方向转变。好的学业规划为我们提供了完成学业的清晰图画，使自己对学业的实现过程有了清晰透彻的认识，进而更有信心、勇气，达到自我完善。

4. 做好学业规划有助于自我定位

同学们要不断地了解自己、发掘自己的特点，进而不断地进行调整与修正，找出自己感兴趣的领域，确定自己能干的工作即优势所在，明确切入社会的起点，其中最重要的是明确自我人生目标，即自我定位。而学业规划确立的过程是一个有弹性的动态的规划过程，是一个认识自身优势与弱势、机会与挑战的过程，是一个自我定位、规划人生的过程，是一个明确自己“能干什么”“社会可以提供给我什么机会”“我选择干什么”等问题的过程，进而使理想具有可操作性，为进入社会提供明确方向。

四、大学学业规划五步骤

1. 学业规划选定

首先，分析自己的兴趣爱好，认定自己想干什么。兴趣是理想产生的基础，兴趣与成功概率有着明显的正相关性。要择己所爱，选择自己喜欢的专业方向和研究领域进行钻研和学习。

其次，分析自己的能力、特长，确定自己能干什么。能力是人的综合素质在现实行动中的表现，是正确驾驭某种活动的实际本领、能量和熟练水平。能力是实现人的价值的一种有效方式，也是支配人生命运的一种主导性的积极力量。因为任何一种职业都要求从业者掌握一定的技能，具备一定的条件，所以结合自己的兴趣爱好，在认定自己想干什么的基础上确定已经具备的能力和应该培养的能力。

再次，分析未来，确定社会要求干什么。着眼将来，预测趋势，立足于社会不断发展变化的需求。避免盲目跟风，因为最热门的并不一定是最好的，选择社会需要又最适合发挥自身优势的专业方向和研究领域才是最好的。要把自己的兴趣爱好、能力特长同社会需要结合起来，把“我想干什么”“我能干什么”“社会要求干什么”有机地结合起来。

2. 强化学业规划

当学业规划选定以后，很多大学生或者束之高阁，或者虎头蛇尾，结果导致有了学业规划却不能实施，或实施后不能持久，最终无法实现既定的学业目标。这些现象的出现是因为大学生在制订学业规划时缺少一个重要环节，即对学业规划的强化。强化学业规划就是规划执行者在执行之前充分运用想象，详细地罗列出达成学业规划的好处，从而培养出积极的心态，进而增强动力，产生更大的执行力，确保学业规划顺利完成。

3. 分解学业规划

学业总目标制定出以后，要能自上而下地分解，即制订学习计划。以专科三年为例，可以按照以下思路进行：三年的总学习目标——一年的学习目标——一学期的学习目标——一月的学习目标——一周的学习目标——一日的学习目标，使得学业规划落实到学习生活的每一天，确保学业规划的严格执行。

4. 评估与反馈学业规划

在实施过程中，要及时地对环境和条件做出评价和估计，对自己的执行情况做出评估。由于现实生活中种种不确定因素的存在，学业规划的设计必须具有一定的弹性，因此评估结果出来以后应进行反馈，以便自己及时反省和修正学业目标，变更实施措施与计划。同时应做到定期评估与反馈：每年、每学期、每月、每日进行检查评估与反馈，进而分析原因与障碍，找出改进的方法与措施。

5. 激励与惩罚

激励措施能将人的潜能和积极性激发出来，惩罚可以防止惰性的产生。一定要制定出完成阶段目标后对自己的奖励和惩罚措施：完成后怎样奖励自己，完不成将怎样惩罚自己。

五、扎实的学业为就业开路

机遇总是垂青有准备的人。一个人的文化知识素质如何，将决定他在求职择业时的自由度和取得职业岗位的层次。大学是就业准备教育，大学一毕业，绝大多数人都将走向工作岗位。我们应该为几年后的就业做好知识、能力、素质等全方位的准备，珍惜大学时光，抓好学业，为未来的就业、创业、立业开山铺路。为此，根据社会发展和用人单位的需要，大学生应重点从以下三个方面抓好学业，做好就业准备。

1. 构建合理的知识结构

坚持广博性与精深性、理论与实践、积累与调节相统一的原则，培养宽厚扎实的基础知识、广博精深的专业知识，构建合理的知识结构。这一过程没有捷径可走，其基本途径只能是学习和积累，也绝非一劳永逸，必须持续不断地付出艰辛劳动。只要采取适合自己的科学方法，并且不断努力、辛苦耕耘，就一定能建立和完善自己的知识结构，为顺利就业、成才打下良好的基础。

2. 锻炼较强的实践能力

知识并不能简单地与能力画等号，知识与能力是辩证的关系。在一定意义上说，能力比知识更重要。大学生应具备的基本能力包括表达能力、动手能力、适应能力、交际能力、管理能力、创造能力、决策能力等。培养实践能力的方法和途径主要有勤奋学习，积累知识，积极参与，勇于实践，启迪思维，发展兴趣等。

3. 全面提高自身的综合素质

知识、能力、素质是大学生社会化的三大要素。知识是素质形成和提高的基础，能力是素质的一种外在表现,没有相应的知识武装和能力展示,不可能内化和升华为更高的心理品格。但是知识和能力往往只解决如何做事,而提高素质可以解决如何做人。高素质的人才应该将做事与做人有机地结合,既把养成健全的人格放在第一位,又注重专门知识、技能和能力的培养,使自身得到全面、和谐的发展。因此,一名优秀的大学毕业生应把构建合理的知识结构、培养科学的思维方式、锻炼较强的实践能力和提高全面的综合素质统一起来,这样才能在择业、从业过程中立于不败之地。综合素质主要包括思想道德素质、专业素质、文化素质、身心素质等四个方面。四者相辅相成,不可分割,其中思想道德素质是综合素质的灵魂和根本,文化素质、专业素质和身心素质是基础。

高潜力人才的五大特质

人才管理顾问费罗迪曾著书《人才决胜》警告:企业正面临全球化、人口结构变化、领导人培育不足三大因素挑战,未来的人才荒只会愈来愈严重。费罗迪是全球三大高阶主管猎才公司之一、亿康先达的资深顾问,每年要为全球大型企业举行上百场高阶经理人研习营。他指出,企业的第一要务,就是改变他们的选才评估标准,从聚集在能力转变为"潜力"优先。

费罗迪分析,从古至今,人类在不同时期有不同的人才需求和选才标准。

最初看体力:几千年来,身体优势一直是最重要的选才标准。从建造金字塔、修建运河、御敌打仗到农耕收割,大家都会挑选最强健的人。事实上,直到今天,我们依然在潜意识里寻找具有某些体格特质的人。有人做过统计,《财富》五百强 CEO 的平均身高比一般美国人高了 2.5 英寸。

之后看脑力:20 世纪,智商成为选才的主要标准,看重的是智力和经验,学历也成为用人的评估依据。这个时期的许多工作开始标准化、专业化,过去的表现好坏成为未来绩效的最佳指标。

第三个时期看能力、情商:20 世纪 80 年代起,能力开始取代脑力。由于科技演进、产业汇流,工作愈来愈复杂和特殊,也使得过去的经验和表现愈来愈没有用,情商比智商更重要。

如今,我们正迈入人才策略的第四个时代,以潜力选才。潜力是"适应不断变化的经营环境,并让自己胜任愈来愈复杂的角色的能力"。费罗迪以他自己面试过全球两万多名主管的猎才心得,提出了衡量潜力的五大关键特质:

正确的动机:对于追求非利己的目标,具有强烈的使命感,"自私的人绝对无法成为伟大领导者"。

好奇心:永不满足地追求创新,并以开放的胸襟面对学习和变动。

洞见：能够从搜集来的各种信息中，看出他人看不到的关联或机会。

认真投入：善用情感和逻辑，传达具有说服力的愿景，与他人建立连接。

决心：即便遭遇挫败也要达成困难的目标，从逆境中重新振作起来。

几年前，费罗迪受托替一家电子零售商寻找新CEO，找到的人选具备了所有的条件和能力，看起来很优秀，但无法适应当时市场上发生的剧烈变化，三年后黯然下台。后来，费罗迪替拉美啤酒大厂昆莎寻找一位项目经理人，他找来了完全没有消费品产业专业背景或经验的阿勒戈塔。而阿勒戈塔推动了昆莎公司从家庭企业转型成广受尊敬的大型企业集团。费罗迪说，关键因素就在于"潜力"：阿勒戈塔具备了高潜质人才的所有特质。

潜力已经成为21世纪人才大战的最新关键词。你觉得自己拥有高潜力吗？

第三节　学习的基本方法

从中学到大学，是人生的重大转折，大学生活的重要特点表现在：思想上要自我教育，学习上要高度自觉，生活上要自理，管理上要自治。尤其是学习的内容、方法和要求上，与中学学习相比发生了很大的变化。要想真正学到知识和本领，除了继续发扬勤奋刻苦的学习精神外，还要适应大学的教学规律，掌握大学的学习特点，选择适合自己的学习方法。

从入学的第一天起，大家就应当对大学三年有一个正确的认识和规划，以使自己能在学习中享受到最大的快乐，在毕业时找到自己最喜爱的工作，把自己培养成为一个有思想、有能力、有价值、有前途的人。在大学里，要学习的东西很多，要培养的能力也很多。下面我们就探讨一下学习方法方面的问题。

一、尽快完成观念的更新和态度的转变

进入大学的校园，大家就必须从被动转向主动。没有人比你更在乎自己的工作、学习、生活和未来，你必须成为自己未来的主人，必须积极地管理自己的学业和将来的事业。积极主动首先表现为对自己的一切负责，不要把不确定的或困难的事情一味搁置起来。比如说，有些同学认为英语重要，但学校不考试就不学英语；或者，有些同学觉得自己需要参加社团提高人际交往能力，但因为害羞就不积极报名；还有的同学看到别人逃课，自己也跟着不去上课。这些消极、胆怯的做法，将使你失去很多成就自己的机会。

二、根据大学学习的主动性特点，努力培养自学能力

1. 大学学习注重主动性

大学学习与中学学习截然不同的是依赖性的减少，代之以主动自觉地学习，知识的深度和广度也比中学要大为扩展。大学课堂教学往往是提纲挈领式的，教师在课堂上只讲难点、疑点、重点或者是教师最有心得的一部分，其余部分就要由学生自己去攻读、理解、掌握。大部分时间是留给学生自学的。因此，培养和提高自学能力，是大学生必须具备的

本领。

2. 学习方式和学习内容更为多样

在这里,学习的概念不仅仅指课堂上的学习,还包括借阅书籍、做实验、参加各种集体活动和课外活动、开展社会调查、参加各类讲座等,甚至与同学、师长的广泛交往与交流也是一种学习。学习的内容变得更加宽广,学习的方式也更为丰富和有趣,同学们尽可在知识的海洋里畅快遨游。

3. 充分利用各种资源,进行全方位的学习

大学生应当充分利用学校里的人才资源,从各种渠道吸收知识和方法。你可以主动向老师请教,或者请他们推荐一些课外的参考读物。自己的同班同学也是很好的知识来源和学习伙伴。每个人对问题的理解和认识都不尽相同,只有互帮互学,大家才能共同进步。

大学生应该充分利用图书馆功能,培养独立学习和研究的本领,为适应今后的工作或进一步的深造做准备。首先,老师课堂上都会提一些科学前沿内容,也会提供一些课外学习资料,所以大学生一定要学会查找书籍和文献,以便接触更广泛的知识和研究成果。同样,当我们在一门课上发现了自己感兴趣的课题,就应当积极去图书馆查阅相关书籍文献,了解这个课题的来龙去脉和目前的研究动态。

其次,在书本之外,互联网也是一个巨大的资源库,大学生们可以借助搜索引擎在网上查找各类信息,比如我们要查看的最新论文都能在数据库中找到。有句话说得好:"小时候,老师教导我们用好字典,说新华字典是最好的老师;上大学后,开始认识到'搜索引擎'才是最好的老师。"除了搜索引擎以外,网上还有许多网站和社区也是很好的学习园地。

综上所述,大学的学习不能像中学那样完全依赖老师的计划和安排,不能只单纯地接受课堂上的教学内容,必须充分发挥主观能动性,把学习进一步拓展到课堂之外,发挥自己在学习中的潜力。大学的学习,不再是去死记硬背老师所讲的内容,而是按照自己的学习目标和专业要求,有选择性地吸收有用的知识。在知识更新越来越快的社会,学会如何学习有时比知识本身更重要。

三、掌握正确的学习方法,提高学习效率,达到学习目的

著名的科学家、教育家钱伟长曾对大学生说过:"一个青年人不但要用功学习,而且要有好的、科学的学习方法。要勤于思考,多想问题,不要靠死记硬背。"学习方法对头,往往能收到事半功倍的成效。在大学学习中要把握住的几个主要环节是:预习、听课、记笔记、复习、总结、做作业、考试等,这些环节把握好了,就能为进一步获取知识打下良好的基础。

(1) 预习。这是掌握听课主动权的主要方法,是学习中非常重要的环节。预习中要把不理解的问题记下来,听课时增加求知的针对性,这样既能节省学习时间,又能提高听课效率。

(2) 听课和好笔记。上课时要集中精力,全神贯注,对老师强调的要点、难点和独到

的见解，要认真做好笔记。课堂上力争弄懂老师所讲内容，经过认真思考，消化吸收，变成自己的东西。

（3）复习和总结。课后及时复习，是巩固所学知识必不可少的一环。复习中要认真整理课堂笔记，对照课本和参考书进行归纳和补充，并把多余的部分删掉，经过反复思考写出自己的心得和摘要。每过一个月或一个阶段要进行一次总结，以融会贯通所学知识，温故而知新，形成自己的思路，把握所学知识的来龙去脉，使所学知识更加完整、系统。

（4）做作业和考试。做作业的目的是巩固、消化知识，考试的目的是检验对所学知识掌握的程度，它们都起到了及时找出薄弱环节并加以弥补的作用。做作业要举一反三，触类旁通，要养成良好习惯。对考试要有正确态度，不作弊，不单纯追求高分，要把考试作为检验自己学习效果和培养独立解决问题能力的演练。在学习中抓住这几个基本环节，进行思考，在理解的基础上进行记忆，及时注意消化和吸收。经过不断思考，不断消化，不断加深理解，这样得到的知识和能力才是扎实的。

如何做到长时间专注

也许你会长时间将精力专注于一本武侠小说，却无法专注于一本教科书，这是什么原因呢？

首先，兴趣决定了你的精神能不能集中；其次，你对事情的处理速度趋近于你的接收速度，你的思维跟上事情的发展，才能保持精神专注。对于不感兴趣的教科书，你很难集中注意力，即使你强制自己集中了注意力，却又因为教科书的知识密度导致你的处理速度跟不上接收速度，你便又很容易地丢失了注意力。

那么，如何做到长时间精神专注？下面我们介绍一些具体的方法或建议：

（1）让手参与进来。

比如，看书的同时做笔记。写字能够让你的注意力聚集在你写的那一部分内容，由于写字速度有限，对于特别难的内容，你可以理解一点写一点，跟上书本讲述问题的节奏，这样很容易保持专注状态。

（2）用一件你能够快速集中注意力的方法作为开始。

比如学习之前先看一会儿自己感兴趣的书，进入保持状态后，再切换任务做你该做的事情。

（3）在醒来之后不久开始。

人刚醒来时，大脑中没有充满杂事，这时是开始一段长时间的专注任务比较好的时机。

（4）杜绝干扰。

比如，断网、关手机。

(5) 适当运动，唤醒你的身体。

运动后会加强血液循环，能够让你的生理活动活跃，以此来适应大脑需要高速运转的需求。

(6) 拒绝舒适。

床上、沙发上、寝室、家里，都不利于你长时间保持注意力。可去图书馆或自习室学习。

(7) 对自己进行强烈的消极心理暗示。

暗示自己今天不做就不行了，人生从此就暗淡了，一定要足够强烈，把自己逼向死角，好让注意力聚集在你手上的事情。而之所以不建议用积极暗示，是因为怕你自己积极过度，想入非非，反而无法聚集。

(8) 将大问题划分成小问题，分而治之。

集中精力25分钟搭配5分钟休息，效果事半功倍。

最后，人不要执念于超出自己能力范围太多的事情。可休息一下，到你想继续做了为止。

第四节　树立良好的学风

树立良好学风，是贯彻落实科学发展观，促进学校全面发展、协调发展和可持续发展的需要；是始终坚持“一切为了学生的全面发展，为了一切学生的全面发展”的育人理念，不断加强和改进大学生思想政治教育的有效途径；是深化教育教学改革，加强学校精神文明建设，提高人才培养质量的具体措施。建设优良学风校风，不光是老师的事，作为学生，更应投入主人翁的热情，以实际行动来树立良好的学风。

一、树立良好学风的重要意义

学风，通俗地讲是学习的风气。从学生的角度讲，学风是学生思想作风在业务学习上的具体体现，是学生在学习过程中所表现的精神风貌，是学生在学习方面所展示的精神、态度、风格、方法和习惯等要素的综合体现。因此，学风包括了学习精神、学习态度、学习品格、学习方法、学习习惯、学习效益、学习环境等各个方面。由此看出：一个人的学习态度直接反映一个人的作风，也直接关系到个人的成才。学风问题不仅涉及获取知识和技能的途径问题，更重要的是它关系到学生的优良品格形成问题。

由《中国青年》杂志社和中央教科所高等教育研究中心联合主办的“我心目中10所最好的国内大学”大型问卷调查活动，在评选涉及的38个选项因素中，位列前项的分别是：校风、学风，学校名气（学术声誉），图书馆条件，实验室情况和教学质量……可见校风、学风对于高校而言，何其重要。

学风是一所大学的灵魂，是学校生存与发展的根本支柱。良好的学风是学校的宝贵财富。学校的根本任务是培养德、智、体等各方面全面发展的社会主义事业的建设者和接班人。因此，大学学风建设的一项重要内容是：引导学生树立正确的学习目的，养成科学严谨的治学态度，同时使学生完成自我人格的塑造。

二、高校学风建设方面存在的问题及成因

目前，各高校的学风不容乐观：许多同学入校以后，不思进取，浑浑噩噩，整天沉溺于游戏、网络而不能自拔；学习纪律松散，迟到、早退、旷课屡见不鲜，作业抄袭现象严重，考试作弊时有发生；学习目的不明确，学习态度不端正，最终导致不能顺利毕业，找不到满意的工作。

影响良好学风形成的因素主要有：社会原因、高校原因及学生原因等。而大学生对学习重要性的认识不够，是造成学风不正的主要原因。

随着招生规模的扩大，学生人数不断增加，各个高校普遍存在着学生对学习的关注度和兴趣度明显降低的现象。原因是多方面的，主要集中表现在如下几点：有的学生没有远大的理想和抱负，只是为了谋取一个职业而进入大学；有的学生则把进入大学当作一种生活形式，在“就业指挥棒”和“社会舆论指挥棒”的指引下，为了读书而读书；有的学生专业思想不端正，对专业兴趣不浓，尤其是一些长线专业，认为学出去用途不大或要在艰苦行业就业，责任感淡薄，对来自学校和家庭的严格要求产生逆反心理，学习态度不端正，自我约束力不强。因此，上课不认真听讲、缺课或迟到、早退，课后沉迷于网络游戏、打牌、搓麻将等不良行为较多；有的学生满足于“60分万岁”；有的投机取巧、抄袭作业，甚至考试作弊；有的学生只看重课本，不注重实践；等等。

三、树立良好学风的有效途径

1. 加强自身思想政治教育，为培养优良学风提供精神动力

加强自身的人生观和职业生涯规划教育，使自己树立正确的人生理想和积极进取的人生态度，认真做好职业生涯发展规划和大学三年的发展规划，把远大理想与勤奋学习结合起来，坚持从我做起，从点滴做起。

加强自身的优良学风和现代大学精神教育，使自己明确学习目的，端正学习态度，提高学习兴趣，增强学习动力，养成惜时勤学的习惯，继承和弘扬学院的优良传统，增强社会责任感和历史使命感。

加强自身的纪律与道德教育、考风考纪与诚信教育，增强法纪观念和道德观念，自觉遵守学习纪律、考试纪律和学术道德规范，提高学习的诚信度，杜绝考试作弊和抄袭论文、作业等现象的发生。

加强学习方法的探索，培养科学的治学精神，养成严谨的治学态度，掌握科学的治学方法，提高自主学习的能力和独立研究的能力，树立科学的、开放式的、终身学习的观念，增强学术兴趣，培养并提高科研能力和创新能力。

2. 加强班风建设、舍风建设

优良的学风，是班级工作蓬勃发展的基本要素。一个班集体是否优秀，最主要的是看它在学习上的表现。勤奋的学风是促进班级不断发展的动力，可以有效地增强班级的凝聚力和战斗力。

班级是学院的基层单位，宿舍又是班级的基层单位。宿舍的学风浓了，班级的学风就浓了；班级的学风浓了，学校的学风就浓了。班风、舍风与学风相辅相成：有好的学风，便于构建好的舍风、班风，好的舍风、班风又会促进学风。

作为一名大学新生，入学时就应当树立起明确的学习目标，这是学风浓的内在前提；了解学校的学生管理制度，明确对学生守纪律己的要求，是学风保障的外在条件。另外，应以主人翁的姿态投身于宿舍文化建设中，营造一个良好的学习氛围。在宿舍不但要生活好、休息好，更要合理地安排自己的作息时间，在宽松的环境中可以多阅读课外书籍，注意知识面的拓展。

3. 加强校园文化建设，营造良好的育人氛围

校园文化对学风建设起着潜移默化的作用。"学风总是蕴含于一定的校园文化之中，校园文化是学风的重要载体。"打造优秀的校园文化对净化校园环境，丰富同学们的业余生活，提高学习兴趣都有良好的促进作用。

以校园文化建设为依托，重视校园文化活动对学生思想认识和情操的熏陶作用，是加强学风建设的有效途径之一。同学们可以在学习之余，有选择性地参加高水平的学术报告和讲座，各种形式的学习竞赛、科技竞赛以及专业社团、社会实践等丰富多彩的校园活动，拓宽知识视野，提高文化素质，激发成才欲望。

苏州健雄职业技术学院学生课外学习生活概况

1. 学院经常邀请知名专家或学者作学术报告、开设讲座来活跃校园学术气氛。新生们可以根据自己的需要，自行选择讲座进行学习，提高自己的文化素质。

2. 学院定期举办各种学科知识和技能培训、各种类型的比赛，如职业技能大赛、大学生创新大赛等。新生们可以根据自己的兴趣，选择性地参与，以培养和提高自身的素质和能力。

3. 学院和各系每月都制定一个主题，举行系列专题活动，如三月和十一月"文明礼仪月"、四月"读书节"、校运会、五月"心理健康月"、六月"文化艺术节"、十月"爱国主义教育月"、十二月"生命教育月"等，活动内容丰富，活动形式多样，历来受到广大学生的欢迎。新生们应投身于这样的专题活动中，在展示自我的同时也接受教育。

4. 院团委下属近42个社团，定期举行活动，开展各种形式的校园文化活动，每学期还有社团专场活动、社团精品展等。新生们可以根据自己的爱好,选择性地加入社团,在学习之余陶冶思想情操,增强竞争意识,增进身心健康,培养和锻炼各方面的能力。

5. 学院定期举办各种有利于培养、提高职业技能和创业能力的活动,如职业生涯规划大赛、简历大赛、创业策划大赛等。新生们应积极参与,自觉提高就业竞争力、创业能力和适应能力。

6. 学院图书馆办有刊物《健雄导读》,爱好文学创作的学生和老师均可以向其投稿,共同切磋。《健雄导读》还定期向学生推荐好书,引导学生开展读书和书评活动,提高学生的人文素质和科学素质。另外,图书馆于2016年4月成立了"新教育书院",吸引了一批爱读书的青年学生加入,共同装点学院的书香氛围。

7. 学院以社会实践活动为载体,通过合理制定实践教学教育方案,建立教学教育实践基地,完善实践教学教育体系。学院鼓励学生利用假期参加各种社会实践活动,深入开展社会调查,撰写调查报告,提高学生的实践能力。

第五节　大学生考级与考证

考证对就业有用,这一点是毋庸置疑的。证书如职业资格认证证书、专业技能等级证书是政府有关部门认定的,具有权威性,它一定程度上客观体现了持证者的职业技能水平,对于应届毕业生来说,这既能带给自己职业上的自信和安全感,也能在用人单位招聘时提高用人信任度和聘用的可能性。同时,还有很重要的一点:拥有一张国家人事部门或行业权威部门认定的证书,收入也会按照证书等级有一定程度的增加。据北京某信息技术公司的一项调查结果显示:获得一项认证,个人的薪金就能得到一定幅度的提高。以IT认证为例,大致情况如下:如果通过Oracle认证,薪金一般提高40%~50%;如果通过微软MCSE认证,薪金一般提高30%~50%;如果通过微软MCSD认证,薪金一般提高40%~60%;如果通过Cisco认证,薪金一般提高50%~60%。

大学校园里的"考证热"始终不减。曾有记者在某大学随机询问了6名大学生,结果发现他们都已加入到考证大军中,其中两位还是大一的新生。接着,记者又走访了其他几所高校,发现大学校园里的"考证热"远远超出了人们的想象,一些大学生为了考取证书,甚至逃课参加专门的培训。

大学生们何以如此热衷于考证呢?大学生们回答最多的是:就业和发展。据劳动与社会保障部提供的信息,中国已在90个职业采取了职业准入制度。有人断言:"21世纪将是职业证书的时代。"因此,在"考证时代",大学校园里的"考证热"也就不足为怪了。参加各种各样的培训以考取各种各样的证书,成了大学生们选定的"必修课"。英语、计算机、注册会计师、电子商务师、项目分析师、营销师……各种各样的考试给大学生们提供了很多选择的机会。

大学生们花费了大量的时间、精力和财力换来的证书真能成为他们的"就业通行证"

吗？能得到用人单位的青睐吗？高校的老师、各类证书的培训机构对大学生“考证热”又是如何看待的呢？

一、重证书，更重实际能力

宁波大学对102家企事业单位的调查显示，70%的企业主管表示：不少大学生虽拥有多个证书，但对专业知识的掌握和对综合能力的培养不够重视，有舍本逐末之嫌。他们更希望大学生具备实践应用能力。真正看重证书的企业不到8%。

决定录用的标准是看学生的实际工作能力，这是多数用人单位的观点。某广告公司的一位市场负责人告诉记者：“我们曾招聘过一个有CPA（注册会计师）证书的应届毕业生，事后发现，他虽然理论知识扎实，但实际工作能力较弱，连做账也不会。这给了我们一个教训，招聘过程中还得看重实际工作能力，而非证书和学历。”证书最多只是一个敲门砖，如果毕业生拿证书做文章而没有具备相当的工作能力，在试用期也将露出马脚，最终还是会被解聘。

当然，也有一些用人单位对资格证书特别看重。中国银行上海市分行人事教育处负责人说，中国银行每年要招收100多名应届大学生，要求毕业生必须具备过硬的英语和计算机能力。盐城森达集团的一位老总表示，他们愿意为具备某些特殊技术领域证书的员工支付额外的薪水，有些企业甚至根据资格证书的等级确定员工的工资待遇。在德企之乡——太仓，很多企业招聘技术人员都要求其拥有与岗位相关的专业资格证书，如电气设备维修工要求具有中级维修电工证书等。

二、考证可以理解，但不应影响专业学习

部分学生为了考得各种证书，影响了平时的学习，少数学生甚至期末考试亮起了“红灯”。对校园里的“考证大军”，大多数教师表示可以理解，但同时提醒学生们对是否参加考证要冷静思考，不能影响专业学习。

某大学学生职业发展教育服务中心负责人认为，大学生希望在就业市场上增加竞争力本身没有错，但如果以“逃课”为代价去搏一张甚至多张所谓的“就业通行证”，实际上是在耽误自己的主要学业。考证不应该影响正常的专业知识学习，不能本末倒置。

对于大学生考证，大部分学校的态度是既不鼓励也不反对。因为学生的培养是一个综合的体系，是学校师资力量、教学环境和校园文化等多方面综合作用的结果。学生综合素质的提高，也不是单靠多获得一两个证书所能代替的。在不影响专业学习的情况下，学生可以根据自己的兴趣和特长考取相应的证书，以积极应对将来就业。

三、考证并不等于实际能力的培养和提高

在大学生“考证热”中受益最大的培训公司对此是如何看待的呢？天津明理公司负责人对记者说，我对大学生“考证热”在态度上是比较赞赏的。这说明大学生已经开始认清了文凭与职业证书的区别，文凭更多的是知识的证明，职业证书则是对职业能力的证

明。有了文凭,再去考各种不同的证书,说明大学生对能力这种外在表现的认识有了提高。

但对目前在大学生中存在盲目考证的现象,该负责人并不赞同。他说,首先考证是好事,但不是说什么证都要去考,也不能不分考证时间。他建议大学生们在考证时应该从两点出发:一是从工作需要出发;另一点是从自己感兴趣、愿意从事的行业出发,或是跟自己发展相关的职业出发。

北京环球菲特咨询培训公司某专家也提醒大学生们,大部分"考证"课程只是学校学习知识的延伸,并不等于实际能力的培养和提高。而且人的时间、精力和经济条件都有限,所以大学生们要注意选择专业对口、实用性强的课程,这样的课程才会既对求职有帮助,又能扩展自己的知识。

诚然,高职院校办学以就业为导向,学生学习实践的目标也是为寻得一份好工作,多考几张证书在一定程度上也确实能为今后就业增加砝码。但必须清楚的是,大学生本身要对自己有一个清醒的认识,要在学好专业知识的基础上,广泛涉猎书本外的知识,结合自己的职业生涯规划,理性地选择有利于职业生涯发展的证书,为未来就业和发展增添一份有力的证明!

知识1:值得大学生关注的证书

【通用型证书】

一般来说,通用型证书是指大学生必考的,用人单位比较看重的证书,是大学生就业必过的"门槛"。

1. 全国计算机等级考试证书

全国计算机等级考试(National Computer Rank Examination,以下简称 NCRE),由国家教育部考试中心主办,分一级、二级、三级、四级四个等级,共开考 22 个科目,考生不受年龄、职业、学历等背景的限制,任何人均可根据自己学习情况和实际能力选考相应的级别和科目。例如,一级分为计算机基础及 WPS Office 应用、计算机基础及 MS Office 应用、计算机基础及 Photoshop 应用,三个科目供考生选择。四级为最高级,前一级考试合格后方可报考后一级。

推荐理由:该证书全国通用,有些学校还将计算机等级考试证书纳入学生毕业必备条件。

2. 大学英语四、六级证书

全国大学英语等级考试(College English Test,简称 CET)是教育部主管的一项全国性、标准化的考试。

推荐理由:该证书一直是用人单位衡量应聘大学生英语水平的一个重要标准。对英语语言有需求的企业,特别是外资企业,较看重这张证书。

3. 英语四、六级考试口语证书

大学英语四、六级考试口语考试(简称 CET－SET)用于测量大学生运用英语进行口头交际的能力,有自我介绍、发言讨论、主考官问答等形式。考试总分为 15 分,分为 A、B、C 和 D 四个等级。

推荐理由:是大学毕业生证明自身外语口语能力的一条有效途径,备考的过程也是一个口语训练和提高的过程。

【英语能力证书】

过硬的英语听说读写能力是毕业生求职和职业发展所必需的,而英语能力证书能够提供最好的证明。

1. 托福(TOEFL)成绩证书

由美国教育测验服务社(ETS)举办,是留学美国的必备考试。美国和加拿大有超过 2400 所院校认可 TOEFL 成绩。TOEFL 分为听力理解、语法和结构、阅读理解及写作四部分。

推荐理由:是大学生留学美国、加拿大等国家必过的语言门槛,此外,很多美资企业在招聘大学生时对托福成绩颇为看重。

2. 雅思(IELTS)成绩证书

由英国剑桥大学测试中心、澳大利亚高校国际开发署及英国文化委员会共同举办,专为准备进入英文教学院校深造者设立的英语水平测试。IELTS 分两种类型:学术类和移民类,主要区别在阅读和写作部分。

推荐理由:是大学生留学英联邦国家必过的语言门槛,同时在求职外企时,雅思成绩也能够证明自己的英语水平。

3. 英语中、高级口译资格证书

是上海市紧缺人才培训工程项目之一,考试分笔试和口试两部分。每年开考两次,3 月中旬和 9 月中旬进行笔试,合格者可参加口试。

推荐理由:该考试通过率低于 10%,因此成为外语类考证中的“黄金证书”,在求职市场知名度颇高,备受人事经理的青睐。另外,英语专业的学生还可以报考国家人社部主办的全国翻译专业资格水平考试(简称 CATTI)。

【IT 能力证书】

在互联网＋时代,电脑与网络在工作中越来越不可或缺,熟练掌握 IT 技能往往能给求职者带来意想不到的“加分”。

1. 全国计算机软件专技资格和水平证书

由国家人社部、工信部主导的国家级考试，考试共分5个专业方向，其中计算机软件专业分成：高级工程师、工程师、助理工程师和技术员等级别，级别不同考试科目也不一样，内容涉及软件基础知识、编程能力、程序设计能力、系统分析设计等。这项考试既是职业水平考试，也是职称资格考试，具有一定含金量。

推荐理由：权威背景加上注重考察解决实际问题的能力，因此该证书获得用人单位的广泛认同。

2. ACCP软件工程师证书

专门为从事软件开发人士所进行的资格认证，主要面向IT行业，为IT行业培养各类软件开发技术人才。ACCP课程由印度APTECH公司与北京大学合作开发，涵盖了当前IT企业所使用的各类软件开发技术，包括软件开发平台、开发工具以及应用数据库等，是一项系统性、通用性、应用针对性都极强的软件工程师认证，证书分为初级程序员、程序员、软件工程师三个级别。

推荐理由：该证书项目强调通过实习培养学生的实际技能，而且强调零起点培训，因此，特别适合那些希望涉足软件开发领域的非IT专业的学生。

【职业资格类证书】

1. 物流师职业资格证书

由中国物流与采购联合会、全国物流标准化技术委员会推出，分为助理物流师、物流师、高级物流师三个级别，内容涉及物流管理、仓储与物流配送、物流信息系统、国际货运代理、物流实务、物流专业英语等。

推荐理由：物流业是目前的“需才大户”，对希望从事物流工作的大学生来说，考一张证书就获得了“专业身份证”。

2. 营销师资格证书

经济社会的发展需要高素质的专业营销人员，营销已经成为21世纪中国最热门的职业之一，营销人员尤其是掌握网络技术的网络营销人员更是市场经济大潮中的弄潮儿。国家人社部对营销师资格认证进行了分级，分为营销员（国家职业资格五级）、高级营销员（国家职业资格四级）、助理营销师（国家职业资格三级）、营销师（国家职业资格二级）、高级营销师（国家职业资格一级），有相关职业规划的大学生可以根据级别报考要求选择报考。

推荐理由：据统计，世界500强企业的总裁或总经理90%以上是从营销干起的。据人才市场分析，近几年有很大一部分非营销专业应届毕业生入职后，从事服务或零售行业的市场营销工作，更有选择本专业对口企业中的设备或产品营销工作，而营销成为进入管理阶层的基础训练。具有本专业或相关专业大学专科及以上学历的应届毕业生可选择考助理营销师。

3. 导游资格证书

是国家对从事导游服务人员从业资格的证明，证书由国务院旅游行政部门颁发，考试科目为导游综合知识、导游服务能力，近年来加大了现场解说的内容。

推荐理由：根据国家规定，导游人员必须持证上岗。因此，大学生如想从事导游工作，先得过考试关。在目前的导游中，外语类导游的收入尤其高，小语种导游最为缺乏，市场最为需求，有语言基础的大学生可以尝试外语类导游的资格证书考试。

4. 电子商务师资格证书

以互联网为平台的“新经济”为社会创造了大量新工作岗位，如网编、网站设计师、网络安全工程师、数据库管理员、网络商业分析员、各类网络产品经理、网络产品渠道专员和网站运营、推广、客服人员等。同时，像传统企业一样，网络公司的人力资源、财务、行政等部门也需要吸收大量优秀人才。电子商务师恰是掌握现代商务管理、计算机及网络知识，能从事企事业单位网站建设及管理、网络维护、网络营销及调研的高级技术性应用性专门人才。国家人社部组织统一资格证书考试，该职业资格共分为助理电子商务师、电子商务师、高级电子商务师三个级别。

推荐理由：电子商务无疑是个朝阳行业，在国内外不过十年的发展历史，前途光明。大专以上或同等学历应届毕业生并有相关实践经验者可以先报考助理电子商务师资格证书。

知识2：苏州健雄职业技术学院学生应重点关注的证书

学校中某些专业的毕业条件对英语和计算机证书有要求，同学们应在入学初明确毕业条件，以便做好学业规划和备考计划。苏州健雄职业技术学院的学生们可以重点关注一下证书的考试要求和考试内容。

一、英语等级考试

（一）全国高等学校英语应用能力A、B级考试（以下简称A、B级考试）

1. A、B级考试

“高校英语应用能力考试”是教育部高教司于1996年开始筹备，1998年开始启动的一项针对高等专科院校英语教学质量的水平测试。考试的目的旨在贯彻《普通高等专科学校英语课程教学基本要求》，推动专科英语教学改革，促进高等专科英语教学质量的提高，加强对高等专科英语教学和考试工作的宏观管理和英语教学质量的监测。考试的对象是学完高职高专英语教材的在校生。

全国高等学校英语应用能力A、B级考试（PRETCO）简称英语应用能力考试，分为A、B两个级别。B级为高职高专学生应达到的最低标准要求，B级标准略低于A级，是过渡性要求。A、B级的能力要求相当于大学英语三级水平。

2. A、B级证书

A、B级和四、六级一样属于国家统一命题考试。区别仅在于四、六级考试主要对象为本科院校的在校生，而A、B级考试以大专院校在校生为主要对象。通过者由普通高等专科英语课程教学委员会和各省教委联合颁发高校英语应用能力考试等级证书。此考试在全国范围已推行多年，并得到社会的广泛认可，已成为用人单位招聘大专生的一个必要

条件。

3. A、B 级考试时间

考试一般在每年 6 月、12 月各举行一次(四、六级考试的第二天)。

4. 选择适合自己英语能力水平的考试

现在很多同学都热衷报考四、六级,并积极为此准备。其实,即使在重点本科院校,四、六级的通过率还是偏低的。四、六级考试尤其强调词汇量(如四级考试大纲规定学生应掌握的词汇量约为 4500 个以上,而 A、B 级词汇量要求分别为 3400 个和 2500 个),A、B 级考试更注重基础的语法结构和应用能力,所以 A、B 级考试相对容易些,建议同学们先通过 A、B 级考试,再依据自身的能力和未来的目标着手准备四、六级考试。

(二) 全国大学英语四、六级考试(以下简称四、六级考试)

四、六级考试,是由国家教育部高等教育司主持的全国性教学考试;四、六级考试作为一项全国性的教学考试由"国家教育部高教司"主办,分为四级考试(CET-4)和六级考试(CET-6),每年各举行两次。

现四、六级考试不再发布合格证书,改为成绩单的形式,上有考生的照片、准考证号、身份证号以及听力、阅读、综合、作文的各项得分,可以更方便地看出该考生英语各方面的能力。从 2005 年 1 月起,考试成绩满分为 710 分,凡考试成绩在 220 分以上的考生,由国家教育部高教司委托"全国大学英语四六级考试委员会"发给成绩单,425 分为合格线。

四、六级考试每年举行两次,具体时间分别是 6 月和 12 月的第三个周六上午 9:00-11:25 和下午 3:00-5:25。

二、计算机等级考试

2002 年初,根据江苏省高等教育发展的情况,江苏省教育厅决定成立"江苏省高等学校计算机教学指导委员会"。教学指导委员会负责江苏省高校非计算机专业学生"计算机基础教学"和"计算机等级考试"的指导工作。计算机等级考试以"重在基础、重在应用"的原则为指导,采取统一命题、统一考试的方式,每年 3 月和 10 月各举行一次考试。

一级考试全部为上机考试,考试时间为 100 分钟。考试内容:理论题(50 分) + 操作题(50 分),考试成绩中理论部分得分不能低于总分的 40%,也就是说,理论部分得分必须在 24 分以上,总分在 60 分以上才算及格。另外,学有余力的同学可以冲刺更高的级别如二级考试,二级按使用的语种分为:Visual BASIC、Visual FoxPro、C 语言、Visual C++、FORTRAN90、Java 等,二级考试包括笔试和上机操作考试,其中上机考试考 70 分钟,占总成绩的 40%。

三、职业资格考试

每个专业根据自己的教学计划,都要求学生考取相应的职业资格证书,也可以跨系报考一些自己感兴趣的职业资格考试,学校会对其中一些资格证书考试统一组织培训和报名,以帮助学生取得相应的资格证书。

附：苏州健雄职业技术学院各系部(按专业设置)可报考的资格证书

院(系)	专业设置	资格证书
中德工程学院	机电一体化技术；模具设计与制造；数控技术	德国AHK职业资格证书(该证书欧盟国家均认可)、AutoCAD(中、高级)、模具工、模具设计师、数控车工(中、高级)、数控铣工(中、高级)、维修电工(中、高级)、工具钳工(高级)、装配钳工(高级)等
软件与服务外包学院	电子商务技术；计算机网络技术；软件技术；移动互联网应用技术；信息安全与管理	全国计算机信息高新技术证书(中级)、全国计算机等级考试(二、三级)；电子商务师工程师技术水平证书(中级)、计算机程序设计工程师技术水平证书(C语言)(中级)、软件测试工程师证书(中级)、软件设计师(中级)、Andriod开发工程师(中级)、数据库应用系统设计工程师证书、IECE网站运营工程师(中级)、Adobe Photoshop产品工程师(中级)、计算机维修高级工、网络安全操作CIW认证、、嵌入式系统设计师、锐捷认证网络工程师、思科网络安装和支持工程师、H3C认证网络工程师、信息安全专员中级证书、信息安全专家高级证书等
生物与化学工程系	医学生物技术；药品质量与安全；药品生物技术；药品生产技术；工业分析技术	化工总控工(中、高级)、化工工艺试验工(中、高级)、化学检验工(中、高级)、药物分析工(中级)、药物制剂工、污水处理工、生化药物提取工(中级)、企业质量管理内审员(ISO9000或ISO14000)证书、公共营养师(三级)、合成材料测试员
电气工程学院	电气自动化技术；电子信息工程技术；物联网应用技术；电子工艺与管理	电气智能技术应用助理工程师、维修电工(中、高级)、S7-200自动化工程师、电工上岗证、计算机辅助设计(Protel平台)绘图员(中级)、无线电调试工(中、高级)、电子元器件检验员、质量管理体系内部审核员、嵌入式(助理)工程师、电子设计助理工程师、物联网应用工程师
现代港口与物流管理系	报关与国际货运；会计；物流管理；市场营销；财务管理	报关员证、报检员证、货代员证、国际商务单证员证、助理物流师证、物流管理师、外贸跟单员证、会计资格从业证书、初级会计师、初级统计师、全国信息化工程师ERP应用资格证书、叉车证、采购员资格证、高级营销员证、三级网络营销师、助理营销管理师、电子商务师等
艺术设计系	广告与会展；环境艺术设计	工信部NACG认证(平面设计师、电脑艺术设计师、插画设计师)；Adobe平面视觉设计师认证、环艺设计师(中级)、建筑景观动画师；游戏设计师；中、高级Maya动画设计师；插画/漫画设计师等
应用外语系	国际贸易实务；空中乘务；旅游管理；酒店管理	全国国际商务英语证书(一级)、国际商务单证员、外贸业务员、外贸跟单员、国际货代从业人员、高级营销员、涉外秘书职业资格证(四级)、报关员证、餐饮(或客房)服务员技能资格证书(中级)、饭店英语初级证书、全国大学英语四(六)级、初级导游证(普通话、英语)、普通话证书(二乙以上)、剑桥商务英语BEC(初、中级)证书、中国民用航空客舱乘务员训练合格证、民用航空客运员职业资格证书等

注：该表格内的专业设置和可选证书内容仅供参考，具体请参照本专业的《人才培养方案》提出的毕业要求选择。

第六节 就业与升学

高考填报志愿的时候，有没有想过自己毕业后的出路呢？在校时，有没有开始规划自己的职业生涯呢？是选择就业、创业，还是升学？正如前文所说，高职院校注重培养技术应用型人才，以学生就业为导向，注重专业技能和职业素质教育，争取培养综合素质高、实践能力强、适应区域经济发展要求的现代职业人。在校期间应做好合理的学业规划和职业生涯规划，为升学或就、创业做好充分的准备。

一、就业

（一）高职院校毕业生的就业现状

据江苏省教育厅发布的高校大学生就业报告显示：江苏省2015届毕业生毕业半年后总就业率达到91.3%，其中专科生就业率达到91.6%，超过了研究生（85.9%）和本科生（91.2%）的就业率，比2014届、2013届高职高专院校毕业生半年后的就业率（91.5%、90.9%）都略有上升。苏南的一些高职院校，如苏州健雄职业技术学院，2013—2015年的就业率均高达98%以上。从近三年的现状看，选择创业、升学的毕业生比例持续增加。毕业生创业率从2014年的2.3%提高到2015年的2.9%，且大学生的创新能力持续提升。

江苏省教育厅的招就中心还调查了江苏省高校毕业生的总体薪资水平：从2013届到2015届，江苏省高职高专生毕业半年后月均收入呈现稳步上升趋势，2015届江苏省高职高专毕业生半年后月均收入为3602元，高于2014届的3475元和2013届的3274元。江苏省高职高专毕业生平均月收入高于全国平均水平。

（二）高职院校毕业生就业存在的主要问题

据江苏省招就中心最新编撰出版的《江苏省用人单位调查报告》显示，用人单位最看重的是毕业生专业基础知识、沟通交流能力和工作态度，分别占88.5%、89.7%、93.9%；对高校人才培养的建议主要是强化专业实践环节、加强学生应用能力培养，分别占51.5%、38.6%。用人单位普遍希望新招聘人员进门就能使用，而对工作经验不足、实践能力较弱的应届毕业生缺乏兴趣。缺乏实践能力、缺少对工作的认识和了解都是毕业生的短板。具体看来，高职院校毕业生就业存在的主要问题有：

1. 毕业生就业竞争能力不够

大学毕业生虽然经过了几年的学习生活，掌握了一定的专业知识，但有的大学生综合素质较差，生活自理能力、心理素质等方面存在较多的问题，承受不起挫折和失败；有的大学生缺乏社会实践知识，应变能力差，不能满足用人单位的要求，以致在就业过程中失去了许多良好的机遇。

2. 毕业生及其家庭在择业观念和行为上出现偏差

受家庭和社会环境的影响，毕业生的择业观念和行为存在一定偏差。一是择业期望"急功近利"，重在考虑单位性质、地理位置、工作条件、各种待遇等，脱离市场实际和国家、社会发展的要求。攀比、从众、盲目崇拜大城市和外资企业等心态，造成毕业生就业中地区流向和单位流向的失衡，不利于实现人才资源的合理配置。二是择业行为浮躁，缺乏"诚信"的自我约束。一些应聘毕业生在签约的同时还在另觅他求，或以签约单位为跳板，一旦有更合意的单位录用，便毫无顾忌地"毁约"。

（三）高职院校毕业生的创业

近几年高校毕业生总人数屡创历史新高，岗位少、应聘者多，就业形势不容乐观，迫使高职院校毕业生不得不另辟蹊径，找寻出路。2015 年 5 月，国务院办公厅发布了《国务院办公厅关于深化高等学校创新创业教育改革的实施意见》（国办发〔2015〕36 号），对深化高校创新创业教育改革提出了明确的要求和意见，要求到 2020 年建立健全课堂教学、自主学习、结合实践、指导帮扶、文化引领融为一体的高校创新创业教育体系，人才培养质量显著提升，学生的创新精神、创业意识和创新创业能力明显增强，投身创业实践的学生显著增加，推动大众创业、万众创新。

为鼓励高校毕业生自主创业，以创业带动就业，财政部、国家税务总局发出《关于支持和促进就业有关税收政策的通知》，明确自主创业的毕业生从毕业年度起可享受三年税收减免的优惠政策。其中，高校毕业生在校期间创业的，可向所在高校申领《高校毕业生自主创业证》；离校后创业的，可凭毕业证书直接向创业地县以上人社部门申请核发《就业失业登记证》，作为享受政策的凭证。

各地政府对大学生创业也有实在的惠民政策，如建立大学生创业基地、实行税收贷款优惠、给予创业培训补贴等。学校方面，开设了创业教育课这门公共必修课，为同学们传授基本的创业知识，并有意识地定期组织在校大学生进行创业策划大赛，邀请专业教师辅导培训，提高学生的创业意识、创业知识和创业实践水平。有兴趣的同学在校期间要积极参与创业实践活动；还可通过参与社团组织活动、创业见习、职业见习、兼职打工、求职体验、市场和社会调查等活动来接触社会、了解市场，并磨炼自己的心志，提高自己的综合素质。

（四）高职院校毕业生应具有的素质要素

这里所指的素质是指那些可以达成高绩效的技巧、知识、价值观、特质、自我形象及动机的组合（著名人力资源顾问公司 Hay Group）。它应该包括如下要素：

（1）现代职业意识：与时俱进，思路清晰，定位正确，自强自立，是自我开发的前提。

（2）现代职业能力：合作互助，自控自律，敏锐豁达，科学高效，是创造成功的工具。

（3）现代职业道德：爱岗敬业，诚实守信，公平公正，顾全大局，是成功机会的保证。

（4）现代职业礼仪：尊重他人，优雅大方，举止文明，谈吐得体，是抢先一步的途径。

（5）现代职业精神：乐观向上，谦虚自信，开拓创新，追求卓越，是永恒竞争的动力。

二、升学

除了就业,相信不少同学毕业后还想继续深造。目前高职高专学生常选择的升学方式主要有专转本、专接本、专升本、出国等。高职院校为学生的就业创业做了很多工作,也重视学生的继续深造,努力为学生提供学业和职业生涯的提升空间,乃至个人自我价值实现的提升空间。

俗话说:"条条大路通罗马。"面临选择的分岔路,同学们要提早明确自己的理想和目标,尽早做好职业生涯规划并适时调整,选择一条最适合自己的路,脚踏实地地学习专业知识,积极参加社会实践,有计划地走好在校的每一步路,为未来之路做好充分准备!

知识点:升学类型

一、专转本

专转本是专科生从普通高等专科学校转入普通高等本科院校的选拔考试,简称"专转本"。学生录取后可升入省内相关本科类院校的相关专业继续学习,获得本科学历。注意"专转本"与"成人专升本"是完全不同的考试,目前"专转本"已经成为除通过高考之外唯一取得普通本科统招文凭的途径。"专转本"因其难度大、录取率低、备考与高考基本无异、毕业证书含金量高、同高考一样公平,其入学后是普通高等院校本科生,统招类别。而"成人专升本"考试所取得的学历资格是非普通高等教育学历。

1. 选拔对象:从江苏省内普通高校的高职(专科)三年级应届毕业生中选拔。
2. 选拔方式:江苏省实行全省统一考试的方法。
3. 考试科目:文科、艺术类为语文、英语、计算机,理工科类为数学、英语、计算机。

注:省示范性高职院校有向"专转本"自主招生考试院校推荐优秀学生的资格,具体以每年发布的最新通知文件为准。

二、专升本

专升本是高等专科学生升本科考试的简称,是中国教育体制中专科层次学生升本科学校或者专业继续学习的考试制度。这一考试在大多数有专升本教学系统的高等教育学校举行,一般每年举行一次。现在的专升本考试范围扩展,包含了成人教育专升本、自考学历专升本(也叫独立本科段),还有网络教育专升本、电大专升本。这些学历为专科提供了晋升之路,解决了很多人的本科学历问题。

三、专接本

自学考试"专接本"是省考委和省教育厅在全省普通高校中开展的全日制在籍专科学生在基本完成专科阶段教育的基础上,接读自学考试本科教育的工作,简称"专接本"。

“专接本”的报考对象是经省招生部门正式录取的各类专科学校的三年级在籍学生；专接本考生只能报考本省的本科院校，可以跨专业考，但要与报考院校联系其是否接收跨专业学生。

学生在修学期满后两年内(含修学期)，学完“专接本”专业考试计划规定的全部课程(包括课程实践性环节)，通过考试取得合格成绩，思想品德经鉴定符合要求，并持有专科毕业证书，经省考委和主考学校审核通过后，由省考委发给自学考试本科毕业证书，主考学校附署，符合学士学位授予条件的，由主考学校授予学士学位。

通俗地说，专转本是大三的时候参加全省统一考试，毕业后取得普通全日制高等院校本科学历和学位；专升本是大专毕业后参加的继续教育学习和考试，难度较专转本低，且可在职学习，获得的是继续教育的学历；专接本在大三的时候经报名、学校推荐到相应院校学习本科阶段的课程学习，相对而言宽进严出，通过规定的科目考试和原大专院校的毕业要求后，可获得大专毕业证和就读本科院校的毕业证书(证书注明专科起点本科)。

注：以上升学方式的具体报考要求和毕业证书性质，请以每年发布的最新通知文件为准。

苏州健雄职业技术学院毕业生的就业与升学情况

苏州健雄职业技术学院毕业生就业率近几年一直保持稳中有升状态，总就业率高达98%以上。2015届毕业生中有52%的专业就业率达100%，学生平均月薪达3475元。学院良好的就业状况离不开学校秉承和践行的先进职业教育理念：学校开设职业素质教育课程如《现代职业人》，学生在课堂内就能了解企业文化、岗位要求，及时做好职业规划；校企合作、产学研基地，使学生在校期间能边学习理论知识、边在校企共建的实训基地进行动手操作，体验企业生产管理模式；定岗双元制，学习的最后一年或半年在专业对口企业进行定岗实习，将在校所学付诸实践，为将来就业打好坚实基础。

江苏省教育厅每年组织“专转本”考试，学生录取后可升入省内有关本科类院校的相关专业继续学习，毕业后获得本科学历。学生可自行准备英语、计算机、语文或数学等考试科目备考；学校也为学生搭建了有效渠道，为专转本学生开设辅导班，由专业资深教师授课，帮助学生提高应试能力和技巧。据统计，2015年，苏州健雄职业技术学院有180位同学参加“专转本”考试，录取率为68%(江苏省录取率为46%)，其中本二录取率为22%(江苏省本二录取率为16%)。

自2016年起，江苏省有六所本科院校开展自主招生工作，接收国家和省示范性高职院校应届毕业生。苏州健雄职业技术学院作为省示范性高职院校，可以由各专业向专转本自主招生院校对口专业推荐最优秀的学生参加提前招生考试或面试。名额由校方按比例分配到系部各专业，符合条件(品德好、无违纪处分、无挂科、成绩均分和德育均分均在

同专业内排名前20%等）的应届毕业生，自愿向系部申请，根据四个学期平均成绩排名（有省级及以上的获奖可额外加分），择最优者推荐。

苏州健雄职业技术学院与南京工业大学、苏州大学、扬州大学、南京审计学院等院校合作，为在校生开办专接本课程，大专第三年可进入本科阶段的学习。学生毕业时可继续参加学院内组织的电大系统开放教育、奥鹏远程教育本科段学习，获本科学历和学位；或参加扬州大学专升本相关专业学习，获得本科学历和学位。本科毕业后可继续参加学院联合研究院与其他高校合作举办的专业硕士研究生阶段学习，获得研究生学历和学位。

另外，经济条件和外语水平较好的学生，可参加学院与马来西亚、加拿大、美国、德国等组织的本科段海外留学，获得本科学历和学位。近年来，苏州健雄职业技术学院又与美国荷晶大学建立3+1专升本、3+1+1专升硕等国际合作项目。

【学长寄语】

新的历程、新的起点、新的挑战。从中学考入苏州健雄职业技术学院是我们学习生涯的延续和知识层次的提升，在这里大家已经跨入了新的历程，迎来了新的挑战。从零开始，调整心态。一步成功不代表以后步步成功；一步失败不代表以后步步失败。热爱自己的专业，用自己的一技之长掌控人生。大家要珍惜在学院的三年时光，充分享用这笔人生的财富。唯有奋斗才能问心无愧。

（孙伟，2010级电子工艺与管理专业学生，2012年进入苏州大学“专接本”阶段学习，2015年被录取为苏州大学电子信息工程专业硕士研究生。）

第四章 学团组织——学生自我发展的另一平台

学生干部是学生中的先进群体，是大学生活动的组织者和领导者。建设一支高素质的学生干部队伍，是做好高校学生党团组织建设的重要保证，也是高校精神文明建设的迫切需要。在校园文化建设中，只有充分调动学生干部的主动性，积极发挥大学生“自我教育，自我管理，自我服务”的育人功能，才能增强校园文化活力与吸引力，才能成就学生的成长、创造、成才，才能培养出现代社会建设所需的高素质、高技能人才。

第一节 高校学生会

高校学生会是接受高校党委领导，以及在学校共青团指导下，充分依靠学生会成员和全校广大同学开展工作的群众性学生自治组织，是学校全体学生的最具权威性、先进性和纪律性的行政组织，是学校管理系统的重要组成部分。凡在校学生，不分民族、性别、宗教信仰均可成为学生会的成员，依照法律、学校规章制度和各自的章程，独立自主地开展活动。

一、高校学生会的特点

学生会的工作宗旨是全面贯彻执行党的教育方针，发挥连接学校和同学之间的沟通纽带作用，全心全意为广大同学服务，促进同学全面素质的提高，引导和带领同学成长为有中国特色社会主义建设事业的骨干人才。在校园活动过程中，学生会成员秉着服务同学、传承和创新校园文化的理念开展工作，提高自身的综合素质，从而形成服务社会的能力。因而高校学生会具有以下特点：

1. 自我管理

自我管理就是对主体自身的约束和引导，从接受外在的约束来说，如遵纪守法、遵守学校各项规章制度；从自身生活、学习习惯来说，合理安排学习时间，积极倡导健康向上的生活方式，善于控制内在的情绪，从而不受外在客观环境的影响，科学地分配时间，最后达到自我成功、有效管理的状态。高校的主体是大学生，而高校学生会是高校非常重要的学生自治性群众组织。在这个组织当中，有诸如学习部、文艺部等组织部门，各部门从负责

人到干事都由在校大学生担任，宿舍卫生、晨操、晚自习以及日常上课出勤等监督管理工作均由相应部门完成。

2. 自我服务

学生会的自我服务包含了物质服务和思想意识的提高、价值观念发展等精神服务。物质服务更主要体现在日常生活中满足各类生活需求，如生活部组织的跳蚤市场满足了买卖双方相互需求，文艺部以及学习部组织的新、老生交流会或优秀学生事迹报告会则从学习方法经验、人生职业生涯规划等层面服务了广大学生。当然，还有很多部门活动的开展都无形中体现了学生会的自我服务功能。应该说，对于狭义的自我服务功能，学生会已表现得淋漓尽致了，受到了广大同学的认可和欢迎，也收到了很好的效果。

3. 自我教育

学生会每次活动的决策、策划、组织、执行、宣传、反馈和总结对参与成员来说都是很好的锻炼机会。决策和策划建立在一定的思想高度和对活动全面把握上，提高了个体的思想意识和全局意识。组织和执行是调动所有成员工作积极性，使具体策划方案全面实施的过程，可锻炼个体的组织能力、协调沟通能力和团队合作能力。宣传是对活动开展之前的预告和中后期通过各种宣传方式让同学了解活动并积极参加到活动中来。反馈和总结是针对活动过程中出现的问题及时向上级汇报和活动结束后结合活动效果和同学反映情况进行归纳、总结和提高，增强了反馈意识和归纳总结意识。经历这些过程后可快速高效提高自身的意识、能力和素质。

二、高校学生会的作用

高校学生会是一个学生自治性的群众组织，因此这个组织开展的活动一定是跟学生自身的学习、生活等方面息息相关的。例如，从晨操、晚自习、宿舍卫生、日常上课出勤，到各类大大小小的文体、社会志愿服务等活动，无不活跃着学生会成员的身影。在这些管理以及娱乐活动中，充分磨砺和体现着学生会组织的自我管理能力以及自治精神。在学生自治过程中，学生会教育和引导着广大同学树立正确的人生观、世界观和价值观，在各方面发挥着非常重要的作用。

1. 维护和发展稳定的校园乃至社会环境

学生会能够正确引导大学生确立对国家发展和个人成长负责任的态度，以风险共担的意识和维护良好的社会环境的自觉性，做维护社会稳定的积极促进者。要增强社会主义民主法制的意识，善于运用民主的方法、法制的手段来表达意见，化解矛盾，解决问题。还要带领广大同学维护校规、校纪，倡导良好的校风、学风，协助学校有关部门建立良好的教学秩序和学习、生活环境。

2. 促进大学生全面发展

学生会可以帮助学生树立崇高的理想，保持爱国热情，刻苦学习，奋发成长；树立正面典型，激励广大同学适应社会主义现代化建设和当代科学技术发展对人才的要求，勤奋学习，刻苦钻研；服务经济建设，积极投身社会实践。大学生参加社会实践活动已经成为有中国特色社会主义教育的重要组成部分。学生会本着“受教育、长才干、做贡献”的宗旨，每年利用暑假、寒假时间，与学校其他部门共同组织开展科技、文化、卫生三下乡活动；组织学生开展科技文化活动，在广大同学中掀起科技文化热潮，通过成立大学生科协等社团，积极开展科技讲座、学术交流、课题研究、发明创造等课余科技文化活动；积极引导广大同学在完成学业的前提下，利用课余时间，积极开展与所学专业相结合、符合法律和法规要求的科技智力型以及劳务型的勤工俭学活动，使广大同学更好地适应社会，减轻家庭负担，健康成长。

3. 做学校联系同学的桥梁和纽带

学生会组织作为广大学生基层群众性的自治组织，应当而且可以在法律和学校规章制度范围内，积极实现参与协调和管理学生自身事务的作用。代表学生，通过院系团委和其他各种形式、渠道，参与涉及学生切身利益的校务协商和民主决议，反映学生的建议、意见和要求，维护同学的正当权益。同时，也把学校的意见反馈给学生，上情下达，促进同学之间、同学与教职工之间的团结，协助学校各部门搞好教学、科研、生活等各方面工作。

三、高校学生会的魅力

学生会作为大学生的基层学生组织，在营造校园文化氛围、维护广大同学权益等方面发挥着重要作用。除此之外，学生会吸引着广大同学加入该组织的原因，还在于学生会有着其特有的魅力。

1. 学生会是培养大学生良好人际关系的催化剂

人与人的直接交往不可或缺。各种社会关系中，师生情、同学情都弥足珍贵。在学生会工作，不仅要处理好师生关系，还要处理好同学之间的关系，必要的时候还要处理好与社会上其他人的关系。此外，通过举办各种活动，还可以积累丰富的组织经验，提升自身的领导能力，为将来从事社会工作奠定坚实的基础。

2. 学生会是大学生感受时代脉搏的触角

现代社会进入知识、经济、信息化、网络化的时代，这个时代的特征是：它改变了人们的生活方式、学习方式和思考方式，这一点现在已经充分体现出来。只有那些感受到时代跳动的脉搏的人，才能够紧跟时代的步伐。尽管大学生自身能力有限，但我们要坚信，通过组织中各位成员的集思广益和丰富活动，一定可以触摸到最前沿的时代信息，为建设创新型社会而努力奋斗，同时实现自己的人生价值。

3. 学生会是释放个体与群体能量的组织

“三个臭皮匠，赛过诸葛亮”，学生会存在的意义就是她具有释放莘莘学子的能量的机制。在这个组织中，只要你有想法都可以为之去拼搏、实践；只要你有激情，就可以为广大师生呈上各种视觉和听觉的盛宴；只要你肯努力，就可以激发自身以及他人之前不曾显露的潜能。

学生会是各高校学生管理工作系统中重要的组成部分。学生会举办的校园活动是校园文化的重要组成部分，对大学生有着直接或潜移默化的引导作用，深刻影响着每个学生

的思想品德、行为规范和生活方式，对提高大学生的综合素质起着十分重要的作用。因此，各高校极其重视学生会这个重要的学生思想政治工作阵地，大力倡导开展大学生素质、能力建设。

苏州健雄职业技术学院学生会设置

一、学生会组织结构

苏州健雄职业技术学院学生会设有院、系二级学生会，每级学生会一般都设有主席团、秘书处、宣传部、学习部、生活部、文娱部、体育部、信息部、外联部、青年志愿者大队等。

二、学生会部门岗位职能

1. 主席团。负责学生会的全面工作，召开学生会常委会议；指导、帮助、督促各部开展工作；经常与院（系）学生保持联系，接受院（系）党团组织的监督和指导，及时反馈学生会工作情况，向学生会各部门及成员传达有关精神。

2. 秘书处。负责学生会章程、制度的编写工作以及日常事务的文书处理工作；负责学生会各部活动材料及学生会会议记录，做好学生会物品管理工作以及学生会办公室或活动室的管理和借用；协助主席团协调各部工作，提供各项协助性工作。

3. 宣传部。积极配合各部活动，通过多种形式搞好各部活动的前期和后期宣传，加强校园精神文明建设；围绕校风、学风建设，开展各项主题活动的宣传工作；以画报等各种宣传形式组织好思想建设工作，扩大同学们的知识和信息来源。

4. 学习部。围绕学院的学风建设举办知识性比赛、讲座、辩论、演讲等活动以及其他学术性活动，推动校园文化的发展；与院（系）教务部门积极配合，进行晚自习、日常上课出勤等纪律检查工作；组织各种学习交流及互助活动，提高同学们的学习兴趣，营造学院良好的学习氛围。

5. 生活部。定期对同学的生活情况进行调查，负责向后勤部门反应情况；协助有关部门监督检查学院有关生活管理方面规章制度的执行情况；定期对学生公寓和各班上课教室卫生情况进行检查，做好分析、评比工作。

6. 文娱部。举办各类主题文娱活动，丰富同学们的课余生活；组织学生表演团队，参加社会公益性演出；发掘学生文艺特长，推动学院的文化发展；指导各班文娱活动的开展。

7. 体育部。组织开展各种体育活动及其比赛，提高同学们的身体素质；组织各类学院季节性体育活动，做强学院传统赛事；举办一般性体育技能培训，提高全院学生身体素质。

8. 信息部。制作各类活动简报及编辑新闻稿，承担学生会对外文字信息的发布工作；对院系举办的大型活动进行跟踪宣传报道。

9. 外联部。配合各部搞好学生会与兄弟院校及学院内外有关部门的联系工作;联系社会企业,引进企业资金,协助开展学院举办的各种大型文体活动。

第二节 高校学生社团

高校学生社团是相对独立的群众性学生组织,是高校学生思想政治工作的重要阵地,是学生实现自我教育、自我管理、自我服务的良好平台。社团是为大学生适应社会实践而服务的,是校园文化的重要载体,是学校第二课堂不可或缺的组成部分,是学生培养兴趣爱好,扩大求知领域,陶冶思想情操,展示才华智慧的广阔舞台,它已经成为一种独特的校园文化,丰富着大学生们的生活。

一、学生社团的特点

高校学生社团是由在校大学生依据兴趣爱好自愿组成,按照章程自主开展活动的学生组织,是大学生开展思想、学术、科研、文体、社交活动的主要阵地,是高校素质教育的重要载体,是特色校园文化的组成部分。高校学生社团具有以下特点:

1. 自发性

根据不同的社会形势,各种不同的社会问题和社会现象,各种不同的专业、兴趣,各不相同的学生成立的大学社团,具有显而易见的目的性和特征。其宗旨较为明确,自主权较强。

2. 群众性

大学社团参加的人数较多,拥有较为坚实的群众基础。每个社团在新生到来时都会进行积极地纳新,为自己的社团汲取新的力量。也正是由于这样,大学社团具有广泛的群众基础,具有明显的群众性。

3. 多样性

在大学社团里,具有各种各样的组织。有专业性和学术性的,比如英语角;也有一些公益性的,比如爱心社……这些组织的多样性,也更好地满足了学生的不同要求和好奇心,更好地锻炼了学生各方面的能力,丰富了学生的生活。

4. 随意性

大学社团一般组织随意,所以比较涣散。这导致很多社团难以维持或名存实亡。其主要原因是成员之间的关系维系不牢固。组成社团的主要依据是兴趣或爱好,一旦这些兴趣或爱好发生转移,组织极易解散或消亡。

5. 实践性

通过大学社团,可以更好地参加社会实践,学到更多书本上或学校里学不到的知识、技能。通过活动,学生可以开阔视野,锻炼自己的能力。

6. 不稳定性

大学生尚不算成熟稳重的群体，兴趣点极易发生变化，所以这使很多团体难以继续生存下去，使大学社团具有明显的不稳定性。

二、学生社团的基本类型

1. 理论研究型社团

这是以理论学习、宣传、研究为主要内容和目的的社团，如邓小平理论研究会、大学生德育研究会等。

2. 专业知识型社团

它是以专业学习、交流、实践为主要活动内容的社团。专业理论类的有：英语角协会、企业文化研修等；专业实践类的有：机器人社团、电子制作社团、广告创意工作室等。

3. 文艺活动类社团

它是依据学生的文艺特长和共同兴趣爱好而组建的社团，以注重追求艺术享受、提高艺术素养为主要特征，如大学生艺术团、合唱团、文学社、舞蹈社等。

4. 体育运动型社团

它是根据学生的体育特长和兴趣爱好而成立的社团，以体育运动、技能比赛为主要特征，如乒乓球社、羽毛球社、足球社、篮球社、轮滑社及电子竞技社等。

5. 社会服务型社团

它是以服务学生、服务社会、锻炼自我为宗旨的团体，如青年志愿者协会、关爱留守儿童组织、爱心基金会等。

三、社团活动对大学生的影响

在快速发展的这个时代里，社会对大学生的综合素质要求越来越高。当代大学生的综合素质主要包括道德意识、知识技能、社会适应能力和心理素质等。大学生社团对大学生的这几方面都起了很重要的作用。

1. 有利于学生的健康发展

学生通过参与社团活动，可以亲自体验到集体活动的乐趣和集体的力量，从而能够增强集体荣誉感，进一步认清个人与集体的关系，树立全局观念、集体观念；通过认可社团的章程，能使学生自觉地规范自我、约束自我，培养公德意识，领悟做人道理，从而促进良好行为规范的养成。所以健康有益的社团活动能促进学生思想上的成熟、文化素质和身心素质的提高，有利于人才的全面培养，有利于大学生的健康发展。

2. 有利于大学生素质拓展

学生社团作为校园文化的重要载体，为学生素质教育的开展和创造能力的培养提供了广阔的天地，是素质教育的重要阵地。可以说，学生社团为大学生开阔眼界、广泛接受外界信息、丰富和提高自身素质提供了良好的平台，为学生进入社会、学习经验提供了帮助。

3. 有利于增强大学生的社会责任感

大学生社团是学生参与社会活动的重要场所，是学生学习科学文化知识的第二课堂，是学生进行素质教育的重要途径，特别有利于大学生广泛参与社会实践锻炼，增强社会责任感。

4. 有利于培养大学生的团队精神

社团活动能激发学生奋发向上的激情，激励人们团结协作，培养学生的团队精神和竞争意识。社团活动作为社团成员兴趣和爱好的纽带，让学生在活动中具有较强的团队意识，表现出较强的集体观念和协作精神，促进学生相互交往，增进友谊和培养成员对社团的认同感和归属感。

四、大学生如何选择社团

1. 明确自身定位，选择合适社团

社团的种类多种多样，但并非所有的社团都适合自己。大学生选择社团时首先考虑的应该是自己擅长什么和是否感兴趣。各人的兴趣、爱好不同，擅长文艺的同学可以加入话剧团、合唱团或舞蹈团等；喜欢演讲的同学可以加入演讲协会、文学社；对喜欢新闻采编的同学而言，院报、广播台、电视台是施展才能的平台……如此多的社团，只要感兴趣，总能找到最适合自己的一个。按照自己的特长与爱好，明确自己想要在社团中学到些什么，做些什么，制订并实施计划。尽量避免盲目选择，否则很难提高自己的学习和工作能力，既浪费时间又浪费精力。

2. 了解社团情况，避免草率和贪多

选择社团时，要综合多方面的因素和条件，考虑清楚后再做决定，切不可草率。一些同学匆匆忙忙选了一个社团，过了一段时间后觉得不适合，很快放弃，可谓“来也匆匆，去也匆匆”。结果不仅自己一无所获，而且还影响了社团正常的工作。有的人觉得社团活动丰富多彩，很有意思，就一连参加好几个社团，整天不是到这个社团开会，就是去那个社团值班，如此忙碌，难免顾此失彼，更有甚者严重影响学业，得不偿失。建议新生选择一两个自己最感兴趣的、最擅长的社团即可，毕竟学生还是以学习为主。

3. 端正动机，功利性不可太强

抱着功利性的想法去参加社团是非常不可取的。有的学生觉得参加社团可以在每年的综合测评或品德考评时加分，从而获得“先进个人”评比资格等；有的学生希望能够在社团中混个“一官半职”，以此来提高自己的知名度；有的学生认为如果不参加社团，自己的经历太单调，将来的毕业简历上内容不够丰富……这些想法无疑会使原本纯洁的社团文化蒙上一层不太纯洁的色彩。

4. 重视锻炼，坚持到底

一旦入选某个社团，就得认真去做好社团的每一项工作，坚持到底。要清楚在社团中应该做什么以及如何培养社会实践能力，不要把社团中的职务看得过重。要知道，不论做什么工作对自己而言都是很好的锻炼。虽然社团的组织者并不一定是你，但当好一名尽

职尽责的“小兵”也很重要，职位再低也不能忘记自己是社团的一员，有义务和责任搞好社团活动。

五、社团与能力锻炼

学生社团活动在培养学生的能力、素质方面起到了突出的作用，主要表现在以下几个方面：

1. 组织能力

共同的爱好、共同的追求、共同的奋斗是社团产生内在凝聚力的根本要素，这个要素把众多的兴趣爱好、志向各不相同的同学汇在一面旗帜之下，并且为了实现共同的目标作不懈努力。除此，社团有条不紊地开展活动，还需要全体成员各自承担角色、合理分工、落实计划、控制协调，这就锻炼了学生的组织能力。

2. 竞争能力

社团活动培养了同学们的参与意识、竞争意识，改变了中学时代所形成的单一思维方式。在大学期间大学生的追求是多层次、多角度、多方位的，而社团文化为大学生提供了良好的契机。由于社团活动给每个同学的参与机会都是平等的，在现实中就存在一个竞争问题。在选拔成员过程中大家都有争一争、拼一拼的心理，同时社团组织的很多竞赛活动也促使大学生竞争能力的提升。

3. 实践能力

社团有利于“书生型”人才向“适宜型”人才、“封闭型”人才向“开放型”人才转变，促进大学生社会化进程。社团活动为学生走上社会、接触社会提供了多种途径。社团活动的兴起，使越来越多的不满足于课堂教育的学生转向课外，把课外领域的社会实践当作人才培养的必要途径。

4. 创造能力

社团丰富的类型、典型的特征，为广大成员的创造力的发展创造了条件。社团活动可以调动起学生的积极性，激发他们的灵感，这种灵感来自成员自身的兴趣和成员之间的合作与激励，培养了大学生的创造能力。

苏州健雄职业技术学院学生社团简介

苏州健雄职业技术学院学生社团是在学院党委、团委组织领导下，学生根据不同兴趣和爱好自发组织，并开展各种有益于身心发展活动的大学生群众团体。经过十多年的发展，我院社团逐步形成自身品牌特色，尤其在“双元制”人才培养模式改革探索中，社团活动已经成为课程体系中的一项重要内容，是学院人才培养工作的有机构成。

一、学院社团发展现状

截至2015年12月,全院共有学生社团43个,其中院级社团32个,分院、系级专业社团11个。院级社团分为文艺类、体育类、社会实践类三种,面向全院招生;系级社团根据系部专业特色成立的社团,面向所在系招生。学生根据自身兴趣和特长,自愿参加社团,自觉参加社团活动。

学院成立社团联合会,对社团和社团活动进行具体管理,主要负责社团的登记注册、日常管理和学期考核,组织学生社团活动、社团干部评比工作等;社团每学期至少组织一次全体成员参与的社团活动,在全院举办一场社团精品展。参加社团活动学生比例达到100%,每年开展社团活动达两百余次,相继推出"社长风采大赛""社团精品展""社团之星"等品牌活动。其中舞蹈社、啦啦队、街舞社、轮滑社、紫薇文学社、心雨协会和技击社等社团,一直活跃于校内外的各类表演舞台和比赛中。

二、各社团简介

文艺类社团:笛子社、钢琴社、书法社、啦啦队、音乐之家、街舞社、舞蹈社、N-Y有声社团、话剧社、Cosplay社、魔方社、魔术社、翰轩书苑、紫薇文学社、小品社、评弹社、吉他社、折纸社等。

社会实践类社团:竹苹环协、文明礼仪社、创业者协会、关爱贫困留守儿童组织、大学生记者协会、心理协会、皂香阁、彩虹平语社等。

体育类社团:乒乓球社、精武社、羽毛球社、篮球社、足球社、技击社、网球社、轮滑社、单车社、龙狮社、台球社、棋局社、双节棍社、电竞联盟等。

三、部分优秀社团简介

2005年起,学院每学期都会举办"社团精品展",以此给予每个社团集体展示的舞台,激励各社团往精品化方向发展。若一个社团连续两年都能获得"精品社团"称号,则该社团纳入学院"优秀社团"的行列。目前,苏州健雄职业技术学院的优秀社团主要有:

(一)翰轩书苑

翰轩书苑成立于2007年9月,该社团全面贯彻"知识、能力、人格"三位一体的方针,努力培养和提高同学们的阅读兴趣,引领同学们成为高素质,具有较强综合能力的人才。曾与紫薇文学社合作举办"开心辞典"等活动,并在"首届联通杯语言类比赛"中荣获一等奖,在社团精品展中荣获优秀节目奖。

(二)创业者协会

创业者协会成立于2008年9月,创建的目的是为团结一大批志同道合、有创业激情的年轻人。创业者协会的活动内容主要有:聘请专业老师讲解创业理论,看精彩视频(有关创业故事、精神、理论),着重培养社员的团队协作精神,开展一系列的素质拓展活动,邀请通过艰苦创业而努力实现梦想的前辈与我们分享他们的故事,传授他们的经验。

(三)技击社

技击社是我校创办最早的社团之一,是以教授跆拳道为主、散打为辅的社团。跆拳道运动对提高个人体质和磨炼个人意志所具有的积极作用已经逐渐被人们所认知。通过学习散打，可以培养顽强、果断、坚毅的精神，能摒弃软弱、怯懦而锻炼出敢于拼搏、积极向上的精神面貌。同时通过锻炼可强身益智、陶冶武德，还可以促进身体素质的全面发展。

（四）街舞社

街舞社成立于2006年，社团成立的目的是通过舞蹈锻炼，提高社员个人身体素质，并充实校园文化生活。社团成员始终坚持着自己的兴趣和梦想，并且不断努力拼搏着。社团积极参加学校各类文艺晚会表演，并在历年的社团精品展中表现优异，曾在“动感地带音乐动力营”中取得太仓赛区的前四强，“苏州高校街舞表演赛”中获得“BEST4”称号。

（五）魔术社

魔术社成立于2009年3月，社团成员由魔术爱好者组成，“魔术”连接友谊，“魔术”创造奇迹，让优秀的艺术永远传承。

（六）乒乓球社

乒乓球社自创社数年来，在几任社长和数百名社员的共同努力下，已初具规模。社团聘请了在乒乓球上有极深造诣的专业老师作为技术指导，广大社员通过在乒乓球桌前的交流，能更深刻地了解博大精深的国球文化。“展国球风采，创健雄精彩”是乒乓球社永远不变的宗旨。

（七）羽毛球社

羽毛球社旨在培养同学们对羽毛球运动的兴趣，丰富课余文化生活，增强同学们的身体素质，让同学们认识到羽毛球运动的乐趣。社团在校内举办多次具有较大影响力的比赛，选拔人才。羽毛球易教、易学，社团定期邀请老师辅导、讲解，努力提高社员竞技水平。

（八）精术社

精术社齐集了我校武术爱好者，在各届同学的大力支持下，已经走过了十多年的风风雨雨。社团的宗旨是“发扬武术精神，团结武术爱好者，宣传和普及武术运动，推广群众武术”。会员严格遵守“四要四不”的社团章程，即：要尚武崇德，要扶善除恶，要苦练不懈，要精益求精；不半途而废，不哗众取宠，不仗武自傲，不恃艺欺人。

第三节　如何成为一名学生骨干

高校的学生干部主要包括团干部、学生会干部、班级干部以及社团干部等，这些骨干在高校学生工作中扮演着十分重要的角色，并且是每一所高校开展各项工作的得力助手。作为一名学生干部，同学们最熟悉的就是他的模范带头作用。除此之外，他们与其他同学一起学习、生活，面临着和其他同学一样的实际问题，所以大部分同学都比较愿意向这些学生干部敞开自己的心扉。通过学生干部这一沟通桥梁，学校可以比较准确地了解学生的各种状况。那究竟什么样的学生能称得上“骨干”？怎样才能成为这样的骨干？

一、学生骨干的定义

大学生骨干是一支在学生中有着特殊作用的群体，是高校学生中的先进分子，是高校推进思想引导、实现育人目标不可替代的重要力量。在日常的学习生活中,学生骨干能有效影响学生群体的行为趋向,具有舆论宣传和行动指引的双导向性作用。这种导向性作用既表现在政治层面上,也体现在大学生的一般行为规范上。大学生骨干的带头示范,可以使学生群体在政治上积极向党组织靠拢,坚定理想信念,在行为规范上树立榜样带动作用。学校可以通过这种积极、向上的导向性作用,有效影响高校学生群体的行为流向,使之与学校的育人目标相一致,与社会发展方向相适应。简单地讲,学生骨干是指具有正向的、对学生有导向性影响能力的学生群体。

二、学生干部应有的基本素质

事实证明,在大学期间的学生骨干,踏上工作岗位后往往具有较强的适应能力、社会活动能力、组织能力和管理能力。大学学生干部担负着配合学校各方面力量教育和引导大学生,使其成为德、智、体全面发展的"四有"人才的职能。这是一项十分艰巨的任务。当代大学生思想活跃,兴趣广泛,信息接收快,知识面宽,因此,大学学生干部必须具备多方面的优良素质。

1. 政治思想素质

学生干部作为学生基层组织各种活动和工作的组织者和领导者,必须具有较高的政治觉悟和思想品质。学生干部本身的道德品质及其由此产生的道德效果对学生影响很大,高尚的道德情操是学生干部自身的榜样力量和吸引、感召、引导人的内聚力。俗话说,"其身正,无令则行,其身不正,虽令不从",大学学生干部更应以身立教,为人楷模,把学生紧紧地吸引和团结在自己的周围。同时,学生干部要注意培养自己的事业心,自觉认识自己所从事的学生工作的重要意义,明确自己所肩负的重托,增强责任意识,保持旺盛的工作热情,兢兢业业,积极工作。

2. 业务素质

大学生一般都具有一定的专业知识和理论水平,而且他们求知欲强,喜欢探索,这就要求大学学生干部有较高的业务素质和合理的知识结构。一般来说,学习成绩好的干部更容易赢得同学们的尊敬和爱戴,更容易建立起自己的威信,对同学们实行有效的领导。业务素质不仅只表现在本专业学科的学习成绩方面,还应包括与本职工作有关的自然、社会科学知识,这些知识对于学生干部提高自身分析问题和解决问题的实际能力,增强对学生的吸引力和感染力,为大学生提供多方面的指导与服务,从而提高领导行为的有效性,具有十分重要的作用。

3. 能力素质

学生干部要想出色地完成各项工作任务,就应不断增强领导才能,提高能力素质。大学学生干部的能力素质包括很多,其中最主要的有以下几个方面:

(1) 交往能力。学生干部和同学以及其他组织和群体建立密切的关系,各种信息也会源源不断地向自己传来,为开展各项工作创造一个宽松的外部环境,扩大视野,开拓思路,做好各项工作。

（2）决策能力。学生干部应根据学校布置的中心工作，结合本部门或本系、本班、本小组的特点和具体工作的实际情况，找出关键问题所在，权衡利弊，及时做出有效可行的决策。

（3）组织能力。学生干部要把性格各异、素质不同的同学组织起来，合理安排，充分调动每个人的积极性，把他们的活动协调起来，团结互助，拧成一股绳，为共同目标的实现而努力，保证决策的实现。

4. 心理素质

良好的心理素质是学生干部对同学实现有效领导的又一重要因素。它包括广泛的兴趣、丰富的情感和坚定的意志等方面。一个人如果兴趣狭窄，情感贫乏，意志薄弱，性格孤僻，缺乏主动精神和自主能力，人际关系不协调，是很难有大的作为的。相反，一个人有了广泛的兴趣，能使自己更加接近和了解同伴，更多地涉猎各方面的知识，增加和同伴的共同语言，从而有效地激起和培养群体成员的集体主义观念。丰富的情感是联络和沟通同学之间关系的有效途径，它可以增强领导者的感染力和素质。

学生干部个体的素质固然十分重要，但如果集体素质不平衡，就会导致群体领导层的内耗。对于大学生群体的干部来说，合理的集体素质构成应该具有互补性。它要求各位学生干部在性格、气质、能力上彼此取长补短，优化组合，并互相尊重，注意满足对方的需要。这种心理上及能力上的互补有利于学生干部集体的团结，有利于形成集体的合力。

三、学生骨干要处理好的三种关系

（一）人际关系

良好的人际关系能够促进团队成员共同协作，为完成特定的任务而共同奋斗；能够促进团队之间的信息交流和信息共享；能够使团队从友好协作的和谐人际关系中吸取力量，增强信心，在人生业绩的创造中左右逢源，得心应手。学生干部要做好学生工作，应注意处理好以下人际关系：

1. 学生干部与老师之间的关系

师生关系是学生干部首先必须处理好的人际关系。这里的老师既是指任课教师，更是指学生会分管老师、辅导员、班主任。无论从学生的从师求学、拓展知识角度出发，还是从学生干部工作职责的要求考虑，都需要学生干部经常与老师保持密切的联系，一方面在老师的具体指导下有效地开展工作，另一方面起到上情下达、下情上报的桥梁作用。要正确处理好师生关系，首先要尊敬老师，获得老师的好感，缩短与老师之间的心理距离；其次要积极主动地与老师交流，力争在学习、思想、情感、工作等方面得到老师的帮助指导，当然最重要的是能够保质保量地完成老师交待的各项任务。

2. 学生干部与同学之间的关系

古语云："水能载舟，亦能覆舟。"搞好同学关系、建立良好的群众基础，对学生干部工作的顺利开展起着非常重要的作用。学生干部都是在同学中产生的，是由大家推选出来的，学生干部首先是为同学服务的。学生干部应树立从同学中来、到同学中去和全心全意为同学服务的思想意识，从小事做起，积极为同学服务。既然是学生干部，也就是划定了我们的干部性质，是学校的学生干部，而不是社会上的干部。因此，不能染上社会上一些干部的不良作风，不要变成脱离同学、高高在上、只对老师负责、不对学生负责的官僚，这是我们要极力避免和反对的。如果学生干部站错了位、走错了路，那么学生会的良好形象就会毁于一旦，就会失去广大同学的拥护，必然造成工作开展不顺利，如此反复，陷入恶性循环，造成非常恶劣的影响。因此，维护学生干部的形象，树立学生干部的威信是一项十分重要的工作。

3. 学生干部之间的关系

学生干部之间既是竞争对象，更是合作伙伴。学生干部要正确对待和处理竞争与合作的关系，学会在竞争中合作，在合作中竞争。既要平等竞争，又要真诚团结、精诚合作。尺有所短，寸有所长，我们每个人的能力都是有限的，要从“三个和尚没水喝”的典故中去领悟这样一个道理：和则利，不和则害；团结出干部，精诚出力量，互助出效益。

（二）学习与工作的关系

作为学生干部，不能够像其他一般同学那样把全部精力用于学习，经常要耗费比一般同学更多的时间和精力用于工作（包括参加和组织各类活动），这势必影响到课余学习时间，有时甚至还要占用正常的学习时间。要做到学业与工作两不误，就必须处理好学习与工作的关系。

1. 首先是学生，学生以学为本

学生干部首先是学生，不管任何时候都不能忘记学习，甚至要比其他同学取得更好的学习成绩。学生干部若学习成绩不好，即使自己的工作能力再强，在同学中也很难树立起威信。相对于其他普通同学，学生干部因要花费较多时间组织各项活动，学习时间明显减少，因此，学生干部应把当干部的压力转化为促进学习的动力，充分利用课堂时间，科学合理地统筹安排时间，讲究学习方式和方法，提高学习和工作效率。

2. 既然是干部，就要有奉献

学生干部如果只顾自己学习而不服务同学，这样的人可能是合格的学生，还可能是比较优秀的学生，却不是合格的学生干部，更谈不上是好的学生干部；或者只为自己的私利，不为同学服务，不能将“服务同学”的理念贯彻到日常生活中去，这样的人既不是合格的学生，也不是合格的学生干部。

（三）个人得与失的关系

现在相当多的大学生功利思想比较严重，做什么事都要先考虑对自己有什么好处，对自己有益的就做，大益就多做，小益就少做，无益就不做。因此，如何正确看待得与失问题，正确对待名利权位问题，是学生干部首先必须思考的问题。学生干部不仅要牺牲大量的休息、娱乐时间，还要耽误很多学习时间，而且工作中所遇到的烦心琐事还会分散学习的注意力，从而影响到学习成绩，并直接影响到奖学金的获取。表面上似乎失去了很多，其实不然。有位哲人说得好：有所失必有所得。从提高素质、锻炼能力的角度上看，当学

生干部却比一般同学多了不少难得的锻炼机会,学到不少书本上学不到的东西,对自身的成长、成才很有帮助。主要表现在:

(1)学生干部,比一般同学有更多的实际锻炼机会,有利于促进各种能力和素质的提高。

当今社会,到处充满着竞争,那种“两耳不闻窗外事,一心只读圣贤书”的人很难适应竞争日趋激烈的当代社会。要想在竞争中取胜,就必须有较高的能力素质。从这一点看,担任学生干部可以为今后的就业增加砝码。

(2)担任学生干部,可以增强工作的责任心和社会责任感。

这对于个人的成长是非常有利的。有人说:“一个人最大的道德,就是责任。”一个人只要有强烈的责任心,那么,不管他在那里,他都是一个称职的人、一个受欢迎的人。他在学校就一定是一个好教师或好学生,在家里就一定是个好丈夫(或好妻子)、好父亲(或好母亲),在单位就一定是个好职工、好领导。每个学生干部都要正确看待名利得失,坚持做到:做好工作才是硬道理,随时保持一颗积极向上的乐观之心;对于学生干部来说应该知道争什么、不争什么,什么时候争、什么时候不争。平时我们要争着去做工作,争着去奉献;在竞争上岗的时候,就要积极去争取承担更重要的担子,不要轻易放弃参加社会工作的机会,要积极争取多做些社会工作。在学习中工作,在工作中锻炼,在锻炼中成长。

一名优秀的学生干部应具备强烈的责任感、高度的大局观、协作意识和奉献精神,树立全心全意为组织工作、为同学服务的思想,认真学习,积极工作。“态度决定一切,敬业最是关键”,所以学生干部要有“立大志,做大事”的胸怀、“立根本,踏实地”的姿态,不计较眼前一时的得失,认真踏实地做好学生干部工作,争取早日实现自己的人生价值。

要使自己的下一刻比此刻做得更好

我是2007级应用德语专业的学生——周丽。自进入健雄,我就暗暗告诉自己,一定要创造属于自己的天地,因此从大一开始我就珍惜每一秒可以利用的时间,努力提高自己的德、智、体以及其他各方面的能力。

有人讲,德语是最难学的语言之一,为此我丝毫不敢懈怠。课上,我认真听讲、做笔记,并积极与老师、同学互动交流;课后,在别人还留恋于床铺之时,我就做好复习和预习工作。大一时,班主任问我:“课代表的成绩一定要是全班最好的,能做到吗?”我很坚定地回答:“我可以!”当然,我并没有辜负老师的期望。除此之外,我在两年中先后顺利通过大学英语四级、六级考试以及德语四级考试,并且获得全国物流助理师及全国计算机等级考试证书。各学期期末成绩总评一直名列前茅,在大一学年荣获学院二等奖学金。除了学习,我也爱体育运动,是学院运动会的健将。

在团委工作中，我有这样的座右铭："从不放低自己的目标；从不停留在力所能及的事上；从不满足于现有的成绩；要使自己的下一刻比此刻做得更好。"在大一时候我加入了学院社团联合会，通过自己勤奋踏实的工作，成为社团联秘书部部长。我始终坚持争做模范的原则，主动要求把别人不愿意去做以及不能完成的工作交给自己，从他人的失败中总结经验，摄取成功的种子，以此不断地磨炼自己。我不仅是老师的好帮手，也是同学的好伙伴，还被评为"学院优秀学生干部"。在大二上学期，我当选为外语系生活部部长，之后又当选为外语系团总支副书记。不管在什么职位上，我都非常注重团队凝聚力建设。我深深地体会到：身处一个团结、向上的团队中，再苦再累也是甜的，始终有一股力量在支撑着自己前行。

虽然我每天像一个飞人一样忙来忙去，但是宿舍、班级的同学一直给我鼓励、支持，让我感觉快乐而甜蜜。"尊重、理解、用心、互助"是我构建友谊的基石。平时再忙，我也会与身边的同学进行情感的交流，给予别人及时帮助，为集体争创荣誉，适时地创造一些温馨，偶尔做做知心姐姐……我知道，友情需要用心经营！

在三年的大学生活中，虽然我付出很多，但我得到的无以计数，有知识、能力、处世……今天我要锻造成熟，为的是接轨更出色的明天。

（注：周丽，女，2010届应用德语专业毕业生，曾担任外语系团总支副书记，中共党员，获江苏省优秀学生干部等荣誉。）

第四节　学生党员的发展与培养

培养与发展优秀大学生党员，是高校党建工作的基本内容。高校党组织重视政治启蒙，提高大学生对党的认同感，端正大学生的入党动机，提高他们的政治觉悟和思想认识，实现大学生党员队伍的壮大，严格规范发展党员的每个流程，保证大学生党员队伍的纯洁度，从而使大学生培养、发展和教育工作沿着健康的方向发展。

一、新形势下高校发展大学生党员的重要意义

1. 做好发展大学生党员工作，是保持党的先进性的重要保证

切实加强和改进发展大学生党员工作，积极吸收优秀大学生入党，不断为党的肌体输送新鲜血液，有利于提高党员队伍的科学文化素质，改善党员队伍的知识和年龄结构，不断增强党的生机与活力，始终保持党的先进性。

2. 做好发展大学生党员工作，是实施人才强国战略的需要

人才资源是最重要的战略资源。大学生是国家人才资源的重要组成部分，是实施人才强国战略的重要力量。积极做好在大学生中发展党员工作，把优秀青年学生聚集到党的队伍和事业中来，对于加快推进社会主义现代化建设，实现中华民族的伟大复兴的宏伟

目标,具有十分重要的意义。

3. 做好发展大学生党员工作,是增强党的阶级基础,扩大党的群众基础的重大举措

随着我国社会主义市场经济的不断发展和改革开放的逐步深化,社会经济成分、组织形式日趋多样化。把一大批符合条件的优秀学生及时充实到党内来,有利于改善党员队伍的构成和分布。大学生党员毕业走上工作岗位后,可以影响和带动不同经济组织、社会阶层和社会团体人员更好地为全面建设小康社会服务,从而扩大党的工作覆盖面,提高党在全社会的影响力和战斗力。

4. 做好发展大学生党员工作,是加强高校党的建设和大学生思想政治教育工作的客观要求

发展大学生党员是高校党建工作中一项经常性的工作,是加强高校基层党组织建设的基础和保证,是提升高校德育工作层次,实现德育工作目标的需要。培养一批以学生党员为主的学生骨干队伍,并通过他们的示范、带动作用,团结更多要求进步的积极分子,在学生中形成崇尚先进、奋发向上、积极进取的良好氛围,对确保学校稳定、推动学校的改革发展具有重要作用。

二、大学生党员的先锋模范作用

大学生是建设中国社会主义事业的生力军,大学生党员更是大学生中的先进分子,充分发挥大学生党员的先锋模范作用,是新时期大学生思想工作的需要,也是加强大学生党员自身建设的必然要求。

1. 发挥大学生党员先锋模范作用是党的先进性的基本要求

中国共产党是工人阶级的先锋队,同时也是中国人民和中华民族的先锋队,是中国特色社会主义事业的领导核心,代表中国先进生产力的发展要求,代表中国先进文化的前进方向,代表中国最广大人民的根本利益。党的先进性最终要靠党员的先进性来集中体现,而党员的先进性又具体体现在党员的先锋模范作用上。因此,作为青年学生中的骨干分子,大学生党员更有责任和义务把先进性体现出来,发挥其先锋模范作用。

2. 发挥大学生党员的先锋模范作用是高校党建工作的重要桥梁

大学生党员是学校党组织经过层层考察、培养出来的优秀分子,是宣传党的宗旨、路线、方针、政策的重要力量,他们在学习、生活、工作中的模范作用对其他同学在各个方面可起到良好的带动作用,最终促进大家共同进步、共同发展。

3. 大学生党员发挥先锋模范作用有利于自身成长

发挥好先锋模范作用对大学生党员来说也是一种锻炼和升华。大学生党员应在履行应尽义务的同时,时刻反省自己的行为是否符合一名真正的共产党员的要求,在反思和实践中不断提高自身素质,完善自我。

三、大学生党员如何发挥先锋模范作用

1. 端正入党动机，充分发挥大学生党员在思想上的先锋模范作用

正确的入党动机是经久不衰的动力，只有正确的入党动机，才能够让大学生党员经受住党组织的考验，更好地为党的事业而奋斗。有的学生之所以仅在行动上要求入党，思想上并没有真正入党，很大程度上是他们不了解我们党艰苦奋斗、曲折发展的历史，没有从根本上认识到共产主义社会的先进性，只是随波逐流，看到其他同学写入党申请书了，自己也跟着写。大学生需将自己的思想状况和共产党的发展历史结合起来，进行理论教育学习，提高对党的认识，并参加社会实践锻炼，以不断端正自身的入党动机。大学生党员应积极参与学校组织的各项活动，一方面充实了学习生活，增强积极向上的活动意识；另一方面也很好地锻炼组织活动能力，使自身得到全面发展。

2. 努力学习，充分发挥大学生党员刻苦学习的先锋模范作用

大学生党员不仅要树立全心全意为人民服务的宗旨意识，更要掌握建设国家的过硬本领。大学时期正处于掌握知识、培养能力的关键时期，学习是第一要务，所以大学生党员的先锋模范作用首先体现在认真学习、努力成才上。大学生党员要有端正的学习态度和刻苦勤奋学习的精神，认真扎实地学好专业知识和各项基本技能，在广大同学中树立起威信，得到大家认可，同时配合班主任、辅导员和任课老师带动全体学生共同努力，营造良好的学风。

3. 树立典型，充分发挥大学生党员在生活工作方面的先锋模范作用

入党意味着肩负着责任和使命，意味着比其他同学更要懂得付出。在实际生活、工作中，大学生党员应当注意和同学们保持良好的关系，平时尽自己最大努力去关心生活中有困难的学生。学生公寓既是大学生学习、生活和休息的重要场所，又是进行思想政治教育和素质教育的重要阵地，是校园文化建设中的重要载体之一。有些院校在学生公寓建立大学生党员公示栏，公开大学生党员所在的班级和宿舍，以此树立大学生党员的典型，增强大学生党员的责任意识、表率意识，发挥大学生党员的先锋模范作用。

四、大学生入党基本要求

按照加强党的思想建设的要求，党员不仅要在组织上入党，更重要的是在思想上入党，这是加强党员队伍建设的首要问题。为此，要求入党的大学生在树立正确的入党动机的过程中，必须注重加强思想和世界观的改造，努力做到首先在思想上入党。要达到这一目标，应当注意做到以下四点。

1. 追求入党的信念必须持之以恒

许多要求入党的大学生，从提出申请时开始，就矢志不渝、孜孜不倦地为党工作，以实际行动表明要求入党的真诚和决心。但也有少数大学生，心血来潮干一阵子，时间久了就松懈下来，这种忽冷忽热的表现，说明这些大学生思想觉悟不够高，共产主义的信念还不牢固。以实际行动争取入党，就必须克服这种忽冷忽热的情绪。要始终以饱满的政治热

情，为实现自己的崇高理想而坚持不懈地努力。

2. 努力学习科学文化知识，掌握为人民服务的本领

在校大学生，要以学业为本，争取优异成绩，学好本领，将来为社会、为人民做贡献。如果学习成绩不及格，思想觉悟再好，那就没有为人民服务的本领，谈何为人民服务。所以，大学生要认真学习和掌握专业技术，成为“四有”的劳动者和接班人，把自己的聪明才智无私地奉献给社会主义现代化建设事业。

3. 与其他大学生建立融洽的关系，并在大学生中起模范作用

中国共产党是工人阶级的先锋队，是各族人民的忠实代表。共产党员要吃苦在前，享受在后，任何时候首先想到的是党的利益、人民的利益，勇往直前，不怕牺牲，出色地完成党交给我们的任务。还要有一定的群众基础，取得大学生们的信任，能带领大学生们去完成各项任务。

4. 以老老实实的态度，靠自己的真诚努力争取入党

入党，重要的是从思想上入党，端正入党动机。一些大学生受家庭、学校和社会等因素影响，把入党仅仅当作荣誉和任务，表现出一定的盲从性；有些大学生将入党作为增强就业竞争力、找到好工作的途径，存在一定的功利倾向；有些大学生没有很好的追求，积极要求入党的愿望与实际行动没有结合起来，言与行出现一定反差。有些大学生通过拉关系、托人情等不正当的手段达到入党的目的，这是非常错误的，也是党纪所不容许的。若要求入党，一定要严肃对待这个问题，要以老老实实的态度，扎实的作风，靠自己的真诚争取入党。

大学生党员是青年群体中的先进分子，是党的新生力量的重要来源，是党员队伍的重要组成部分。各高校把加强大学生党员队伍建设，作为保持党的先进性和纯洁性的战略工程。高校应实施科教兴国与人才强国的源头工程、加强大学生思想政治教育的引领工程。高校应着力建设一支素质优良、结构合理、规模适度、作用突出的大学生党员队伍，推动高校学生党建工作再上新台阶。

苏州健雄职业技术学院学生党员发展流程

为进一步提高苏州健雄职业技术学院学生党员发展质量，贯彻落实《中国共产党章程》《中国共产党发展党员工作细则》《江苏省高校发展党员工作实施细则》相关规定，帮助大学生树立正确的世界观、人生观、价值观，特将党员发展程序及注意事项梳理如下：

一、自愿提出入党申请

有入党意愿的学生应自愿向学生党支部递交书面入党申请书，申请书的内容主要包括对党的认识、入党动机、本人主要表现和本人基本情况。

1. 标题“入党申请书”，并居中。

2. 称谓，即申请人对党组织的称呼，一般写“敬爱的党组织”，顶格书写在标题的下一行，后面加冒号。

3. 正文主要内容。

(1) 对中国共产党的性质、宗旨、纲领、路线、方针、政策的认识，为什么要入党，入党的动机或起因是什么？

(2) 通过学习马克思主义基础理论、党史党建知识和一段时间的社会实践，自己在政治观念和思想、工作、学习、作风等各方面所取得的主要成绩以及存在的问题。

(3) 对入党所持的态度及要求入党的决心和奋斗目标、方向、方法及措施。

(4) 必要时还要在申请书中介绍自己的个人履历、家庭主要成员情况、主要的社会关系情况以及政治历史问题和受过的奖励、处分等情况。

4. 申请书的结尾主要表达党组织考察的心情和愿望，一般用“请党组织在实践中考验我”或“请党组织看我的实际行动”等作为结束语。全文的结尾一般用“此致，敬礼”。在申请书的最后，要署名和注明申请日期。一般居右书写“申请人×××”，下一行写上“××××年×月×日”。

二、团组织推优

在系党组织的统一领导下，系团组织负责具体实施。各系团支部根据学院分配名额，召开各班团员推优大会，在递交入党申请书、基本具备党员条件的优秀团员中进行无记名投票推荐。参加推优投票的人员范围为班级团支部全体团员，实到人数超过应到人数的五分之四方可召开会议。

各班团支部根据得票情况，确定初步推荐人选名单，填写《团支部推优票决情况报告》，报系团组织审核。系团组织根据团支部报送的名单，在进一步考察审核的基础上，研究确定拟推荐名单，及时进行公示。

推优公示无异议后，所推荐的名单确定为系部入党积极分子，并推荐参加系部学生党校培训。

三、确定系部发展对象

入党积极分子必须经过一年以上的培养、教育，才能被列为发展对象。考察期为六个月，每季度主动向党组织上交一份思想汇报。

四、发展党员公开答辩

发展党员公开答辩，可增强发展党员工作的透明度，加大发展党员民主监督的力度，激励发展对象规范自己的行为。

五、确定入党介绍人和填写《入党志愿书》

入党介绍人由两名正式党员担任，一般由培养考察人担任，或由党组织指定。

六、召开学生支部发展大会

1. 发展对象汇报对党的认识、入党动机、本人履历、现实表现以及向组织说明的其他问题。

2. 入党介绍人介绍发展对象的主要情况，并对其能否入党表明意见。

3. 支部成员宣读该发展对象的函调情况和群众座谈会意见。

4. 与会党员对发展对象是否符合党员条件发表意见(意见要实事求是,肯定成绩,指出缺点和不足)。

5. 与会正式党员采取举手或无记名投票的方式进行表决。

6. 宣读支部决议。

七、学院党总支指派专人对预备党员进行谈话

在学生党支部讨论表决通过接受预备党员后,院党总支在审批前要指派总支委员对《入党志愿书》和有关材料进行审核,并同申请人谈话。

八、召开总支委员会

院党总支审批预备党员,必须召开支委会集体讨论、表决。同意其为预备党员的,党总支审批的意见要填写在《入党志愿书》上,并注明预备期的起止时间。对未批准入党的,通知学生党支部要和本人谈话,指出存在的不足和努力方向,做好其思想工作。

九、预备党员预备期的培养考察

预备党员预备期为一年,从学生支部大会通过预备党员之日算起。预备党员应在学生党支部的安排下进行入党宣誓。预备党员要自觉主动地向入党介绍人或党组织汇报思想和学习、工作情况,应做到每季度主动找入党介绍人汇报自己的思想、工作和学习情况,每季度要向学生党支部书面汇报思想一次。

十、预备党员转正答辩

预备党员在预备期满前一个月,要主动向党支部提出书面转正申请。根据苏组通〔2012〕54 号文件要求,2012 年下半年起我院党组织在预备党员转正前,应组织不少于三分之一拟转正的预备党员参加转正答辩。

十一、预备党员转正公示、投票

党支部根据预备党员在预备期内的现实表现以及转正答辩的结果,按照公示、票决等程序对其做出能否按期转为正式党员的决议。

十二、预备党员预备期满延期或取消预备党员资格

1. 延长预备期。

对预备期满后不完全具备条件或犯有一定的错误,但还没有完全丧失预备党员条件,并且本人决心努力改正错误的,可延长预备期。延长时间最长不超过一年,最短不能少于半年。

2. 取消预备党员资格。

对在预备期内不能履行党员义务,确定不具备党员条件或犯有严重错误或延长预备期后经过教育考察已不具备党员条件的,应取消预备党员资格。

关于取消葛明明(化名)同志中共预备党员资格的决议

葛明明,女,汉族,1986 年 5 月出生,江苏淮安人,原某专业 0611 班学生,2008 年 12

月被吸收为预备党员,2009 年 6 月毕业。该同志毕业后,未及时将党籍转回生源所在地,对个人入党转正抱无所谓态度,不主动与党组织联系,不进行思想汇报,未按时提交转正申请,也未缴纳党费,导致系部学生党支部无法对其进行转正考察。鉴于该同志党性意识不强,脱离党组织已 2 年,预备期已超过 1 年,系党支部于 2011 年 6 月 21 日召开支部大会,根据党章《第九条》有关规定,认为葛明明同志已不具备共产党员资格,应取消其预备党员资格。

表决情况:本支部共有党员 5 人,实到会党员 5 人,其中有表决权的正式党员 5 人。经举手表决,同意取消葛明明同志预备党员资格的共 5 人。

第五节　大学生志愿者

大学生志愿者行动具有极其丰富的个人价值和社会价值。大学生志愿者服务活动以其独特的魅力吸引千千万万莘莘学子投入其中,弘扬"奉献、友爱、互助、进步"的志愿精神,秉承"爱心献社会,真情暖人间"的志愿服务理念。大学生志愿者服务活动对社会主义精神文明建设、提高大学生的综合素质等方面具有重大意义。

一、青年志愿者的特点

自团中央于 1994 年 12 月 5 日成立了中国青年志愿者协会以来,各地区志愿者活动蓬勃展开,各高校也相继建立了自己的青年志愿者协会。志愿服务活动已经成为展现当代大学生风貌以及宣传当代大学生风采的一个窗口。各高校青年志愿者协会的组织情形各不相同,或隶属于该校学生会,或成立单独运行的团体,或直接从属于当地志愿者协会,有的在各院系均设立分部,有的只有一个总部负责运行。高校志愿者团体虽名称不一,但其特点是都有一套成文的组织与活动章程,受学校党委或当地共青团、志愿者协会监督,负责招募一批青年志愿者并进行培训,通过组织和指导高校青年志愿服务活动,为社会提供志愿服务,推动社会主义精神文明建设,促进社会主义市场经济体制的建立和完善,提高青年的整体素质,为经济社会的协调发展和全面进步做出巨大的贡献。

二、大学生志愿者活动的功能

1. 大学生志愿者活动是促进校园精神文明建设的重要载体

高校精神文明建设是社会主义精神文明建设的重要组成部分。大学生志愿者活动是高校精神文明建设的重要内容。大学生志愿者在高校精神文明建设中,既是主体,又是客体,具有两重性的特点,是主客体的统一。大学生志愿者在校园里开展各种有计划、有组织的志愿活动,营造了一种和谐的道德氛围。这种氛围体现了大学生对社会道德规范的掌握与履行,体现了大学生对道德目标、道德价值的选择与追求,体现了对学校优良道德传统的继承和发扬。

2. 大学生志愿者活动是提高大学生思想素质的重要途径

志愿者活动能够帮助大学生了解国情、民情、校情,从而培养他们的社会责任感,树立其坚定正确的政治方向,激发热爱社会主义祖国的高尚情感,拥护党的领导,自觉地肩负起建设有中国特色社会主义的伟大历史使命。它培养大学生树立为人民服务的奉献精神,通过参加服务社区、服务社会、服务人民的志愿活动,逐步积累社会经历,使之升华为一种价值目标的追求。大学生志愿者活动内容丰富、形式多样,能够创造生动活泼的思想道德教育和道德实践的情境,使大学生志愿者在潜移默化中受到道德教育和培养。

3. 大学生志愿者活动是建设校园文化的重要方式

校园文化具有重要的功能,要建设体现社会主义特点、时代特征和学校特色的校园文化,形成优良的校风、教风和学风。大学生通过参加志愿服务活动,以积极、乐观的态度奉献自己的爱心、感染他人,在让他人得到帮助的同时,树立起对生命价值、人生和社会的一种积极态度。各志愿活动社团通过组织丰富多彩的志愿活动,不仅丰富了同学们的课余生活,更为重要的是引导和帮助广大青年学子树立正确的世界观、人生观和价值观,接受中华民族的传统美德,弘扬社会主义主旋律,不断满足大学生日益增长的精神文化需求,为培养社会主义合格建设者和优秀接班人提供了强大的精神动力和保障,使高校成为发展中国特色社会主义先进文化的重要基地、示范区和辐射源。

4. 大学生志愿者活动是满足大学生发展需要的重要手段

每个人都有参与社会事务的权利和促进社会进步的能力。同样,每个人都有促进社会进步繁荣的义务及责任,大学生也不例外,参与志愿服务就是表达这种“权利”与“义务”的积极有效的形式。参与志愿服务,既是帮助他人,服务社会,同时也是在传递爱心与传播文明。志愿服务作为一种超越现实利益之外的行为,扩展了志愿者对人和社会的理解,推动人类以一种乐观向上的态度追求进步和完美。大学生在志愿者活动中,得到了精神和心灵上的满足,实现了自我价值的追求。

三、大学生志愿者个人价值的实现

大学生志愿者通过志愿服务,磨砺意志,陶冶情操,提高综合素质,增强社会适应能力,学会包容和接纳,形成良好的人际关系,同时培养了公民意识、社会责任感、道德意识、奉献精神和服务能力,为未来人生的持续发展打下坚实的基础。

1. 有利于缩短大学生的社会化进程

联合国教科文组织副总干事鲍尔博士指出:“学生除了要在学校学习一系列课程外,还要意识到,他们是社会的参与者”。大学生志愿者服务是以大学生为主体开展的公益性和志愿性的社会服务,是大学生利用业余时间自愿为社会、为他人提供服务与帮助的活动方式。高校青年大学生志愿者活动的主要活动场所都在校外,通过一定的社会服务使生活在其中的每个个体都有意或无意地在思想观念、心理素质、行为方式、价值取向等诸方面与现实文化发生认可,从而实现对人的精神、心灵、性格的塑造。

2. **有利于培养大学生的专业能力**

大学生志愿者可以根据自己所学的专业知识和所掌握的专业技能以及个人所具有的专业特长，在服务社会的活动中为人们提供专业技能服务。如医科学生为社区居民进行常规体检，开展医疗与卫生、保健与康复等方面的服务；理工科学生为社区居民开展维修保养家用电器等方面的服务……这些志愿者活动都体现了大学生志愿者活动知识化、专业化的特色。大学生志愿者在这种社会服务的过程中，将所学专业知识与技能运用于实践，激发他们对于学习科学文化知识和专业知识的兴趣与爱好，有利于发现不足，有针对性地弥补自身知识和技能的缺陷，不断丰富和完善自己的知识结构。

3. **有利于满足大学生自我情感的需求**

现在，不少人把青年志愿者行动仅仅看作学雷锋做好事，把大学生志愿行动看成单方面的给予，不尊重志愿者的动机、劳动和价值等。事实上，大学生志愿者行动是大学生自我实现的需要，正如于海和李亚平在《第三城的兴起——西方志愿工作及志愿组织理论文选》所说的，"志愿者付出额外的时间，并不期望经济回报，其植根于道德的义理之中，他们也获得了神圣的自我形象和人格以及某种有能力改变的浪漫抱负"。大学生作为"准社会人"，迫切渴望参与一定的社会活动，提升自身价值，赢得社会尊重，获得荣誉，愉悦身心，挖掘自身潜力，获得自身满足。志愿服务的过程既是了解社会、了解国情的实践过程，也是传播与人为善、服务社会理念，并通过实际体验，磨炼性格和升华心灵的过程。大学生通过参与志愿服务使自己过上了有意义的集体生活，从而获得了高级情感满足。

四、大学生志愿者的自我完善和发展

大学生作为高校志愿活动最直接的参与者和实施者，作为战斗在高校志愿活动第一线的生力军，其自身素质的不断提高成为推进高校志愿者活动发展的坚实基础。现在，随着志愿工作的深入和发展，对大学生志愿者素质的要求更加全面，而大学生志愿者素质的完善不仅仅需要政府的关怀、社会的支持、学校的努力，更需要大学生不断发挥自身的主观能动性，进行自我教育和自我完善。

1. **乐于奉献，塑造人格品质**

志愿服务是当代服务人民、奉献社会的生动实践。大学生志愿者应当具有胸怀祖国、情系人民、挑战自我、乐于奉献的优秀品格。可以说，志愿者的本职就是服务。志愿服务是围绕发展大局来开展的，只有适应社会的需要才能体现出最大的现实针对性，因而不能企望人人都去干轰轰烈烈的大事，要服从工作安排需要。

2. **加强学习，提升自身素质**

大学生思想活跃，创造力强，处在人生的青春时期，也是学习的黄金时期。现阶段，志愿者工作的复杂程度不断加大，专业化程度也不断提高，志愿者服务需要更加广泛的知识和更加专业的技能。因此，大学生应明确方向，加强学习专业知识和专业技能，以满足更高层次的志愿服务要求，展示大学生积极向上的风貌。

3. 积极实践，提高自身能力

实践是检验真理的唯一标准，实践又是一个学习的过程，对于大学生志愿者而言，参与实践锻炼是一个必不可少的环节。理论与实践相结合、学以致用、学用相长、实现全面发展，是大学生在实践中加强学习的根本。大学生志愿者需要通过实践活动，培养健康向上的人格特质；通过实践，不断创新自己的服务思路；通过实践，不断提升自己的团结合作精神与交往能力。

4. 善于总结，升华理想、信念

人的思想来源于学习、实践的积累和总结，是对所学、所见、所闻、所行的感悟、反思与升华。大学生志愿者的自我完善和发展在于使自己明确工作的方向，并在实践中逐步自我总结、自我剖析、养成习惯、修正缺点、正确行动，继而使自己的理想、信念得到升华，增强自我使命感，提升责任意识。

苏州健雄职业技术学院关于建立学院入党对象参加社会志愿服务活动的实施意见

为认真做好新形势下发展党员工作，确保新发展党员质量，根据太组发〔2015〕17 号文件规定，决定在全院基层党组织中建立入党对象参加社会志愿服务活动制度。现就有关工作提出如下实施意见：

一、指导思想

紧紧围绕培育和践行社会主义核心价值观这条主线，引导入党对象积极投身公益事业，通过参加社会志愿服务活动大力弘扬“学习雷锋、奉献他人、提升自己”的志愿服务理念，自觉践行“奉献、友爱、互助、进步”的志愿服务精神，在服务发展、服务基层、服务群众方面发挥先锋模范作用。

二、适用对象

本制度中的入党对象是指学院入党积极分子、发展对象和预备党员。

三、活动内容

1. 关爱他人志愿服务。重点开展敬老、爱幼、助残等关爱弱势群体志愿服务活动，营造“赠人玫瑰、手有余香”的融洽和谐人文环境，充分体现社会道德水平。

2. 关爱社会志愿服务。重点开展文明礼仪、文明交通、便民利民、人道关爱、文化体育、法律援助、科普卫生、重大活动、网络文明传播、平安建设等各类志愿服务，引导人们知礼仪、守法律、讲道德，推动文明社会风尚、良好社会秩序、优质社会服务的发展和形成。

3. 关爱自然志愿服务。重点开展普及生态文明理念、植树造林、清洁环境、垃圾分类、节能减排等志愿服务，倡导资源节约、环境友好的生产生活方式和消费模式，促进人与自然和谐相处,提高人们的环境道德修养,创造优美怡人的城乡生活环境。

四、活动方式

1. 参加学院基层党组织开展的志愿服务活动。

2. 参加社会志愿服务组织开展的志愿服务活动。

3. 根据个人的实际情况,按照就近就便原则,主动灵活地参与村、社区各类志愿服务。

五、服务标准

入党积极分子、发展对象和预备党员参加社会志愿服务活动每年应不低于6次,或志愿服务时间不低于20小时。无特殊情况未达到上述标准的,入党积极分子和发展对象所属党组织应视情况延长其考察时间,延长期内仍未达到标准的,建议取消其入党积极分子或发展对象资格;预备党员未达到标准的,视情况延长预备期。

六、有关要求

1. 学院入党积极分子、发展对象和预备党员应向太仓志愿者网站(http://tczyz.3sz.cn/)申请注册,并同时加入党员志愿者服务总队,成为一名注册志愿者。凡未申请成为注册志愿者的入党积极分子原则上不得被列为发展对象,未成为注册志愿者的发展对象原则上不得发展入党,未成为注册志愿者的预备党员建议其所在党支部延长预备期。

2. 各基层党组织要统筹安排发展对象和新党员参加志愿服务活动,入党对象每次参加社会志愿服务活动结束后,应及时向所在党组织汇报,并填报《参加社会志愿服务活动登记表》,该表由所在党组织留存。

3. 今后各基层支部向上级党委报送预审入党考察材料时,须同时提供《参加社会志愿服务情况汇总表》,确认入党积极分子、发展对象及预备党员参加社会志愿服务活动情况。

4. 学院党工部将通过电话回访、走访调查以及调阅记录等方式,定期、不定期地对入党对象参加志愿服务活动情况进行回访考察。

5. 本实施意见自2015年7月1日起施行,并将作为今后党员发展管理的一项常态化工作机制。党员参加社会志愿服务活动的表现情况将作为评先评优的重要依据。

【学长寄语】

时光荏苒,岁月如梭。经历了一段段精彩、有趣、难忘的学生会故事,让我懂得了“改变”和“责任”。大学生活中忙碌与快乐是主旋律,但肯定也会遇到挫折,如何正确面对和解决才是关键,这也是成长。学弟学妹们请珍惜现在的每分每秒,用心感受老师、同学给予的帮助及情谊,精彩丰富的大学生活需要营造,不要等离开学校进入社会才感慨大学过得太平淡,真心留存那份永久的快乐和情感吧!

(崔恒杰,2015届现代港口与物流管理系报关与国际货运专业毕业生,现工作于克恩－里伯斯(太仓)有限公司,担任进出口贸易关务。)

第五章　自尊自立——艰难中历练人生品质

"天行健,君子以自强不息。地势坤,君子以厚德载物。"《周易》中的这句名言说的是:真正的君子应当像天宇一样运行不息,即使颠沛流离,也不屈不挠;真正的君子应当像大地一样宽厚大度,能够承载一切,勇于担当。我们大学生要成为真正的君子,面对生活的艰辛,要用自己的力量减轻家庭的压力,要自尊自立地完成学业。在今后的人生中,我们要以实际行动践行当下的诺言,要以一颗感恩的心回馈家庭、学校及社会。

第一节　珍爱信用记录

随着我国市场经济的不断发展,信用问题日益渗透到大学生的日常生活中。无论是申请助学贷款、办理信用卡,还是毕业后的求职、创业、出国,无不与个人信用密切相关。大学生们越来越关注自己的信用记录。个人信用报告,也成为校园里的热议词汇。因此,大学生群体的信用记录的好坏,不仅关系到大学生自身的形象和利益,也直接关系到全民的道德水准和文明素质。那么,什么是信用记录?信用记录的好坏对个人有什么影响?如何建立并保持良好的信用记录?这些都是大学生们在步入社会创业和追求幸福生活中享受金融服务之前应当掌握的知识。

一、信用记录

每年6月14日被定为"信用记录关爱日",不久前,有关部门甚至把醉酒驾车也纳入到个人信用记录中,可见信用记录已越来越受到人们的重视。然而很多人并不知道什么是信用记录。有调查显示,超过80%的人没有查询过自己的信用记录,更不知道自己的信用状况如何。那么,个人信用记录到底是什么呢?

个人信用记录,简单地说就是一份个人信用行为的报告。信用记录由具有公信力的第三方机构将个人和企业的信用信息采集、整理、保存起来,建立数据丰富的数据库。中国人民银行是由国务院赋权,行使"管理征信业,推动建立社会信用体系"职能的法定单位,目前已组织建设了全国联网运行的企业和个人信用信息基础数据库。截至2011年底,个人征信系统收录自然人数约8亿。

个人信用报告并非简单的一张纸，它更多的是引导、督促百姓增强诚实守信意识，帮助商业银行提高风险管理能力和信贷管理效率，促进社会和谐发展，并帮助个人积累信誉财富、方便个人借款。在个人征信系统里，客观地记录着一个人过去的信用活动，它主要包括个人的基本信息、个人的负债情况、个人消费借贷记录等方面的内容，同时还包括个人的守法记录，如是否有法院民事经济案件的判决信息、已公告的欠税信息等。目前，个人凭身份证就可以免费在全国394个央行网点查询自己的信用报告。

在信用体系发达的国家，个人信用记录应用非常广泛，在贷款、租房、买保险甚至求职时都会用到。一份良好的信用记录会给个人带来许多实惠，可以享受到更低的贷款利率，获得更高的信用额度，可以更加方便地办理各种手续，由此信用也变成了一笔切切实实的财富。

二、信用记录是“经济身份证”

个人信用记录，是记录个人以往信用信息的文件，用来证明个人是否守信，被人们形象地称为“经济身份证”或“第二身份证”。据征信管理处工作人员介绍，目前，中国人民银行已经建立了全国联网的个人征信系统。只要个人与银行发生了信贷业务往来，或者开立了个人结算账户，系统就会自动生成个人信用报告。在办理信贷业务时，银行通常会考察个人信用报告，对于不良信用记录过多者，银行会慎之又慎。

在近几年的就业招聘中，用人单位也越来越关注大学生的个人信用状况。不少省市在录用公务人员、进行事业单位招聘时，将查询个人信用报告作为重要的考察环节；一些大型企业在招聘财务、高级管理人员时，也越来越看重求职者的个人信用报告。

“一处失信，处处受制。”在信息科技时代，失信者将寸步难行。征信管理处工作人员提醒在校大学生，要关注自己的信用报告，建立良好的个人信用记录。

三、不良信用记录的影响

1. 影响未来的经济生活质量

征信的基本理念是通过记录过去的行为来影响其未来的经济活动。也就是说，曾经的一切经济行为决定今后的经济生活质量，乃至事业发展。人们可能有足够的能力偿还贷款，却会因信用“污点”而贷不到款，无法实现信贷消费，无法“花明天的钱享受今天的幸福”，至于贷款利率上的优惠更是免谈，生活质量自然将大打折扣。对工薪阶层而言，等一点点攒够了钱，再购房、购车，恐怕已心力交瘁，或者已近垂暮之年。对于有投资创业规划的人士来讲，贷不到款，所有的创业投资规划和理财目标将会受到不同程度的影响，未来的一切会为过去的不良信用记录而“买单”。

2. 影响相关信用活动

人们虽然偿还了银行的欠款，但曾经逾期的记录会保留在个人信用记录中。有些人会由此耿耿于怀，存有“破罐子破摔”的心理，导致再次形成新的不良记录而影响相关信用活动。

3. 是个人无形资产的损失

每个人都可有一笔无形资产，那就是个人信用记录。个人信用记录的累积即是个人信用财富的累积。是想让自己的无形资产越滚越大，还是贬值缩水，主动权完全凭自己把握。人们失去了良好的信用记录，可以说，就失去了在社会上进行信用活动的砝码。

四、不良信用记录保留的时间

良好的信用记录是人们的宝贵财富，可以在人们申请信贷业务、求职、出国等诸多方面带来便利。不过，如果由于种种原因，如信用卡没有及时足额还款、贷款逾期偿还等，这些信息都会如实展示在个人信用报告上，当这些记录数量较多或金额较大时，可能在人们申请信用卡或贷款时，金融机构会认为申请人的信用意识不强或还款习惯不好而拒绝给相应贷款或降低贷款的额度。

不良的记录可能会在短时间内对人们的信用活动产生影响，但是不良记录不会永久保留。我国目前还没有出台信用记录保留时限的相关规定，按照国际惯例，一般的负面信息保留 5 年，但特别严重和明显恶意的负面信息保留十年。超过保留期限，负面信息就将在信用报告中被删除。

对于那些已经有负面信用记录的人来说，不必过于担心，征信系统会给他们“改过自新”的机会，只要从今往后按时还款，用不了多久就能为自己重建一份良好的信用记录。

五、大学生如何拥有良好的个人信用记录

个人信用记录如此重要，那么大学生应该怎样建立良好的信用记录呢？

对此，征信管理处工作人员表示，大学生首先要学会合理地使用信用卡，避免同时持有多张信用卡，谨防乱办滥用，以免背上沉重的经济负担。应养成良好的消费习惯和还款习惯，注意还款期限，确保按时还款，避免出现逾期记录。可以去银行柜台办理卡户关联业务，将家里的汇款账户与信用卡账户进行关联。这样，在信用卡还款日，银行就能从汇款账户里自动扣款以偿还信用卡透支款项。

此外，办理了国家助学贷款的大学生，毕业后应注意按时偿还贷款。国家助学贷款自发放之日起，商业银行就将贷款信息报送到了中国人民银行的个人征信系统中。无论出于何种原因，毕业生未能按时还款都将如实记入个人信用报告。这些负面信用记录，无疑会为个人信用减分。毕业生如果偿还助学贷款暂时存在困难，应与学校或银行保持必要的联系，争取与银行达成延期还款协议，避免在个人信用报告中留下不良记录。

六、及时修复负面记录

有学生问：“不贷款不用卡，没有不良信用记录，是否就能保证信用好？”答案是否定的。银行在评价一个人的信用状况时，通常依据这个人过去的信用行为记录。如果一个人不贷款，也不使用信用卡，银行就会因缺乏评价这个人信用状况的依据，而难以判断其信用是好是坏。大学生可带上身份证原件及复印件，到中国人民银行征信中心或者个人

所在的当地人民银行征信管理部门查询。

不良信用记录是可以修复的，一次失信的污点并不会伴随一生。如果目前个人信用报告中已出现负面记录，那么首先要避免增添新的负面记录，其次是尽快重建个人守信记录。商业银行在判断一个人的信用状况时，着重考察的是其最近的信贷交易情况。如果一个人偶尔出现了逾期还款，但此后都是按时足额还款，那么足以证明其信用状况正在向好的方向发展。

不良信用记录的代价

2005 年 10 月，苏州健雄职业技术学院 2004 级学生刘某向中国银行太仓支行申请了 6000 元助学贷款，在双方签订《中国银行国家助学借款合同》后，该行随后向刘某发放了贷款，期限 2 年，双方约定于 2007 年 12 月 15 日前偿还贷款本息。但在贷款到期后，刘某未偿还贷款，且银行联系不上刘某。刘某自 2007 年毕业后，一直在上海工作，经过几年拼搏，事业与爱情得到了双丰收。2011 年 2 月，她和丈夫看中了一套 70 多平方米的二居室房，准备双方共同贷款购置。但由于刘某存在着不良信用记录，贷款办不来。即使刘某一下子把助学贷款及欠款利息都还清了，还是不能重新向银行贷款。刘某向银行提出，仅让其丈夫一方贷款，但仍遭到了拒绝。原因是，有些银行贷款时，不仅看贷款个人的还贷能力和信用记录，还看其家庭成员的还贷能力和信用记录，把家庭看作还贷的共同体。为此，刘某对于自己的失信行为非常懊恼。

目前，全国各地教育行政部门正着手建立国家助学贷款学生个人信息查询系统，负责对学生借款后的跟踪管理，对有违反贷款合同行为的学生今后将给予曝光。

第二节　国家助学成才政策

大学是人生的关键阶段。这是因为，进入大学可以终于放下高考的重担，第一次开始追逐自己的理想、兴趣；可以离开家庭生活，第一次独立参与团体和社会生活；可以不再单纯地学习或背诵书本上的理论知识，第一次有机会在学习理论的同时亲身实践。但是，现实生活中也存在着这样的烦恼，很多考上大学的学生却发愁上学的学费。国家助学政策就像大雪中的那把炭火一样，温暖了无数渴望大学生活的学子们，使他们重新看到了生活的希望，看到了社会的关爱。江苏省大学生资助政策措施可以概括为“以财政资助为保障、助学贷款做辅助、高校与社会资助共同发展”，具体分为如下四类：

一、国家奖助学金

国家奖助学金由中央和省政府共同设立，分为国家奖学金、国家励志奖学金和国家助学金，奖助对象是全日制本、专科（含成人高校普通班、高职、第二学士学位）中热爱祖国、拥护党的领导、遵纪守法、诚信品优学生，覆盖面接近在校生总数的20%，具体政策内容如下：

（一）国家奖学金

国家奖学金用于奖励学习成绩优异，社会实践、创新能力、综合素质等方面特别突出的二年级以上（含二年级）学生，奖励标准为每人每学年8000元，每学年申请和评审一次。奖学金一次性发放，同时颁发国家教育部印制的《国家奖学金荣誉证书》并记入学籍档案。

（二）国家励志奖学金

国家励志奖学金用于奖励学习成绩优秀、家庭经济困难、生活俭朴的二年级以上（含二年级）学生，奖励标准为每生每年5000元，奖励面约占在校生的3%，按学年申请和评审。励志奖学金一次性发放并记入学籍档案。

（三）国家助学金

国家助学金用于资助各年级勤奋学习、积极上进、家庭经济困难、生活俭朴的学生，平均资助标准为每生每年3000元，具体标准由各校根据实际情况分2000、3000、4000元三档发放，资助面约占在校生的16%，按学年申请和评审。高校收到国家助学金经费后补发本学年以前月份的国家助学金，以后月份按月发放。

在一个学年内，获得国家奖学金的家庭经济困难学生可以同时申请并获得国家助学金，但不能同时获得国家励志奖学金。

二、国家助学贷款

国家助学贷款用于弥补财政助学资金缺口、扩大资助范围、增强资助力度，资助对象是具有中国国籍、诚信守法、家庭收入不足以支付完成学业所需基本费用的全日制普通高校（含民办高校和独立学院）本科新生、专科新生、研究生新生和在校生。国家助学贷款按学年申请和审批、一次性发放，用于学生在校期间的学费和住宿费，每生每学年不超过8000元，执行同期同档次人民币贷款基准利率，学生在校期间的贷款利息由财政全额承担，毕业（或提前终止学籍）后的利息由其全额承担，鼓励借款学生提前还贷（不加收除应付利息以外的其他任何费用）。具体政策内容如下：

（一）高等学校国家助学贷款

高等学校国家助学贷款面向高校内所有家庭经济困难学生，其前提是高校必须与经办银行签订合作协议，符合条件的学生在开学后向高校学生资助管理中心咨询办理，实行高校初审和经办银行终审制度。

高等学校国家助学贷款期限最长不超过借款学生毕业后六年。毕业后继续攻读学位的借款学生应及时向经办银行申请办理展期手续，展期后的国家助学贷款在学生继续攻读学位期间仍可以获得财政贴息。

借款学生应严格履行还款义务，毕业离校前须与经办银行商讨还款计划，还本付息可以采取多种方式（允许借款学生根据就业和收入水平自主选择毕业后24个月内的任何一个月起开始偿还贷款本息，具体还贷事宜由借款学生在签订还款协议时向经办银行提出申请）。

（二）生源地信用助学贷款

江苏省生源地信用助学贷款是由国家开发银行江苏省分行委托我省各级学生资助管理中心和结算代理金融机构，面向江苏籍在省内外普通高校就读的家庭经济困难在校生和新生，学生和家长（法定监护人）作为共同借款人，在学生入学前户籍所在地办理，以借款人信用作担保的国家助学贷款。申请生源地助学贷款的学生必须通过贷款资格审查，符合条件的学生在暑假期间向入学前户籍所属区县学生资助管理中心申请受理，国家开发银行终审通过后贷款资金统一划拨至借款学生本人账户。

1. 生源地贷款政策

（1）贷款对象。

全日制普通本科高校、高等职业学校和高等专科学校（学校名单以教育部公布的为准）的本科和专科生、研究生及第二学士学位学生。高校在读学生当年在高校获得了国家助学贷款的，不得同时申请生源地贷款。

（2）贷款合同签订频度。

为了规范贷款管理，避免不必要的法律纠纷，开发银行规定生源地助学贷款合同一年一签。初次签订贷款合同时，借款学生和共同借款人必须同时到场；续贷签订合同时，借款学生或共同借款人到场即可。

（3）贷款额度及用途。

每个学生每年申请的贷款额度不低于1000元，不超过8000元，具体金额根据学生在校学费和住宿费实际需求确定。生源地助学贷款原则上用于支付借款学生的学费和住宿费，当贷款金额高于学费和住宿费实际需求时，剩余部分可用于学生生活费。

（4）贷款期限及宽限期。

贷款期限原则上按全日制本、专科学制加10年确定，最长不超过14年。学生在校期间和毕业后2年为“不还本金、只付利息”的宽限期。学生毕业后第3年起的每年12月21日按“等额本金法”分期偿还本金和当期贷款利息（最后一笔本金和利息于合同到期年份的8月31日偿还）。

（5）贷款利率。

贷款利率执行贷款发放时中国人民银行公布的人民币贷款同期同档次基准利率。贷款利率每年12月21日调整一次，调整后的利率为调整日中国人民银行公布的人民币同期同档次贷款基准利率。

(6) 共同借款人。

共同借款人原则上为借款学生父母或者法定监护人,户籍必须与借款学生本人入学前户籍一致;共同借款人非父母时,年龄必须在 25 ~ 60 周岁之间,办理时共同借款人如超过 60 岁需更换共同借款人。

(7) 还款规则。

毕业当年 9 月 1 日起开始自己负担支付利息。每年的 12 月 20 日为正常还息日。宽限期内只需自付利息,不需偿还本金。宽限期结束后次年的 12 月 20 日除自付利息外开始等额还本金,贷款期限最后一年的 9 月 20 日要求全部还清。

2. 生源地还款政策

(1) 提前还款(图 5-1)。

① 提前还款需一次性还清,不接受部分提前还款。

② 每年 1 月至 10 月 10 日前可以申请提前还款,利息计算至当月 20 日。如当月 10 日之后申请将视作申请下月提前还款,利息计算至下月 20 日。

③ 当月 15 日前将足额资金充值存入个人支付宝关联账户中进行还款。如资金不足,则视作自动放弃提前还款申请,不做逾期处理,下月可继续申请。

图 5-1　提前还款流程图

(2) 正常还款(图 5-2)。

① 贷款仍未采用支付宝还款方式的同学,需申请变更为支付宝还款。

② 为防止因少量差额导致还款失败,同学们存入还款金额时请多存 10 元,多出的部分不会被扣除。

③ 支付宝会在还款日前 5 天向同学们的手机发送还款提示短信,为方便同学们还款,避免造成被动违约,请手机号码有变动的同学务必及时登录学生在线服务系统,变更自己的手机号码(非常重要)。

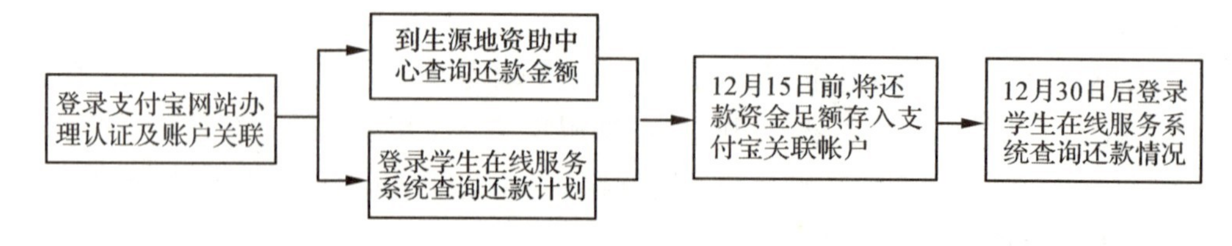

图 5-2　正常还款流程图

(3) 逾期还款。

除 11 月外,每月 20 日前都可进行逾期贷款还款。自付本息后,如当年 12 月 20 未及时还款,将被视作贷款逾期,并自 12 月 21 日起产生罚息,逾期罚息为当期利率的 130%。

逾期还款时应还本息包括逾期本息和截止还款当月 20 日的罚息。具体金额可登录学生在线服务系统查询。

3. 系统使用

（1）国家开发银行助学贷款信息网。

网址为 http://www.csls.cdb.com.cn/，可以在该网站上了解助学贷款相关政策、动态、常见问题解答，并下载相关资料。该网站不需注册直接登录，并提供链接至学生在线服务系统。

（2）学生在线服务系统。

生源地助学贷款网址为 https://sls.cdb.com.cn/，同学们可以在学生在线服务系统上申请助学贷款、提前还款，查询贷款状态、还款计划和还款记录，进行个人信息变更、共同借款人信息变更和个人账户变更。

（3）登录生源地助学贷款网站的注意事项。

① 同学们在使用该网站时，请注意页面下方的操作指南。

② 新申请贷款的同学登录该网站需注册；已贷款的同学登录名默认为就读高校代码 + 身份证号码，初始密码为本人 8 位生日数字，首次登录时系统会提示修改密码后进行系统登录。

③ 毕业确认是同学们开始还款的重要步骤，为了了解还款计划、确保自己能按时还款，请同学们在毕业前登录学生在线服务系统，做好毕业确认工作。

④ 支付宝会在还款日前 5 天向同学们的手机发送还款提示短信，为方便同学们还款，避免造成被动违约，请同学们务必及时登录学生在线服务系统更新自己的手机号码（非常重要）。同时，也请同学们定期维护好自己的其他信息变更，珍惜自己的个人信用记录。

⑤ 高校助学贷款学生在线服务系统可在线咨询及投诉，生源地助学贷款学生在线服务系统暂不支持此功能。

4. 合同变更

（1）身份信息变更。

① 借款学生或共同借款人由于更名或变更身份证号码需本人持公安部门身份信息变更相关证明到县区级学生资助管理中心办理申请。

② 县区级学生资助管理中心现场进行审查，核对相关信息，无误后在生源地贷款管理系统内对借款学生或共同借款人的身份信息进行变更，导出并打印变更单。变更单一式两份，借款学生和县区级学生资助管理中心各留存一份。变更单经借款学生或共同借款人签字和县级学生资助管理中心负责人审核后生效。

（2）就学信息变更。

当出现休学、升学、留级、跳级、退学、开除学籍、出国、转学等情况时，需要对高校名称、入学年份、学制或毕业年份进行变更。步骤与身份信息变更相同。

（3）就学信息变更与财政贴息。

学生申请就学信息变更，如升学、休学等，对合同贴息日期进行调整，需递交相关材料经由县区级学生资助管理中心及相关银行进行审查认证，同时变更合同贴息起止日、宽限期和到期日等事项。由相关银行审批通过后方能生效，继续享受国家财政贴息政策。如未及时变更，产生的利息自付。

（三）国家助学贷款违约

1. 国家助学贷款违约后果

国家助学贷款属于商业性金融信贷业务范畴，借款人应树立诚信守法、按时还贷的观念，掌握一定的金融知识，熟悉还本付息计划和操作方法，以免因国家助学贷款违约而承担法律责任。国家助学贷款获得者必须遵守《贷款通则》和《合同法》等法律法规，按照《国家助学贷款合同》的约定按时足额归还贷款本息，贷款人如果违约则将承担以下后果：

（1）经办银行对其违约还款金额计收罚息。

（2）经办银行将违约信息录入个人征信系统，全国各金融机构均可查询到该不良记录。

（3）金融机构可以诉讼严重违约的国家助学贷款借款人，令其承担相关法律责任。

（4）经办银行和各级学生资助管理中心可以将违约情况通报毕业生所在单位及其家长，以便协助回收国家助学贷款本息。

2. 国家助学贷款违约通报制度

为及时提醒获得国家助学贷款的学生严格履行还款义务，江苏省学生资助管理中心将会同中国人民银行南京分行对连续拖欠还款超过 90 天且不与经办银行主动联系的借款学生实施通报，通报内容包括借款学生姓名、身份证号、毕业学校、首次就业单位、违约金额和时间等。

三、高校资助项目

根据国家和江苏省有关政策规定，我省高等院校（含民办）从事业收入中提取 4% ~ 6% 专项资金，除部分用于国家助学贷款风险补偿支出外，其余均用于资助家庭经济困难学生，主要包括以下方面：

（一）勤工助学

勤工助学指学生在学校组织下利用课余时间按劳取酬，改善学习和生活条件的社会实践活动，有助于提高学生综合素质和资助家庭经济困难学生。学生勤工助学时间每周不超过 8 小时、每月不超过 40 小时，校内勤工助学岗位分为固定岗（教学助理、科研助理、行政管理助理和后勤服务等，以每月 40 工时确定的月薪参照当地最低工资标准或居民最低生活保障标准确定）和临时岗（每小时酬金参照当地最低小时工资标准确定），校外勤工助学酬金标准不应低于当地最低工资标准（由用人单位、高校与学生协商确定并写入聘用协议）。

（二）特殊困难补助

特殊困难补助是高校辅助性资助措施之一，用于家庭经济困难学生解决学习和生活中遇到的突发性、临时性、特殊性经济困难，主要扶助身患大病、重病或者遭受意外伤害、家庭出现突然变故造成学习和生活困难以及遇到其他突发性、特殊性经济困难而确需资助的学生，学生本人提出申请，按程序评议确定补助对象和金额，通常一次性补助数百元。

（三）学费减免

国家对公办全日制普通高校中部分确因经济条件所限，交纳学费有困难的学生，特别是其中的孤残学生、少数民族学生及烈士子女、优抚家庭子女等，实行减免学费政策。高校结合学生本人表现及经济状况，在认真调查的基础上逐一审核、研究决定减免对象和金额。自2014年秋季起，对新入学的残疾大学生，给予学费全免补贴。

（四）新生入学“绿色通道”

为切实保证家庭经济困难学生顺利入学，按照教育部、国家发改委、财政部规定，各公办全日制普通高等学校都建立了“绿色通道”制度，即对家庭经济特别困难的新生，学校应先办理入学手续，然后再核实情况，分别采取不同的办法予以资助。

四、专项资助项目

为引导和鼓励高校毕业生面向基层、到祖国最需要的行业和地区就业，有效缓解家庭经济困难毕业生的经济负担，国家和江苏省制订了以下专项资助政策措施：

（一）普通高校毕业生服义务兵役学费和国家助学贷款补偿

为鼓励高等学校毕业生积极应征入伍服役，提高兵员征集质量，推进国防和军队现代化建设，财政部、教育部和总参谋部决定自2009年起补偿应征入伍服义务兵役的普通高校应届毕业生在校期间实际缴纳学费和国家助学贷款本息，在高校毕业生入伍后一次性补偿到位。

学费和国家助学贷款补偿总额等于每学年补偿金之和：每学年补偿金上限为6000元，实际缴纳学费或国家助学贷款高于上限的按6000元补偿，实际缴纳学费或国家助学贷款本息低于上限的，则在6000元以下按照两者就高原则补偿；补偿学年数按实际缴纳学费的学年数确定，但不高于国家规定的标准学制。

应征入伍高校毕业生应首先在高校登记学费补偿申请信息，兵源地的区县人武部和学生资助管理中心在其补偿申请表上盖章确认，高校回收学费补偿申请表并集中申请财政补偿资金后逐一发放给毕业生。

补偿对象仅限2009年后（含当年）取得毕业文凭的全日制普通本科生、专科生、研究生和第二学士学位学生（含成人高校普通本、专科生）。在校期间已享受免除全部学费政策的学生，定向生、委培生、国防生、部队招收的大学毕业生干部，以及从高等学校毕业生中直接招收的士官等，其他形式到部队参军的高校毕业生不包括在内。

获得国家助学贷款的应征入伍高校毕业生应优先将补偿款用于偿付贷款本息，被部队退回的高校毕业生须返还已经补偿的学费。

从2011年秋季学期开始，对退役一年以上、考入全日制普通高等学校(包括全日制普通本科学校、全日制普通高等专科学校和全日制普通高等职业学校)的自主就业退役士兵，根据本人申请，由政府给予教育资助。资助内容包括：一是学费资助；二是家庭经济困难退役士兵学生生活费资助；三是其他奖助学金资助。学费资助标准，最高不超过年人均8000元。生活费及其他奖助学金资助标准，按国家现行高校学生资助政策的有关规定执行。

从2011年秋季学期起，国家对应征入伍服义务兵役的高等学校在校生以及退役复学的大学生实施资助。对应征入伍的学生，其在校期间缴纳的学费或获得的国家助学贷款实施一次性补偿或代偿；对退役复学的学生，国家减免其就读期间的学费。学费补贴贷款代偿的标准为：本科生和专科生、硕士研究生、博士研究生分别不超过每人每年6000元、8000元和10000元。

（二）普通高校毕业生赴苏北基层单位就业学费补偿

为引导和鼓励高校毕业生面向苏北地区基层单位就业，江苏省补偿2009年(含当年)后应届毕业生到苏北地区基层单位就业、服务期在3年以上(含3年)的应届普通高校毕业生就读期间的学费，每服务满一年即可获得三分之一的学费补偿款，三年补偿完毕。

学费补偿总额等于每学年补偿标准之和：每学年补偿标准上限为8000元，实际缴纳学费低于上限的按实际缴纳数补偿，实际缴纳学费高于上限的按照8000元标准补偿。补偿年数按国家规定的标准学制计算。

高校毕业生在上述基层单位就业后凭本人与就业单位签署3年以上就业协议向乡镇财政所申请，再报送当地县区级学生资助管理中心审核，终审通过的毕业生将获得学费补偿分年拨付审核表(须每年审核一次)，每年应补偿学费由省财政集中划拨到其银行账户。

除因正常调动、提拔和工作需要换岗而离开苏北地区基层单位外，对于未满3年服务年限、提前离开苏北基层单位的毕业生将被取消学费补偿资格，并从当年起停止对其学费的补偿。普通高校毕业生赴苏北基层单位就业学费补偿对象，不包括定向、委培以及在校期间已享受免除学费政策的学生。从2015年起，我省将在学生服务满3年后一次性发放补偿款。

苏北基层单位指徐州、淮安、盐城、连云港和宿迁市所辖县(市)和淮安市淮阴区、楚州区，宿迁市宿豫区，县级政府驻地以下地区(不含县级政府驻地)的政府机关、企事业单位，包括乡(镇)政府机关、农村中小学、国有农(牧、林)场、农业技术推广站、畜牧兽医站、乡镇卫生院、计划生育服务站、乡镇文化站等。

国家开发银行

国家开发银行(China Development Bank)于1994年3月成立,直属国务院领导。长期以来,国家开发银行以“增强国力,改善民生”为使命,认真贯彻国家宏观经济政策,发挥宏观调控职能,支持经济发展和经济结构战略性调整,在关系国家经济发展命脉的基础设施、基础产业和支柱产业重大项目及配套工程建设中,发挥长期融资领域主力银行作用。虽然,国家开发银行是以大型项目为主体业务的银行,但为了兑现党和政府“不让一个学生因家庭贫困而失学”的诺言,国家开发银行从2005年开始承办国家助学贷款(又称高校助学贷款或校园地助学贷款),2007年国家开发银行又根据教育部、财政部、银监会的要求开发并承办生源地助学贷款。

国家助学贷款是党中央、国务院利用财政、金融手段完善我国普通高等学校学生资助政策体系,解决家庭经济困难学生就学问题的重大举措。政策实施以来,尤其是2007年推动生源地信用助学贷款工作以来,全国国家助学贷款工作取得了显著成就,2011年全国累计贷款学生达到652.2万人,贷款金额达到609亿元,成为解决家庭经济困难学生入学难的主渠道。根据教育部2011年统计数据,国家开发银行助学贷款份额已占全国助学贷款的70%以上。

第三节　做一名诚实守信的大学生

“诚信”是处理个人与社会、个人与个人之间相互关系的基本道德规范,是发展社会主义市场经济的基本行为规范,是社会主义事业的建设者和接班人的基本素质要求。开展大学生诚信教育是加强和改进大学生思想政治教育的主要内容,是高校德育工作本身体现时代性的要求,是构建和谐社会的重要内容。生命的本质从真实开始,人格的尊严从诚信起步,诚信让大学生更加清晰地认识到责任的含义。

一、何为诚信

诚实,即忠诚老实,就是忠于事物的本来面貌,不隐瞒自己的真实思想,不掩饰自己的真实感情,不说谎,不作假,不为不可告人的目的而欺瞒别人。守信,就是讲信用,讲信誉,信守承诺,忠实于自己承担的义务,答应了别人的事一定要去做。诚信包含诚实与守信两个方面。诚实是守信的基础,离开诚实就无所谓守信;守信是诚实的外在表现,也是评判诚实的重要标准。

二、诚信的功能和作用

在社会生活中，诚信不仅具有教育功能、激励功能和评价功能，而且具有约束功能、规范功能和调节功能。就个人而言，诚信是高尚的人格力量；就企业而言，诚信是宝贵的无形资产；就社会而言，诚信是正常的生产、生活秩序；就国家而言，诚信是良好的国际形象。

1. 诚信是个人的立身之本

诚信是个人必须具备的道德素质和品格。一个人如果没有诚信的品德和素质，不仅难以形成内在统一的完备自我，而且很难发挥自己的潜能和取得成功。孔子曰："人而无信，不知其可也。"诚信是个人立身之本，处世之宝。个人讲求道德修养和道德上的自我教育，培育理想人格，要求以诚心诚意和信实坚定的方式来进行自我陶冶和自我改造。中国古代思想家强调"正心诚意"在个人道德修养中的地位和作用，认为修德的关键是有一颗诚心和一份诚意。诚意所达到的程度决定修德所能达到的高度，正可谓"精诚所至，金石为开""天下无不可化之人，但恐诚心未至；天下无不可为之事，只怕立志不坚"。所以，中国人特别强调"做本色人，说诚心话，干真实事"。

2. 诚信是企业的立业之本

诚信作为一项普遍适用的道德原则和规范，是建立行业之间、单位之间良性互动关系的道德杠杆。诚实守信是所有从业人员在职业活动中必须而且应该遵循的行为准则，它涵盖了从业人员与服务对象、职业与职工、职业与职业之间的关系。无论是组织本身实力和生存能力的增强与提升，还是组织内外关系的优化与完善，本质上都需要诚信并且离不开诚信。诚信不仅产生效益和物化的社会财富，而且产生和谐和精神化的社会财富。在市场经济社会，"顾客就是上帝"，市场是铁面无私的审判官。企业如果背叛上帝，不诚实经营，一味走歪门邪道，其结果必然是被市场所淘汰。诚信是塑造企业形象和赢得企业信誉的基石，是竞争中克敌制胜的重要砝码，是现代企业的命根子。

3. 诚信是国家政府的立国之本

国家的主体是人民，国家的主权也归属于人民。中国古代政治伦理强调"民为贵，社稷次之，君为轻""得民心者得天下，失民心者失天下"，认为国家的领导者应当以诚心诚意的态度和方法去取信于民，进而达到人民安居乐业，国家太平清明。在现代社会，民主政治成为一种潮流和趋势，更要求把诚信作为治理国家的基本原则。政治的核心是权力。政治权力的历史形态是私权或集权，而民主政治下的权力是公权。公权意味着权力归人民所有，本质上是为人民服务的，权力的合法性来自人民的信任。失去人民的信任便失去了权力合法性的依据。我国是社会主义国家，建设高度的民主政治是社会主义政治文明建设的重要任务。

三、大学生诚信的含义

大学生是国家宝贵的人才资源，是民族的希望、祖国的未来。大学生要肩负起全面建设小康社会和社会主义现代化建设的历史使命，就必须把诚信作为高尚的人生追求、永恒的行为品质、立身处世的根本准则。

诚信是大学生树立理想、坚守信念的基础。崇高的理想信念是每个有志青年成长成才的思想基础。理想信念既是一种思想认识,又是一种庄严承诺,还是一种实践行动。一个没有良好诚信品德的人,不可能有坚定的理想信念。一个在平时不讲诚信的人,不可能在关键时刻为崇高的理想信念而做出牺牲。只有养成诚实守信的道德品质,才能真正忠诚于党和人民,忠诚于国家和事业。

诚信是大学生全面发展的前提。无诚业难立,无信事难成。诚信是大学生全面发展的助推器。只有以诚实守信为重点,加强思想道德修养,诚心做事,诚实做人,言行一致,表里如一,才能不断提高道德素养、科学文化素质和健康素质,实现全面发展。

诚信是大学生进入社会的"通行证"。市场经济正常运行需要经济主体诚实守信、遵守契约。民主政治良性发展需要社会主体遵纪守法、相互信任。大学生只有努力培养诚实守信的优良品质,奠定立足现代社会的道德基石,才能成为高水平的党政人才、企业经营人才、专业技术人才,承担起全面建设小康社会和社会主义现代化建设的重任。

简而言之,大学生诚信,是指大学生诚实守信。它既是指大学生的内在品质,又是指大学生的行为规范,表现在大学生学习、生活等各个方面。

四、大学生群体中的诚信缺失现象

当前,大学生诚信的现状总体呈现出良好状况,但部分大学生在政治、学习、生活、经济和人际交往中出现了诚信缺失现象。主要存在以下几个突出问题:

1. 政治诚信的缺失

由于受到社会不正之风和党内腐败现象的影响,一些大学生在政治思想上产生了困惑,理想信念发生了摇摆,与政治文化保持着一种不远不近的游离状态,政治追求上表现出随意性,有的甚至发生信仰危机。同时,由于高等教育由往日的精英教育逐步过渡到大众化教育,大学生以往的优越感逐渐淡化,加之学习、就业的压力增大,以致对参与政治活动的热情大为减退。在价值观追求方面,一些大学生撇开内在的、传统的道义型、精神型价值观念,而转向外在的、较为实惠的功利型价值观念,信奉"利己不损人""既要向前看,也要向钱看"的观念,甚至发生了人格的扭曲,见利忘义。

2. 学习诚信的缺失

学习诚信是学习态度、学习方式的直接体现。部分大学生考试时作弊、平时抄袭别人的作业、甚至抄袭别人的论文、对实验数据造假等,并且作弊手段越来越高超,作弊形式多种多样。当作弊是极个别人的行为时,并不可怕,当作弊形成一种风气,逐渐受到舆论的宽容时,这就代表着我们的诚信在滑坡。

3. 生活诚信的缺失

当诚信不是作为一种一以贯之的品质修养,而是具有较强的随机性时,"视情况而定"的做法则会在我们的生活中频繁出现。比如:在小街口,四周无人时闯红灯;捡到一张校园卡时,尽力把里面的钱用光……这些日常生活中的细节问题反映出诚信度,因时因地而变化，诚信认识还没有内化为自律行为。当大学生对诚信行为的认识还较多地停留在生活习惯方面，并且非正当利益唾手可得的时候，大家的诚信意识开始变得薄弱。

4. 经济诚信的缺失

当金融体系失去诚信时，经济泡沫则会疯长，最终使经济走向崩溃。在国家助学贷款方面，当大学生失去诚信后，则会出现使用虚假证明申请助学贷款的现象，从而导致贷款违约增多；在奖、助学金评定方面，当大学生失去诚信后，也失去了“公平、公正、公开”的原则……另外，目前大学生欠费问题较为严重，有些甚至影响到学校的正常运作，随着年级的升高，欠交学费的学生人数也在增加。

5. 择业诚信的缺失

为了能在就业市场中占有一席之地，大学生在求职过程中不讲诚信、弄虚作假的现象屡见不鲜。有的学生想方设法伪造计算机、英语等级考试证书及各类评优奖状，编造各种在校工作经历、实践经历。择业时一些学生抱着“骑驴找马”的心理，找到更好的工作单位之后，马上对先前的签约单位违约。这种行为破坏了正常的就业秩序，加重了“就业难”的问题。

6. 人际关系诚信的缺失

大学生离开父母和家人来到学校，面对陌生的环境，他们有结交朋友的迫切愿望，但现在校园中有的同学之间关系并不融洽，主要是同学之间缺乏信任和相互之间缺少诚意，使同学之间的友情淡化，为一点小事大动干戈。此外，对恋爱问题的处理更是缺乏诚信，现在大学生谈恋爱很普遍，但不少大学生对待恋爱不真心。有些大学生恋爱的动机主要是为消除大学期间的寂寞和孤独，实现自我的确认和自我的证明，甚至是性的满足。他们将恋爱当成一种游戏，没有责任感，也很不严肃，用他们自己的语言说，就是“玩玩”而已。

当代大学生应该把科学认识上的求真精神和做人方面的求真精神结合起来、统一起来，才能无愧于时代、无愧于国家和人民，人生也才会有真正意义上的价值。技能是伴随着职业生涯不断发展的，而诚信的品质修炼是一生的课题。大学生作为将来社会生活的新生力量，应当认真经营好个人信誉这个无形资产。

拾金不昧还失主 传递健雄正能量

2015 年 12 月 30 日，我院收到了市民张先生的感谢信，对我校 2014 级工业分析专业学生王莹和裴苏两位同学拾金不昧的事迹进行表扬。

12 月 27 日晚上七时许，王莹和裴苏两位同学在人民路和南园路路口发现了一只钱包。经检查后发现，鼓囊囊的钱包内有现金、银行卡、证件、失主联系方式等物品。由于有联系方式，为了不让失主过分担心，两位同学立马打通了失主的电话，并核对了个人信息。

由于是夜晚，一时又等不到失主来认领，于是两人决定先回学校，暂且将包保管好。次日，将钱包交给了失主张先生。张先生拿到失而复得的现金和银行卡非常激动，特意写了感谢信，向学院表达谢意，感谢学校培养出了拾金不昧、品格高尚的好学生。

王莹和裴苏两位同学拾金不昧的品质，难能可贵，给同学们树立了良好榜样，充分体现了健雄学子高尚的道德情操和精神风貌。同学们应该向这两位同学学习，发扬大学生的优秀品质，自觉践行社会主义核心价值观。

第四节　勤工助学助成长

随着教育改革的发展与深入，通过政府、学校和社会各界的共同努力，高等学校逐步建立起一套比较完善的帮困助学体系，这些体系对高校和社会的稳定发展起到了很大的作用。《2010—2020年国家中长期教育改革和发展规划纲要》中明确规定："教育要为人民服务，要与生产劳动和社会实践相结合，培养德、智、体、美全面发展的社会主义建设者和接班人"。因此，新时期高校的帮困助学工作作为学校教育工作的一部分，其任务不再仅仅是"解困"，更在于"育人"，即通过帮困助学工作，把助困和育人结合起来，帮助高校大学生实现自身的全面发展。

一、勤工助学的概念界定

国家财政部教科文司、教育部财务司在2007年7月出台的《高等学院学生资助政策简介》中对勤工助学的概念界定："勤工助学是指学生在学校的组织下利用课余时间，通过自己的劳动取得了合法报酬，用于改善学习和生活条件的社会实践活动。勤工助学是学校资助工作的重要组成部分，是提高学生综合素质和资助家庭经济困难学生的有效途径。"

二、勤工助学的历史回顾与现状

我国最早的勤工助学活动出现在20世纪初，在我国历史上曾出现过三次高潮，在每一次高潮中都发挥了育人的功能，取得了很好的成效。

第一次是以20世纪初旅欧勤工助学留学生的活动为代表。随着世界民主革命运动的兴起，国内外半工半读近代教育形式出现，学校以"勤工"为手段，实现自食其力而"俭学"的目的。周恩来、邓小平等革命先驱，正是赴欧洲勤工俭学的优秀代表。1909年，李石曾在巴黎创办了豆制食品公司，从国内招工30余人，白天做工，晚上学习，提出了"以工兼学"的口号。1914年，李广安等人把"以工兼学"的口号改为"勤以工作，俭以求学。"

第二次是新中国建国初期青年学生的勤工俭学活动，1957年，刘少奇同志视察河北、湖北、广东等省时，详细了解并询问了学生开展课余劳动的情况，于1957年5月5日在《中国青年报》上，以社论的名义发表了题为《提倡勤工俭学，开展课余活动》的文章，该文

对当时青年学生的勤工俭学活动起到了极大的推动作用。在当时,半工半读的学校制度适应了工农业的发展需要,并取得较好的成效:既有惠于青年学生培养劳动习惯,锻炼体魄、意志,深入群众和社会实践,把学习与生产劳动相结合,又缓解学校办学经费困难,减轻了政府和群众的负担。

第三次是在十一届三中全会以后,在改革开放的新形势下,尤其是近年来社会主义市场经济条件下兴起的青年学生勤工助学活动。随着改革力度的加大,新的观念,新的人才标准,构建了当代大学生对人才规格、成才方式的全新认识,自立意识和广泛接触社会生活的要求日益强烈,自立成才越来越成为大学生自身追求的方向。

当前,从总体上看,高校勤工助学工作已日益得到社会、学校的普遍重视。勤工助学的助困功能和育人意义,也为人们所广泛接受。社会也积极为大学生勤工助学创造机会。高校学生打工自成一"族",不失为这些现象的集结点,它集中反映了大学生在经济上要求自立的愿望,特别是贫困生,积极参加勤工助学活动,以自强不息的实际行动克服困难,发奋成才。这就决定了作为一种成才方式的勤工活动与学校的育人工作有着更强的内在连接性。

三、新时期勤工助学的育人功能

1. 加强了大学生思想政治教育,增强了自我约束能力

通过为学生提供勤工助学岗位,把学生社会实践与课堂教学结合起来,把思想政治教育与能力培养结合起来,不断解决大学生的实际问题,引导学生加深对党的基本路线的认识,提高他们对党和国家教育方针的认识,增强其对济困助学育人体系的认同感,不断发挥实践育人的作用,从而提高大学生思想政治教育的针对性、时效性和吸引力、感染力。勤工助学是锻炼当代大学生思想品格的重要途径。当下"90后"大学生普遍害怕吃苦,缺乏服务精神和团队意识,责任意识不强,且对父母有依赖思想。因此,参加勤工助学工作能够让学生感受到生活的艰辛,体会到自立自强的真正内涵,帮助他们树立自信心,培养服务精神和责任意识,在团队中学会面对激烈的竞争,提高他们的心理承受能力,培养危机意识。与此同时,由于高校中勤工助学工作基本以学期为单位,因此,学生在长期的工作中,能够培养他们的自我约束能力、劳动意识和职业道德。

2. 提高了学生的综合素养,树立了正确的就业观

高校勤工助学有利于提高学生的综合能力,为他们将来走向社会打下基础。目前,"就业难"已经成为全社会关注的话题。高学历不等于高收入已经成为普遍现象,这与现代大学生眼高手低的现状息息相关。现在"80后""90后"的大学生大多数为独生子女,从小就是父母、长辈的宠儿,随着家庭生活水平的改善,父母都不让孩子在念书期间外出打工。这些"80后""90后"的大学生盲目地认为学历高就应该拥有与之相匹配的收入,对社会的现实情况缺乏足够的认识。最重要的是,现在多数大学生缺乏动手能力,普遍认为在大学期间只要把该学的功课学好就够了,至于工作实践是毕业之后的事情。但是从近几年的就业现状来看,用人单位普遍青睐有工作经验的毕业生。这不仅仅是因为在他

们的简历中多了一项工作经历，更重要的是他们在长期的工作中积累了一定的经验。高校勤工助学的实践能够让学生锻炼自己的语言和写作能力，提高沟通水平，学会如何与人交往，使他们提前向职业化的角色转变。

对当前的大学生来讲，勤工助学是他们从学校向职场过渡的一个重要的中间环节，不仅能够帮助贫困学生完成学业，对大学生的工作能力、思想品德等方面更有着积极的意义。高校应该多鼓励学生在校期间参与学校勤工助学等各类活动，为他们将来走出校园、进入职场打下坚实的基础。

3. 有利于促进大学生的心理健康，培养学生顽强奋斗的精神

在勤工助学工程中，让学生自主管理、自主创新，不仅缓解了学生经济上的压力，学生在积极实践、自主锻炼的同时，还养成了良好的心理品质和自尊、自爱、自律、自强的优良品格，树立了积极向上的自信心。

随着就业压力的增大和房价的不断提升，当今社会出现了越来越多的啃老族。高校教育作为大学生进入社会之前的最后的学校教育形式，更应该帮助他们树立自立自强的意识，树立劳动光荣的思想，做一个独立自主的人。同时，以往的高校资助体系往往通过单纯的补助形式给予学生，通常只能解决贫困生的生活困难，而并没有从精神、心理和能力的层面去提升他们的素质，反而还会造成一些学生自卑心理加重、依赖性加强等。新时期高校勤工助学对于贫困大学生来说，不仅可以帮助他们获得一定的经济收入、缓解经济困难，而且通过付出才有收获理念的设计，更能帮助他们通过自己的劳动实现自立自强，增强自信心、自尊心。同时，通过帮助学生树立自立自强、回报社会的意识，积极结合实践来设计自己的人生道路，用自己的知识为周围的人和社会服务。这种生活自立能力的获得，又能够深化自主意识、自主精神的培养，提升参与社会生活和劳动创造的积极性，增强面对困难和挫折的承受力，做生活和事业的强者。而且，新时期高校勤工助学作为大学生走向社会之前的实践课堂，可组织大学生通过参加具体的校内外劳动和服务等实践方式，磨炼他们的意志，砥砺他们的品格，从而体验个人成长进步的艰辛，同时增进对国情的了解，体验国家和社会进步需要更多的有意志力的人才，努力使自己在进入社会之前从小事做起，培养自己顽强的意志力，为成为未来社会建设的主力军打下良好的基础。

4. 有利于开拓大学生的综合素质，增强团队合作精神

由于知识经济时代的到来和全球经济的一体化要求我们必须注重合作共处，而培养大学生的合作精神是高校的职责，也是社会发展的需要，更是大学生自身发展的需要。团队精神是合作的宝贵财富，团队精神是大局意识和服务精神的集中体现。目前大学生群体中，由于种种原因，团队合作意识非常缺乏。新时期高校勤工助学工作是培养大学生团队合作精神的有效途径，无论是参与校内还是校外勤工助学岗位，大学生都可以通过这一特殊的社会实践渠道来提高自己的团队合作意识。在参加校内勤工助学岗位时，大学生可以在和同学、老师的有效合作中共同完成某一项任务，从而有意识地提升自己的团队合作意识。例如，通过参与“助研、助管、助教”的三助工作，辅助教师搞好教学、科研管理工作，并且结合自己的专业知识开展的三助工作，能够充分发挥自己的优势资源，对工作进

行合理的优化配置，从而提高办事效率。在校外勤工助学活动中，结合专业知识参与的市场调研、商务策划、文案写作、翻译等工作都要有良好的团队合作素养，大学生刚开始接触此类工作的时候，可能很多东西对于自己来说是很陌生的，但是通过向上级请教以及同事的帮助，结合与其他相关部门通过沟通解决问题等，可以潜移默化地培养自己的团队合作能力和积极服务意识。

高校也应努力把勤工助学资源积极从校内拓展到校外，不断扩大勤工助学岗位的设置范围，为高校学生提供锻炼能力、服务社会的平台，从而做到经济效益和社会效益相统一。勤工助学是一项系统工程，需要全社会的共同关心与支持。随着高校改革的逐步深入，工作必将日益制度化、规范化、法制化。随着社会的发展，勤工助学工作也愈来愈将得到社会力量的支持，勤工助学的天地也将愈走愈宽广，勤工助学的育人功能将愈来愈得到彰显。

用双手扭转命运的舵轮

“没有比脚更长的路，没有比人更高的山。”汪国真的这句名言，如果用在赵香燕身上，可以说毫不为过。三年来，发生在这个贫困大学生身上的故事，曲折中又不乏启迪人心的力量。这种经历不仅让许多大学生看了不胜唏嘘，更为无数像她那样出生在贫困中的学弟学妹们提供了宝贵的启迪和借鉴意义。茅盾曾说过，“奋斗以求改善生活，是可敬的行为”。赵香燕同学一直以来都把这句话作为她的座右铭，进入大学后，继续努力践行，孜孜不倦地学习、尝试，不断追求进步，不断超越自我，在校期间，先后荣获学院一等奖学金，国家励志奖学金，全国大学生高分子材料创新创业大赛二等奖、三等奖等荣誉。

赵香燕同学来自于一个贫困的家庭，父母给她最大的影响就是：无论做什么，都要凭借着自己的努力去奋斗，去改变。她相信，泪是酸的，血是红的，奋斗来的生命是美丽的！美好的未来，是需要自己去创造的。

进入校园的那一刻，她知道这是一个崭新的世界与天地，需要靠自己的努力来创造属于自己的未来。她积极地参加班委竞选，虽然最终没有当选，但是她并未因此丢去为大家服务与帮助的意识，主动参加并协助班委完成各项活动。在2015年5月，她被授予“健雄好青年”称号。

学习要认真，生活亦是如此。对于她来说，能够这样在大学中学习是一件非常幸福的事情。虽然在周围有很多同学的家境比她好，但她从未想过要去攀比。她认为山有山的高度，水有水的深度，风有风的自由，云有云的温柔，而她有她的价值！她始终记得作为人子的责任：她来学校读书不是为了浪费父母的钱，而是为了让她的家有更好的生活。她一直都觉得自己是幸运的，虽然出生于一个贫困的家庭，但父母教会了她怎样去独立、去拼搏。他们用自己并不高的收入支付她的学费和生活费,正是因为他们这样的付出,她才觉得自己应该更加努力,不辜负父母的期望。她从来都没有觉得贫困家庭出身会给她带来阻碍,这反而是她的动力来源,用父母教会的奋斗精神去改善生活。虽然面临各种各样的挑战,她都通过自身的努力去一一克服。

第五节 感 恩

知恩图报是中华民族的传统美德。虽然我国没有像西方国家那样有一年一度的感恩节,但感恩文化同样在我国一直传承、发展着。国家传统节日,如清明节、中秋节、春节时家人团聚都是感恩的表现形式,包含了感谢父母、长辈、朋友恩情的寓意。大学生学会感恩是健康心理和健全人格的必然路径,进一步加强大学生的感恩教育,增强当代大学生的感恩意识,是时代发展的客观需求,也是未来社会公德普遍提高的保证,加强大学生感恩教育势在必行。

一、感恩的价值

"感恩"二字,牛津字典给的定义是:"乐于把得到好处的感激呈现出来且回馈他人"。简而言之,就是"滴水之恩,涌泉相报"。感恩是一种美德,是一个人应具备的基本品质。在我国,自古就有"羊跪乳,鸦反哺""滴水之恩,当涌泉相报""谁言寸草心,报得三春晖"等古训。这些古训不仅对当代大学生的感恩行为提出了要求,而且具有非常深刻的价值功能。

1. 自我心态调节功能

良好的情绪调节能促进身心健康,而不良的情绪调节或情绪失调时会破坏身心健康。大学生怀着感恩的心情去生活,他们的心态就会谦逊和谦卑,就会对外界产生友善的敬畏感。心怀感恩的人能正确认识自己与他人、与社会和自然的关系,知道自己身处他人、社会和自然所给予的恩惠之中,并对这一切充满感恩。个体和谐的根本是心理和谐,具有感恩的心情,最有利于人的心理和谐。所以,当他们遇到情绪困扰时,他们想到的是他人与社会对自己的好处与恩惠,而不是去抱怨或指责,从而能调节好自己的情绪而表现出乐观、开朗、热情、大度、积极向上、乐于助人,这种积极情绪有利于个体的身心健康。

2. 自信、自尊培养功能

通过感恩教育可以培养大学生崇高的理想信念、良好的思想道德素质、强烈的责任感和无私的奉献精神;帮助大学生树立正确的荣辱观、价值观;感恩教育能帮助大学生学会善待自我,珍惜生命、欣赏生命、感恩生命,树立正确的生命观,从而增加对生活的信心和对社会的责任感。

3. 处事境界提升功能

心怀感恩之心的人应有的心态和气质是见到他人有好事,为别人喝彩;碰到他人有难

处，为别人担忧。感恩的心态可以使人摆脱无谓的比较、无谓的埋怨和烦恼。心怀感恩之心的人不计较一时一地的得失祸福，他会让自己怀着感恩之心看待和理解这些矛盾的存在，让自己每天都活在从容的笑容中。常怀感恩之心，可提高自身的道德修养，也可提高人生的境界。

4. 人际资本积累功能

感恩能加强人与人之间的感情交流，促进人与人之间的和谐相处。人是社会的人，是不可能独立于社会和他人而独立存在的。那么怎样才能处理好人与人之间的关系呢？“恩情是连接人与人之间的一个良好的纽带”。如果人人都知恩、懂恩、感恩的话，那么当别人帮了我们，给了我们恩惠，我们就会感谢别人；同样，当我们帮了别人，给了别人好处时，别人也会感谢我们。这样就形成了一个“人人帮我，我帮人人”的和谐的人际关系。心怀感恩之心的人交友的原则是大家好才是真的好，他不会因为一己私利而做出不轨的行为，他会珍惜、善待身边每一位朋友。

5. 家庭幸福守护功能

如果家庭中每个成员都怀着一颗感恩的心去对待对方：子女感谢父母将自己带到这个世界上，感谢父母的辛勤养育之恩，敬重、尊重父母，那么就不会出现类似大学生通过自杀轻易结束自己年轻的生命的事件；父母怀着感恩的心对待子女，感恩子女是父母生命的延续，因为有了他们，他们的生活才更有意义，人生将更丰富多彩。父母平时会去爱惜、理解、尊重子女，与子女平等交流，尊重他们的独立人格。父母与子女之间营造了一种其乐融融的家庭氛围，从而建立起良好的亲子关系。

二、大学生感恩意识的缺失

大学生是一个正在成长的青年群体，是一个极其敏感的群体，其内心体验极其细腻、微妙，对与自身有关的事物往往体察得细致入微。随着文化层次的提高，生活空间的扩大，他们的思维空间急剧延伸，这促使他们的情感越来越丰富。大学生处于情感发展的关键时期，无论从生理上还是心理上都处于从不成熟到逐渐成熟的过渡时期，他们的情感世界纷繁复杂而又极其不稳定。由于每个人的家庭背景、生活习惯、成长经历不同，社会经验相对不足，独立生活能力相对不强，同时又受到信息时代和市场经济社会的冲击，他们对亲情、师生情、友情、爱情还缺乏足够的认识。因此，在一些大学生的情感生活中，出现了感恩意识缺失的现象。

1. 亲情中感恩意识的淡薄

亲情是家庭成员间感情的总称，包括父母子女情、兄弟姐妹情，其中父母子女情是主要的自然基础之情。亲情小而言之，使长辈精神得以愉悦，心理得以慰藉，使子女心有所属，健康成长；大而言之，使整个社会关系相亲相爱、和谐有序。大学生进入大学之后，父母不在身边，对自己的管束相对少了许多。同时，在大学里老师的约束也相对宽松了，不少大学生感到自由了许多。随着年龄和知识的增长，大学生表现出一定的独立和逆反心理，对父母的话不再言听计从，也不愿意再听父母唠叨；在生活上大手大脚地花费，盲目攀比，对父母的管束不理解，反而抱怨父母“吝啬”“抠门”；忘记父母的艰辛、无私，嫌弃父母落后、土气，鄙视父母的朴实、真诚。随着交往范围越来越大，大学生与父母的交流越来越少，对父母的问候往往也只是只言片语，目的仅是索取钱物。相当一部分大学生将父母所做的一切视为天经地义，对父母的养育之恩抛于脑后，对父母的恩情意识淡薄。

2. 师生情中感恩意识的冷漠

在中国的传统文化中，一直强调要有敬重老师之心，正所谓“一日为师，终身为父”。因为老师不但对我们每个人的成长、发展起到引路人的作用，而且从整个人类社会的发展看，教师的作用也是不言而喻的。因此，大学生与老师的交流首先要有敬重之心。有了敬重之心，才能和谐相处，建立起良好的人际关系环境。可实际上，高等教育在快速发展过程中，学校办学条件和基础设施远远满足不了学生的需求。教师和学生作为学校最紧密的关系往往被各种因素及客观条件无形割裂开来，高校教师教书育人，用智慧和人品对学生潜移默化的功能有时显得暗淡无力，教师在学生心中失去了偶像的权威性和人格魅力。在大学校园里，值日生课间不擦黑板，学生上课不遵守课堂纪律已不是个别现象，有些学生与教师擦肩而过不打招呼，如同陌路人，对教师的辅导答疑，连句“谢谢”都不说的学生也并不鲜见。再加上社会大环境中各种诱惑纷纷侵蚀到校园中来，如网络信息的负面作用，市场经济条件下“一切向钱看”的功利主义思想等，与这个“以人为本”的教育天地不相谋合。可想而知，某些学生对老师的情感还有几分深厚、几分留恋呢？因此，出现有的学生因个人目的无法实现，而在网络上谩骂老师，甚至出现伤害老师的事件。

3. 友情中感恩意识的变异

友情是由人的七情六欲派生出的“爱”的情绪或情感，是人个体社会化的基本需要，是人类高尚优美的情感之一，表现为对同学、朋友和同事的情感依恋。友情需要不断培养、浇灌才能成长。只有真诚相待，友情才能永存。与朋友相处应真诚，切忌遮遮掩掩，口是心非。古语说，君子和而不同，小人同而不和。在当前多元化社会思潮的影响下，人们的思维方式、情感方式更加多变，一些大学生的思想中也渗入了功利观念，友情交往不以感情投合为目的，往往表现出纯粹的功利主义；在交往心理上，进行某些刻意的“包装”，这种心理上的隐秘性大大降低了友情的亲密性。现在的大学生大部分是独生子女，由于受到一些不正确思想观念的影响，一般倾向于以自我为中心，而不考虑别人；缺乏宽容之心，往往不能容忍别人身上存在的一些不足，更不用说是缺陷了；总是以自己的标准来衡量别人，要求别人和自己保持一致。这样实际上不能建立真正的同学间的友情，在更多的情况下，一些大学生只好依靠内心的自慰。越是封闭，内心越发孤独，所以，很多大学生常以书为友，以网络为友，以排解内心的孤独。有的大学生甚至发展到心理变态，性格扭曲，造成一些伤害同学事故的发生。

4. 爱情中感恩意识的模糊

爱情是在友谊的基础上渴望对方成为自己终身伴侣的一种亲密关系，在感情上表现出热烈、奔放、激情、难抑或含蓄、深沉、激昂起伏。随着年龄的增长和生理上的成熟，大

学生对异性的交往愿望和渴望变得更加强烈，使得某些大学生相信“爱情就是一切”，一旦遇到中意的对象就抓住不放，双双坠入“爱河”。随着市场经济在我国的逐步建立，市场经济的观念不断冲击着人们的传统恋爱观念，人们思想的多元化促使传统的婚姻观发生了很大变化，人们越来越注重自我的需要和满足，很少考虑自己的行为对社会、对他人的影响。同时，人们在操守方面也面临着严峻的考验，加上高校校园内外充满了金钱的诱惑，这促使一些大学生把眼光放在金钱、家庭背景上，忘记了人们在恋爱时应注意对方的人品、才智的考察。而有些大学生则把恋爱当作大学生活的调味品，抱着恋爱不过是玩玩而已的态度。他们的感情是轻浮的，彼此都认为恋爱只是填补感情空缺的方式，即便失恋也不会黯然神伤。另外，在大学校园里还有快餐式爱情、金钱至上型爱情。缺乏友情、亲情支持的爱情都不同程度地困扰着许许多多的大学生。

三、大学生感恩意识自我培养的途径

大学生感恩意识存在一定程度的缺失其原因复杂多样，有家庭传统教育、学校道德教育和社会环境等客观原因，尤其还有大学生感恩意识自我培养缺失的主观原因。当代大学生自主意识、权利意识强烈，但自主意识、责任观念淡薄，依赖思想、享乐思想严重，特别是部分学生存在着心理上的偏差，致使他们认为父母、他人及社会所提供的一切都是理所当然的，而且满腹牢骚、怨天尤人，抱怨社会对他们的不公正。他们对自身生活缺乏反省，因而很难理清自己的社会角色，不能明确自己的权利和义务关系。大学生应培养自己的感恩意识。

1. 克服依赖思想和寄生心理，树立自主意识和责任观念

当代大学生绝大多数都是成年人，成年人就应该学会自立。关于狐狸家族的生存法则大学生都理解：成了年的狐狸被老狐狸赶出洞外，不得再依靠父母，必须独立生活。而当今绝大多数大学生都把所有的负担抛给父母，且认为理所当然，自立意识和责任观念淡薄，依赖思想和寄生心理严重。实际上，成年的大学生已具备自食其力的能力。不当家不知柴米贵。只有努力寻找自立的机会，通过自立的实践，才会体验到生活的艰辛，懂得珍惜，懂得理解、尊重和同情他人，才会明白自己应该做些什么，能够做些什么，才会明白自己的责任。

2. 克服自我中心意识，学会关爱他人

在我国传统的思想观念中，子女是父母生命的化身，父母的希望，父母的荣耀。父母把所有的希望都寄托在子女身上，父母自己再苦再累，为了子女毫无怨言。因此，很多大学生在家里过着饭来张口、衣来伸手的生活，无意中助长了他们以自我为中心的思想，很少顾及他人的需要和感受，感恩的情怀无以产生。大学生只有克服以自我为中心的思想，时时设身处地为他人着想，关爱他人，将心比心，才会理解、同情和尊重他人，才会懂得为什么要学会感恩以及如何感激和回报他人，才会懂得人与人之间的差距是客观存在的，不能盲目攀比，才会懂得为什么人不能选择出身，只能选择回报。

3. 克服自我价值实现的偏颇，涵养宽广的胸怀

市场经济条件下，人的自主意识、权利意识日益增强。在物质利益的刺激下，人的主体个性得到充分的弘扬，追求个人需要的满足成为推动经济发展强劲的动力。与此同时，导致了个体价值实现的偏颇，即主要以物质或金钱的数量来衡量人的价值大小，物化和异化现象严重。个体价值的实现主要集中在自我价值上，个人主义、享乐主义思想严重。大学生必须克服上述这种价值实现的缺陷，坚持物质和精神并重，自我价值和社会价值并重，只有这样，才能提升个体的价值与品味，开拓新境界。一个人只有自强不息，拥有宽广的胸怀，才会积极进取，才会获得人生的成功；只有自我价值观上升到新的境界，才不会漠视他人和社会的存在、只顾一己之私利，才会以天下国家为己任，致力于社会的发展和人类完善，回报他人与社会，奉献自己，这正是感恩情怀的释放。

4. 克服“假大空”的思想观念，把理论落实到具体的实际行动上

大学生从小学开始，就逐渐接受“五讲四美”的熏陶，到中学时代接受“中学学生守则”的教育，大学期间又系统地接受了有中国特色社会主义理论的知识，他们口号喊得很响，理论知识学得很扎实，却总没有落实到具体的实际行动上，这不能不说是思想道德教育领域的一项空白。所以要通过感恩意识的自我培养，达到识恩、知恩、感恩、施恩的目的。

感恩是一种处世哲学，是生活中的大智慧。人生在世，不可能一帆风顺，种种失败、无奈都需要我们勇敢地面对、豁达地处理。这时，是一味埋怨生活，从此变得消沉、萎靡不振，还是对生活满怀感恩，跌倒了再爬起来？英国作家萨克雷说：“生活就是一面镜子，你笑，它也笑；你哭，它也哭。”你感恩生活，生活将赐予你灿烂的阳光；你不感恩，只知一味地怨天尤人，最终可能一无所有！成功时，感恩的理由固然能找到许多；失败时，不感恩的借口却只需一个。殊不知，失败或不幸时更应该感恩生活。

一位“国家助学金”获得者的感言

“感恩”是一种对恩惠心存感激的表示，是不忘他人恩情的人萦绕心间的一种情感。“感恩”，让我擦亮了蒙尘的心灵而不致麻木；“感恩”，让我将大家为我无私付出的点滴永铭于心。

我的父母在我的眼中是相当辛苦的，也许是中国农村传统的观念吧，农民似乎只有在家种地。我的父亲为了给我和弟弟好一点的环境，找到了一份工作，虽然较稳定，但很危险。记得我上小学的时候，父亲因为操劳过度而病倒了。当时正值冬天，父亲治病后身体因为有辐射，不能靠近孩子，父亲独自住在家里的小房里，住了一个多月。医生说这个病不能太过操劳，家人劝父亲不要上班了，休息一段时间再说，可是父亲看不得家里日渐贫

困，忍着病痛上班。有谁知道父亲的辛苦？有谁知道父亲工作的危险？只有父亲！父亲背起了整个家！看着父亲日渐稀疏的头发，心中的酸楚真的是难以言语，心中的波澜难以抚平！他是如此的辛苦，却从未向我发出过任何牢骚，从未在自己面前说过"辛苦"二字。我非常感激我的父母，感谢他们给予了我生命，感谢他们把我养大成人，更感谢他们教会了我如何做人，感谢他们为我做出的一切一切。

在这里，我也非常感谢国家和学校对我们这些贫困大学生的帮助与关爱。国家助学金给我提供了极大的帮助，助我顺利地完成了三年学业，重要的是给予了我巨大的生活勇气和信心。对此，我将以努力学习技能作为感恩的方式，我坚信能够成为一名优秀的大学生以回报社会。在此，我深深地感谢那些给予我帮助的老师、辅导员以及同学，是你们一直激励我成才、成长。

感恩父母，我将满载你们期望的果实；感恩学校，我将以贡献社会成就你的荣耀；感恩人生，我将笑对狂风暴雨，收获别样的人生！

苏州健雄职业技术学院2010级学生　王勤

2012年4月15日

【学长寄语】

每个人都希望自己的人生能够一帆风顺直达彼岸。然而，人生的丰韵、多彩，往往是在挫折、坎坷中磨砺的。我们的强大在于能够在逆境中跋涉前行，我们的强大还在于有一颗感恩的心。感谢父母给了我们如海水般绵延不绝的爱，感谢老师给了我们如阳光般温暖的关怀，感谢朋友给了我们如泉水般清澈与甘甜的友情。

（刘婷，2012届网络应用技术专业毕业生，中共党员，现工作于艾艾工业皮带（上海）有限公司成都办事处，担任办事处经理一职。）

第六章 生命教育——把握人生每一个关口

高等职业院校要培养高素质、高技能的合格人才，加强大学生安全教育是基础。要做好学校的安全工作，不仅要靠国家政府机关和学校内部保卫组织的力量，更需要每个师生员工的共同参与和共同维护。因此，大学生在学好专业知识的同时，还需接受必要的安全教育和生命教育，学习和掌握适应时代要求的安全知识和自我保护技能，增强防范意识和提高防范能力，学习自救互救的技能。

第一节 大学生安全教育概述

学生时代是人一生中最为活跃的时期，所以校园总是充满着朝气和活力。但是校园并非“世外桃源”，与现实社会无时无刻不在发生着各种各样的联系，在静谧和欢乐的校园中也存在着许多学生必须时刻关注的安全问题。

一、大学生应时刻关注安全

1. 日常生活中的安全

学生的生活阅历相对比较简单，生活经验还不够丰富。在日常安全上，表现在防火、防盗、防骗、防滋扰、防旅行意外伤害等方面缺乏基本常识，致使日常生活中的安全问题比较突出。对于一些骗局和意外情况，生活阅历丰富的人往往一眼就能识破并应对自如，而一些学生却常常难以应对，或误入陷阱，或缺乏临险救助的常识，从而造成不应有的或可以防止的损失。

2. 社会活动中的安全

社会活动是学生社会化过程中的一个重要组成部分。主动地或被动地参加各种社会活动，对于同学们毕业后走上社会、适应社会都具有不可替代的作用。当代学生社会活动的内容主要包括社会交往、勤工助学、求职择业、社团活动等。学生在参与社会活动中的主要危险，一是缺乏个人防范意识，二是缺乏社会公德意识，三是缺乏应急策略意识。

3. 遵纪守法才安全

优秀校园文化的熏陶和国家法律、校纪校规的约束是学生健康成长中的两个极其重

要的方面。由于目前少数学生法治意识淡薄，因而校园内违法乱纪现象屡有发生。而且随着近年学校办学规模扩大、校园开放度增大，违纪事件又有上升趋势。例如，校园中一直较为突出的盗窃、打架斗殴、吸烟酗酒、聚众赌博以及近几年出现的涉黄涉毒、泄露国家机密、制造计算机病毒等，不仅严重影响了学校教学和生活环境，而且也危及社会秩序和国家长治久安。

二、消防安全知识

当前大学生消防安全意识淡薄，缺乏必要的消防常识和自救逃生技能，有的学生遇到火灾发生时，惊慌失措，不知道如何报警，由于没有掌握简单救火常识，往往小火酿成大灾；也有的学生在火灾发生时，因缺乏自防自救的知识和能力，丧失了逃生的最佳时间，最终被火魔无情地吞噬。

（一）高校发生火灾的主要原因

1. 明火引燃

如在床上点蜡烛，吸烟者乱扔未熄灭的烟头和火柴等，在宿舍内焚烧杂物，使用煤油炉、汽油、酒精等易燃易爆物等。

2. 乱拉乱接电线和不按规定安装保险丝

如因电线短路或因接触不良发热而引起火灾；有的甚至用铜丝或铁丝代替保险丝，使电路过载、发生故障时不能及时熔断而造成电线起火。

3. 使用电器不当

如电灯泡靠近可燃物长时间烘烤起火；使用电热器无人监管而烤燃起火；长时间使用电器不检修，电线绝缘老化、漏电短路而起火等。

4. 在宿舍使用大功率电器

高校宿舍内的线路是按日常照明、使用小收录机等小电流工作情况而设计的，如使用电炉、电饭煲、电热杯、热得快等大功率电器常使电线过载发热而起火。

（二）火灾发生后的处理

任何一起火灾，都有一个火势从小到大的发展过程，通常分为三个阶段，即初起阶段、发展阶段和猛烈阶段。火灾的初起阶段，火源面积较小，燃烧强度弱，易于扑救，只要发现及时立即用灭火器材灭火，均能将火扑灭。

大学生发现的火灾一般均在初起阶段，因此当发现起火时不要惊慌失措，要勇敢地以最快速、最有效的办法加以扑灭。在使用灭火器时，均应注意在确保自身安全的前提下尽可能靠近燃烧点，对准火焰的根部扫射推进，这样才能取得好的灭火效果；同时在灭火时，要尽量使自己处在上风位置。

扑救火灾时，应注意先切断火场的电源和气源；同时要注意先转移火场及其附近的易燃易爆危险品，实在无法转移的应当设法降温冷却。

火灾的发展阶段火势较猛，这种情况下应立即报“119”火警。报警时应沉着镇定，清楚扼要地讲明起火地点(单位、门牌号)、燃烧的物质、火势情况等,同时也应将自己的姓名和联系电话告诉对方,以便随时联系。

火灾发生后,如果被大火围困,最重要的是要保持头脑清醒,千万不能慌乱,应根据火势情况选择最佳的自救方案,争取时间尽快脱离危险区域。

(三) 发生火灾时的自救方法

1. 争取时间,尽快脱离现场

火灾发生后,不要为穿衣、找钱财等琐碎小事而延误宝贵的逃生时间,要选择与火源相反的通道迅速逃脱险境。现场有浓烟时,应尽量放低身体或爬行,千万不要直立行走,以免被浓烟窒息。衣服被烧时不要惊慌,可立即在地上翻滚以熄灭明火。

2. 选择通道,果断脱离

如果楼梯已起火但火势并不很猛烈时,可披上用水浸湿的衣裤或被单由楼上快速冲下。如果楼梯火势猛烈而不能强行通过时,可以利用绳子或把床单撕成布条连接成绳子,将一端拴在牢固的门窗或其他重物上,再顺着绳子从窗口滑下。如果火灾威胁严重、有生命危险时,若楼层只有二三层高,可以考虑从窗户跳下,跳前先向下抛一些软质物品,然后用手扶住窗子往下滑以尽量缩短高度,要保证脚先落地以保证生命安全。逃离时千万不要乘电梯,以防电路断路,被困在电梯中。

3. 争取时间,等待救援

当各种逃生之路均被切断时,则应退回居室内,采取防烟、堵火措施,关闭门窗,并向门窗上浇水,以延缓火势蔓延的时间。要用多层湿毛巾捂住口鼻做好个人防护。同时可向室外扔些小东西,夜晚可向外打手电,发出求救的信号。若有通信设施的,用通信设施尽快与外界取得联系,等待救援。

三、大学校园抢劫案件

大学校园抢劫案件是指以非法占有为目的,以大学生为侵害目标,使用暴力、胁迫或其他方法强行劫取财物的行为。抢夺,则是以非法占有为目的、乘人不备公然夺取财物的行为。大学生涉世不深,缺乏社会经验以及遇险被抢劫后大多数不敢反抗,往往成为犯罪分子选择的对象。这两类案件在一定情况下往往容易转化为凶杀、伤害、强奸等恶性案件,造成被害人精神伤害,甚至危及生命安全,严重影响大学生正常的学习和生活,具有更大的危害性。广大同学只有充分认识其危害性,不断提高自我保护能力,才能有效地防止人身伤害和财产损失,才能在遇到危险时采取恰当的防范措施,减少不必要的伤害。

(一) 大学校园里发生抢劫、抢夺案件的特点

1. 时间上的规律性

高校抢劫案一般发生在行人稀少、夜深人静及学校开学特别是新生入学时,具有一定的规律性。

2. 地点上的隐蔽性

抢劫犯罪分子作案,一般选择校园内较为偏僻或校园周边地形复杂、人少及夜间无路

灯的地段。因为这些地方犯罪分子比较容易隐藏,不易被人发现,得手后也容易逃脱。

3. 目标上的选择性

抢劫、抢夺的对象多是携带贵重物品的人或滞留在黑暗处的恋爱男女或独自一人,特别是女同学。

4. 手段上的多样性

犯罪分子实施的抢劫手段通常有:抓住部分同学胆小怕事的心理,对被侵害对象进行暴力威胁或言语恫吓,实施胁迫型抢劫;利用部分同学的单纯幼稚,设计诱骗大学生上当,实施诱骗型抢劫;犯罪分子采用殴打、捆绑等行为实施暴力型抢劫;利用大学生热情好客等特点,冒充老乡或朋友,骗得同学的信任,继而寻找机会用药物将同学麻醉,实施麻醉型抢劫等。

(二)大学校园抢劫案件的预防措施

预防抢劫案件的发生,要从思想上引起高度的重视,严格遵守学校制定的有关安全规定,并自觉落实到具体的行动中,不给犯罪分子以可乘之机。

1. 校纪校规要记牢

为确保同学们的安全,高校都有相应的纪律规定。例如,不得擅自在外租房,不得晚归、不归等。但有部分同学迷恋校外上网,晚归或不归,这样就给犯罪分子作案提供了机会。

2. 外出结伴不独行

犯罪分子对大学生实施抢劫,被抢对象多为单行的。因此,为了保护自身安全,大学生外出务必结伴而行,晚上最好不外出。

3. 携带现金不要多

现金是犯罪分子抢劫的最主要目标,若携带大量现金被犯罪分子发现,易被抢劫,同学们务必引起高度警惕和注意。不要轻易在陌生人面前将钱财显露出来,要将多余现金及时存入银行,平时只带少量的零花钱。

4. 偏僻小道不能走

根据高校校园抢劫案的特点,大学生遭到抢劫多发生在比较偏僻、阴暗的地方。因而,为避免遭受不法分子侵害,同学们应该选择大道走,特别在夜间,莫贪近路走一些偏僻小道。

(三)遭遇抢劫案件的应对措施

1. 沉着冷静不恐慌

大学生无论何时遭遇抢劫,首先 ,要保持镇定,克服畏惧、恐慌情绪;其次,要有正义必然战胜邪恶的信念。只有这样,才能从精神和心理上压倒对方,继而以灵活的方式战胜对手。

2. 力量悬殊不蛮干

犯罪分子实施抢劫作案,一般都做了相应准备,要么人多势众,要么以凶器相逼,遇到敌强我弱的情况，要灵活、镇静、注意观察作案人，尽量准确记录下作案人的身高、年龄、体态、发型、衣着、胡须、语言、行为等特征。

3. 快速撤离不犹豫

同学们遇到抢劫时，可心中对比双方力量，如感到无法抗衡时，可看准时机向有灯光或人员集中的地方快速奔跑，犯罪分子由于心虚，一般不会穷追不舍，从而可有效避免抢劫案的发生。

4. 巧妙麻痹作案人

当同学们已处于犯罪分子的控制之下无法反抗时，可先交出部分财物缓和气氛，趁其不注意在作案人身上留下暗记，如其衣服上擦墨水等，便于为公安机关侦破案件提供线索。

5. 大声呼救不胆怯

犯罪分子有胆大妄为和凶悍的一面，更有心虚的一面，无论在什么情况下，只要有可能就要大声呼喊，或故意高声与作案人说话；犯罪分子逃跑时，应大声呼叫周围的群众，堵截追捕，迫使犯罪分子放弃所抢物品。

6. 及时报案

要在最短时间内向公安机关、学校保卫处报案，以便公安、保卫部门及时组织力量布控，抓获作案人。

四、性侵害及其危害

大学里发生的性侵害是指以女大学生为目标，以暴力、胁迫或其他手段，违背其意志，占有或玩弄女性的行为。对女大学生的性侵害，不仅使被害人的身心受到创伤，而且还会使被害人的人格尊严受到污辱，从而导致女大学生精神崩溃，甚至导致自残、自杀等严重后果。

（一）性侵害的主要表现形式

1. 暴力型侵害

这类性侵害的主体大多是校外人员，他们在与女大学生的交往过程中，采用欺骗手段取得她们的信任。一旦女学生处于孤立无援的状态下时，他们就会使用凶器、殴打等暴力方式迫使被侵害对象就范。

2. 胁迫型侵害

这类性侵害主要是指作案主体利用自己的权势、地位、职务等，对女学生采用利诱、威胁、恐吓，如曝光隐私、毁坏名誉等手段，对其实行精神控制，使她们不能反抗，或者在对方有求于自己的情况下，给女性以某种许诺，迫使其不能反抗而就范。

3. 网恋型侵害

由于网络技术的迅猛发展，给在校大学生提供了更多与陌生人交往的机会。作案人在网络聊天中利用花言巧语给那些正处于感情迷茫时期的女生以最大的诱惑，使其上当受骗。

4. 社交型侵害

这类性侵害的主体大多是熟人，一般是同学、同乡、朋友，有的甚至是男朋友。受害人受到伤害后，往往出于各种考虑而不敢揭发。

（二）女大学生预防性侵害的措施

1. 树立防范性侵害意识

女大学生在校内外的各种活动场合，要注意遭受性侵害的可能性，提高自我保护的警觉性，只有树立防范意识，才能对一些预警性的性侵害信息及时采取防卫措施，有效地保护自己。如在社会交往中对朋友、对同伴那些肮脏下流的笑话，淫秽暧昧的语言，挑逗暗示的动作采取强烈的排斥态度，就能及时打消他们的侵害念头，从而预防性侵害事件的发生。

2. 注意仪表言行得体

平时不要打扮过分前卫，前卫、暴露的衣着往往给那些本无意实施强奸的犯罪分子感官上以极大的刺激，加速他们的犯罪欲望。因此，女大学生在校期间的穿着打扮要符合自己的身份，大方得体，以朴实无华为好，不要盲目追赶潮流，使自己浓妆艳抹、前卫妖野。在言行举止方面，女大学生要懂得自尊自爱，不要与男性过分随便、亲昵甚至暧昧。

3. 关注所处周围环境

性侵害犯罪作为一种特殊的犯罪行为，犯罪分子往往注重作案环境的选择以求作案的“成功率”。为减少性侵害风险，女大学生对自己的生活、居住环境要加倍关注。晚上尽量不要外出，有特殊原因一定要外出的最好结伴而行，行走时要选择行人较多、路灯较亮的道路行走，经过树林、建筑工地、废旧房屋、桥梁涵洞等处时要特别小心。

4. 谨慎结交新朋友

根据调查表明，有63%的性侵害是发生在相互认识的熟人中间。因此，女大学生在与同学、老乡及朋友（网友）的交往过程中要注意对方交往的目的，留意对方日常言行中表现出来的人品、道德修养。如发现对方时常有过分亲昵、挑逗等预兆性言行时，要及时果断地终止来往。在与朋友交往过程中应时刻注意观察和提醒自己，不要轻信好话，不要单独跟新朋友去陌生的地方；控制感情，不要在交往中表现轻浮；控制约会环境，不要到偏僻、人少的地方；不要过量饮酒，不接受超过一般的馈赠；对过分的言行持反对态度等。

5. 有选择地参加社会活动

女大学生应慎重参加如兼职类的活动，即使要参加也要通过学校及有关部门去联系，不要急着托熟人、找关系，找来钱快的兼职，这种急于求成的心理往往毫不掩饰地写在脸上，作案分子利用此机会，凭借三寸不烂之舌，将自己吹嘘得本领如何大，以取得女大学生的信任和崇拜，然后找机会对女大学生进行侵害。

（三）发生性侵害后的应对措施

1. 及时报案不要拖

女大学生一旦遭遇性侵害事件后，要打消顾虑，保留证据，及时向有关部门报案，不能因为害怕名誉受损而独自吞下苦果，这样会使犯罪分子逍遥法外，也会使更多的女性受害。

2. 配合调查要积极

性侵害发生后，在报案的同时，被害人要将有关物证保留好，并将犯罪分子的体貌特征、衣着打扮、口音、携带物品、受伤状况等情况如实地向有关调查人员反映，为公安机关破案提供线索。

3. 心态调整不极端

女大学生遭遇性侵害后，往往表现出意志消沉，精神萎靡，心理负担加重，整天生活在被侵害的阴影中，久而久之，会产生厌世情绪，有些会抱着破罐子破摔的心理，走上自甘堕落的道路。还有自尊心较强的会由悲愤产生强烈的报复心理，发誓要除掉加害人。因此，作为有知识、有文化的女大学生一定要在吸取教训的同时，及时调整心态，尽快从阴影中走出来。

五、纠纷、打架斗殴事件

高校中出现的打架斗殴，绝大部分是因为同学之间一些小的矛盾纠纷没有及时化解而酿成的。开始只是争吵斗嘴，互相攻击、谩骂，随着争吵不断升级，发展为你推我搡，最后大打出手。还有其他一些后续形式，如写恐吓信、发恐吓信息、背后造谣污蔑等。这些事件不仅妨碍内部团结，破坏大学生成才的优良环境，而且极易酿成刑事、治安案件，葬送自己的前程。

（一）有效防止纠纷、打架事件的发生

1. 冷静克制

无论争执由哪一方面引起，都要持冷静态度，不可情绪激动，对于那些可能发生摩擦的小事，要宽容，一笑了之。如果能够做到这一点，一切纠纷都会化为乌有。

2. 诚实谦虚

在与同学和其他人相处中，诚实、谦虚是加强团结、增进友谊的基础，也是消除纠纷的灵丹妙药。有了诚实、谦虚的精神，在发生纠纷时，就能认真听取他人的意见，进行认真的自我批评，宽容他人的过失，处理好相互间的争执。要知道，在与他人的交往中，特别在发生争执时，诚实、谦虚并不是懦弱、妥协，恰恰相反，是强大和品德高尚的表现。

3. 文明礼貌

实践证明，大学生中的纠纷多数由口角引起，而口角的发生都是恶语伤人的必然结果。当你不小心触犯了别人时，你讲一句“对不起”“很抱歉”“请原谅”，或别人触犯了你，向你道歉时，你回敬一句“别客气”“没关系”，紧张气氛就会烟消云散，从而化干戈为玉帛。

（二）防止打架斗殴事件的措施

1. 防突发性打架斗殴

突发性打架斗殴往往是由偶然起因不能冷静对待而引起的。制止这种斗殴首先应采

取说服的方法，针对不同对象，认真讲清道理，指出“行少顷之怒，丧终身之躯”的严重后果，使冲动的头脑迅速冷静下来，不自酿苦酒。

2. 防报复性打架斗殴

报复性打架斗殴往往产生于某种奇特的变态心理。在生活中，人们的思想动机必然要从言语、行为等方面显露出来。所以，我们要注意关心同学的思想变化，发现问题及时而又有针对性地进行规劝。大学生一般来说自尊心都是很强的，对大学生的规劝应采用迂回的办法，不能直接指出其错误，用一种相似的人或事来善意暗示对方，让对方自己觉悟，从而领悟到同学之间的情谊。

3. 防演变性打架斗殴

演变性打架斗殴一般有较长周期的滋生过程。同学们长期生活在一起，不可避免地在思想上和生活上会发生一些摩擦和冲突。而有些伤人感情的话语容易生成积怨，引发斗殴，甚至毙命。

4. 防群体性打架斗殴

大学生应完全能够从纷繁复杂的生活现象中分辨是非，判断正误。为帮同学、老乡或朋友而进行群体性斗殴是绝对不允许的。

(三) 遇上别人打架斗殴的处理措施

若遇上别人打架斗殴，请别火上加油扩大事态，要做到：

(1) 不围观，不起哄，不介入。

(2) 你想劝解，应先问明情况，站在公正立场上做双方的工作。若劝解无效，应迅速向辅导员或保卫部门报告，以防事态扩大。

(3) 打架的一方若是你的同学或熟人，在劝解时不可偏袒。在采取隔离措施时，应首先拉自己的同学或朋友，以免被对方误解，或将你当作对方的“同伙”而受到无故伤害。

(4) 当学校有关部门调查打架斗殴真相时，现场目击人要如实提供线索和证据，以保护受害人的合法权益，使肇事者受到惩处。

六、大学校园盗窃案件

预防和打击高校盗窃案，不仅是公安机关和学校保卫部门的重要任务，也是每个大学生应尽的责任和义务。增强防盗意识，了解校园内盗窃犯罪的基本情况、规律和特点，掌握防盗的基本常识和技能，是防盗和保证安全的基础。

(一) 大学校园发生盗窃案的主要作案时间

不法分子为减少违法犯罪风险，在作案时间上往往进行了充分的考虑，必然选择作案地点无人的空隙实施盗窃。

1. 上课时间

学生以学习为主，每天都有紧凑的课程安排，没有上课的学生大部分也去图书馆学习或进行课余活动。因此在上课期间，特别是上午一、二节课，学生宿舍里一般无人，盗窃分子一般都深知此规律，并抓紧这一时间作案，因此这一期间是外盗作案的高峰期。

2. 课间时间

课间休息仅10分钟，学生在下课后一般都会走出教室放松，很少有同学回寝室，作案分子特别是内盗作案人员会利用此时机，在盗窃得手后继续回教室上课，给人以没有作案时间的假象。

3. 夜间熟睡后

在学校规定的熄灯时间后，同学们经过白天一天的学习、活动，均比较疲惫，所以上床后很快入睡，盗窃分子趁夜深人静、室内人员熟睡之际行窃，特别是学生睡觉时不关寝室门窗，这更是给小偷创造了有利条件。

4. 新生入校时

新生刚入校时，由于彼此之间还不太熟悉，加之防范意识较差，偶尔有陌生人到寝室来也会以为是某同学的老乡或熟人，不加盘问，这给作案分子以可乘之机。

5. 其他特殊活动时间

学校举办大型活动期间，学生宿舍活动人员少，易被盗；校园发生和处置突发事件时，人们注意力往往集中到某一点上而无暇顾及其他，盗窃分子便乘虚而入，浑水摸"鱼"。

（二）预防盗窃、确保财产安全的措施

1. 提高自我防范意识

一般防盗的基本方法是人防、物防和技防。其中"人防"是预防和制止盗窃犯罪唯一可靠有效的方法。对大学生而言，提高防范意识，做好防盗工作，这不仅是个人的事，也是全校师生共同关心的大事。只有人人参与其中，群防群治，才能真正有效控制和防范盗窃案的发生。事实上，发生在大学生周围的盗窃案件大部分是由于大学生自身的防范意识淡薄，不注意对自身财物的保管而引起的，这给了盗窃作案分子以可乘之机。

2. 遵守纪律，落实学校安全规定

为营造一个安全的学习环境，学院制定了相关的管理制度来规范大家的日常行为，但有些同学常常为了自己个人的一时之便，置学校的纪律于不顾，违反规定，结果给自己和大家造成财物损失。

（1）不留宿他人。大学生因在宿舍违规留宿造成被盗的例子很多，应该从中吸取教训。日常生活中，经常有同学、老乡、朋友来访，但有些同学对来访的人并不十分了解，又碍于情面，宁可违反学校的有关规定留宿，也不做对不起朋友、老乡的事。若客人实在要在宿舍留宿，应及时向有关部门报告，并办理相关登记手续。

（2）爱护公共财物，保护门窗和室内设施完好无损。有些同学在平时忘带门钥匙后为图省事，毁锁开门，还有部分学生将衣柜、书桌损坏。这些公物损坏后又不报修，使寝室的门、柜形同虚设，起不到任何保护财物的作用。

3. 养成良好的生活习惯

根据有关调查研究表明，盗窃作案分子盗窃欲望的产生在许多情况下一般是受到盗窃目标的诱惑与刺激，加上我们日常生活中的不良习惯给盗窃作案分子提供了机会。例

如，大额现金有意无意在人面前显现，价值贵重的手机、照相机任意摆放在室内等，都是盗窃案件易于产生的原因，所以加强自身财物保管是减少被盗的有效途径。

七、诈骗案件

大学诈骗案件是指以大学生为作案目标、以非法占有为目的、用虚构事实或隐瞒真相的方法骗取数额较大财物行为的案件。这类诈骗案件由于它一般不使用暴力，是在平静甚至“愉快”的气氛下进行的，大学生往往容易上当。诈骗案件发生后，侵害了大学生的合法权益，学生身心受到沉重打击，轻者令学生烦恼或陷入经济困境，影响其正常的学习和生活，无法顺利完成学业；重者则会使有些受害学生自杀轻生或导致连环的治安及刑事案件发生，其危害性极大。

（一）大学诈骗案件的表现形式

1. 社交诈骗

随着高校与社会联系的不断加强，大学生为了认识社会、适应社会而进行各种人际交往是必要的，但在社会交往过程中，有的大学生忘记了社会上的多样性和复杂性，被某些心怀叵测的人的表面现象所蒙蔽而上当受骗。社交型诈骗主要发生在学生参加社会实践活动过程中如交友、家教、实习等。

2. 择业诈骗

大学生毕业时面临着找工作、应聘择业的问题。在择业活动中，有的大学生缺乏基本的警惕性，忽视了这方面的安全问题，一些不法之徒利用假招聘诱使毕业生失去金钱，甚至陷入传销的漩涡。

3. 商业诈骗

随着社会生活日益新潮和多样化，一些学生在购买日常的生活用品、紧俏物资等商业活动中，一味苛求物美价廉，而对推销人的认识和推销过程缺乏必要的安全意识和经验，常常被骗，枉费钱财。

4. 网络电信诈骗

新生进入大学后，每天都会接触大量网络信息，有时会被一些诈骗信息所蒙蔽，如被告知获奖需要缴纳部分税金才能拿到奖金，有学生会将一个学期的生活费都打入诈骗犯的账户。所以要时刻警惕周围的新兴事物，不能被漂亮的外表所蒙蔽。

（二）大学诈骗案件的主要特点

1. 手段上的智能性

诈骗分子在高校作案行骗时，一般都是利用丰富的知识、技能、经验，经过精心的策划，设置诱饵，使受骗者落入圈套。常常使用科技性高、迷惑性强的手法提高诱骗效果。最具有代表性的是利用互联网进行诈骗，一些远程匿名公司及个人通过互联网购物交易渠道向学生提供计算机设备、信用卡账号等信息，让学生直接汇款或复制信用卡账号进行款项划拨，达到骗取钱财的目的。

2. **方式上的多样性**

高校诈骗案件的方式是多种多样的。作案人会根据不同的情况使用不同的方式进行诈骗。

（1）假冒身份，流窜作案。诈骗作案分子行骗时都会伪装自己的身份，常常假冒老乡、同学、亲戚等关系或其他身份，或利用假身份证、假名片，骗取学生信任而作案。骗子为了既能骗得财物又不暴露马脚，通常采用流窜方式作案，得手后立即逃离。还有的以骗到的财物、名片、信誉等为资本，寻机作案，再去诈骗他人，重复作案。

（2）投其所好，引诱上钩。诈骗作案分子行骗时往往先是套话，了解学生底细，利用学生急于就业等心理，应其所急，施展诡计而骗取财物。

（3）真实身份，虚假合同。诈骗作案分子利用高校学生经验少，急于赚钱补贴生活的心理，常以公司的身份让学生为其推销产品，事后却不兑现酬金而使学生上当受骗。

（4）以次充好，连骗带盗。诈骗作案分子利用学生“识货”经验少又图便宜的特点，上门推销各种产品行骗，一旦发现室内无人，就顺手牵羊，溜之大吉。

（5）招聘为名，设置骗局。诈骗作案分子利用学生勤工助学的需求设置骗局，骗取介绍费、押金、报名费等，或是利用大众传播工具等到处做虚假广告，骗取培训费、学杂费等，然后又以各种理由拒绝退款。

（三）大学校园诈骗案件的防范措施

1. **提高防范意识，学会自我保护**

社会环境千变万化，大学生必须尽快适应环境，学会自我保护。要积极参加法制和安全教育活动，多知道、多了解、多掌握一些安全防范知识对于自己有百利而无一害。在日常生活中，要做到不贪图便宜、不谋取私利；在提倡助人为乐、奉献爱心的同时，要提高警惕性，不轻信花言巧语；不要把自己的家庭地址、电话号码等信息随便告诉陌生人，以免上当受骗；不能用不正当的手段谋求择业和出国；发现可疑人员要及时报告，上当受骗后更要及时报案、大胆揭发，使犯罪分子受到应有的法律制裁。

2. **交友要谨慎，避免以感情代替理智**

人的感情是主体与客体的交流，既是主观体验，也是对外界的反映，本身应该包含合理的理智成分。若只凭感情用事、一味“跟着感觉走”，往往容易上当受骗。交友的基本原则有两条：一是择其善者而从之，真正的朋友应建立在志同道合、高尚的道德情操基础之上，是真诚的感情交流而不是简单的利益关系；二是严格做到“四戒”，即戒交低级下流之辈，戒交挥金如土之流，戒交吃喝嫖赌之徒，戒交游手好闲之人。

3. **同学之间要相互沟通，相互帮助**

在大学里，无论哪个院系、哪个专业，班集体是最基本的组织形式。在这个集体中，大家向往着同一个学习目标，生活和学习是统一的、同步的，同学间、师生间的友谊比什么都珍贵。因此，相互间应加强沟通、互相帮助。特别是在自己觉得可能会吃亏上当时，加强沟通或许会得到帮助并避免上当受骗。

4. 服从校园管理,自觉遵守校纪校规

为了加强校园管理,学校制订了一系列管理制度和规定,用来约束人们的行为,在执行过程中可能会给同学们带来一些不便,但这是不可或缺的。况且,绝大多数校园管理制度都是为防止闲杂人员和犯罪分子混入校园、宿舍等作案,以维护学生正当权益和校园秩序而制订的。因此,同学们一定要认真执行有关规定,自觉遵守校纪校规,积极支持有关部门履行管理职能,并努力发挥自己应有的作用。

5. 常给家中报平安

现在的大学生多数为独生子女,家长时刻在关注着孩子的安全。最近一两年来,诈骗分子冒充学校的老师、同学、朋友,利用电话短信等多种手段,直接谎称“你家的孩子出事了,速将现金汇到某某指定账户”,利用家长爱子心切,不但让家长担惊受怕,还导致有些家长不明真相急于汇款或千里迢迢到校探望,造成较大的经济损失。由于诈骗分子常使用虚拟信息,给公安机关的侦破工作带来很大困难。提醒同学们,除个人、家庭敏感信息不要随便泄露外,还要经常向家长报个平安,以防家庭上当受骗。

一个针对学生家长的诈骗电话

2009年3月10日,苏州健雄职业技术学院外语系一位学生家长打电话给该校学生处,“老师,你帮我确认一下外语系的学生王某某车祸后,现在病情怎么样?”学生处老师向这位家长进一步了解了情况:原来,这位家长接到一个电话,对方声称是学校的老师,告知其女儿王某某因发生车祸,现在正在太仓市人民医院抢救,需家长马上汇30000元钱做手术。家长听后,方寸大乱,打小孩电话处于关机状态,于是信以为真,就将30000元钱打入了指定账号。汇钱后,对方的电话一直处于关机状态了,于是家长在网上找到了该校学生处的电话,进一步确认情况。学生处老师听后,当即判断这是一个诈骗电话。后经该系辅导员核实,学生王某某正在上课,根本没有什么车祸事故。该类电话诈骗案有两个特点:第一,诈骗犯罪分子对于学生个人情况非常清楚;第二,家长打电话给学生时,学生电话都处于关机状态。

为此,学生需通过以下四个方面,防范此类诈骗案的发生:第一,嘱咐家长,当接到涉及向陌生人汇款等信息时,基本可以判定为诈骗电话;第二,学生需将辅导员、班主任电话告知家长,家长有什么急事可直接与辅导员或班主任联系;第三,学生经常与家长联系,好让家长多了解在校近况;第四,学生注意信息保护,与网友聊天时不要透露真实信息。

第二节 现场紧急救护

人们在生活当中不免会遇到一些意外事故,突然发生急病或遭受外伤等,这时能正确、及时地进行紧急救护就显得非常必要了。在医生未来之前,救护人员对一些由于疾病、外伤及灾害等所引起的伤害,就地取材,进行必要的紧急处置和护理,并为转运病人创造一些有利条件,以减轻病人的痛苦,防止伤势进一步恶化,或使病情稍加好转,然后再送往医院做进一步的诊治。因此,大学生更应该掌握现场自救、互救技能。

一、现场心肺复苏

（一）心肺复苏的定义和内容

1. 心肺复苏的定义

心脏骤停是各种原因所致的循环和呼吸的突然停止和意识丧失,是最紧迫的急症。心肺复苏就是针对这一急症所采取的一系列急救措施。

通常情况下,心脏骤停 3 秒钟,患者感到头晕,10 ~ 20 秒时发生晕厥,40 秒左右发生惊厥,30 ~ 45 秒瞳孔散大,1 分钟呼吸停止,大小便失禁,4 ~ 6 分钟后脑组织发生不可逆转的损害。如能在 4 分钟开始现场复苏(即心肺复苏初期处理),在 8 分钟内开始进一步处理(即心肺复苏后期处理),则成活率最高。因此,现场心肺复苏开始得越早越好。

2. 心肺复苏的内容

(1) 初期处理(基本的生命支持),包括胸外按压、畅通气道、口对口吹气。

(2) 后期处理,主要包括专业、医护人员救护。

（二）现场心肺复苏法

1. 现场复苏程序

现场心肺复苏的措施,对任何一名患者,都有较大的侵犯性,只有经过适当的判定并确认有必要时才能进行。

(1) 判定病人有无反应。

抢救者到达现场,必须迅速判定患者有无外伤和意识是否丧失,如患者颈部受伤,只是在绝对需要时,才能移动患者,因不适当的移动会加重颈部损伤造成高位截瘫。抢救者应轻拍或轻摇患者,并大声问:“你怎么啦?”这一措施可防止对意识没有真正丧失的患者进行复苏而造成损伤。

(2) 呼救并联系急救医疗机构。

如患者对呼唤无反应,则立即呼救,大叫“来人啦! 救命啊!”目的是叫人协助急救和联系。120 电话应讲清地点、病人情况、已经采取的措施,并征询抢救的意见。

(3) 将患者放置在适当体位。

为使复苏有效，患者必须仰卧在坚实的平面上，头部与躯干呈水平位，身体无扭曲，两臂放在身旁。

（4）判定有无脉搏。

触及颈动脉比较牢靠与方便，即使在桡动脉等周围动脉搏动消失时，颈动脉还可能触及（颈动脉，位于颈部气管和胸锁乳突肌之间的沟内，相当于喉结水平，在胸锁乳突肌的前缘）。若有脉搏，无呼吸，则吹气，每6～8秒钟一次；若无脉搏，可确定为心脏停搏，开始胸外按压。

（5）胸外按压。

如图6-1所示，施救者跪在患者一侧肩旁，施救者两肩位于患者胸骨正上方，两臂伸直且与患者的胸部垂直，肘关节固定不屈，双手掌根相叠，手指翘起，掌根置于两乳头连线中点，以髋关节为支点，用上身的重力垂直下压，幅度至少5～6cm。胸外按压频率至少100～120次/分钟。

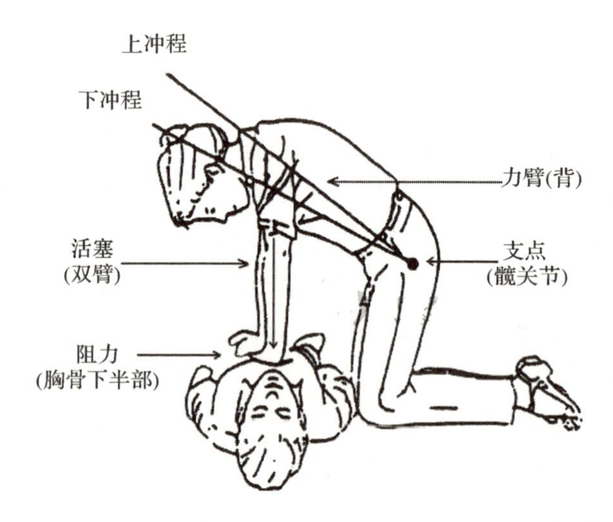

图6-1　胸外按压示意图

（6）开放气道。

几乎所有昏迷病人都有气道阻塞的症状。主要原因是舌根后坠阻塞咽部，其次是会厌松弛阻塞喉部。若气道有异物，应先行排除异物。

用仰头举颏法开放气道，1～2秒内完成。方法是：手掌小鱼际（小拇指侧）置于患者前额，下压使其头部后仰，另一手的食指和中指置于靠近颏部的下颌骨下方，将颏部向前抬起，帮助头部后仰，气道开放，如图6-2所示。头部后仰的程度是以下颌角与耳垂间连线与地面垂直为正确位置。

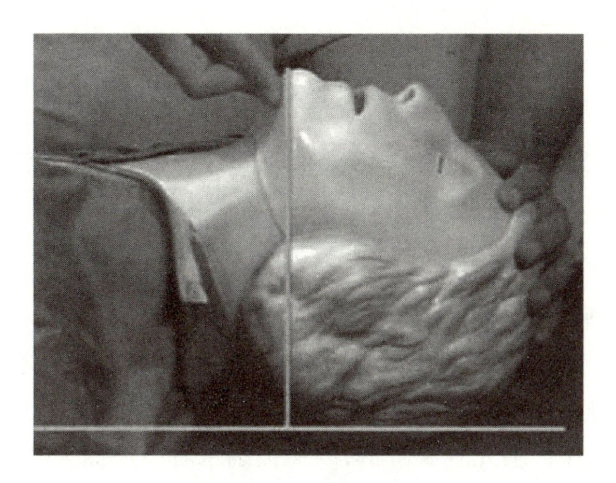

图 6-2　仰头举颏法

（7）人工呼吸。

主要用口对口呼吸，特殊情况下可用口对鼻、口对口鼻呼吸，应在气道开放情况下进行，连续吹气两口，接下来再胸外按压。胸外按压、人工呼吸以 30∶2的比例反复进行，共 5 个循环。若口对口吹气时应捏住鼻子，吹完放开口鼻，每次吹气量 500 ~ 700mL，可见胸廓隆起。

2. 心肺复苏注意事项

（1）口对口吹气量不宜过大，一般不超过 700mL，胸廓稍起伏即可。吹气时间不宜过长，过长会引起急性胃扩张、胃胀气和呕吐。吹气过程要注意观察患（伤）者气道是否通畅，胸廓是否被吹起。

（2）胸外心脏按压术只能在患（伤）者心脏停止跳动下才能施行。

（3）口对口吹气和胸外心脏按压应同时进行，严格按吹气和按压的比例操作，吹气和按压的次数过多和过少均会影响复苏的成败。

（4）胸外心脏按压的位置必须准确。若不准确容易损伤其他脏器。按压的力度要适宜，过大、过猛容易使胸骨骨折，引起气胸、血胸；按压的力度过轻，胸腔压力小，不足以推动血液循环。

（5）施行心肺复苏术时应将患（伤）者的衣扣及裤带解松，以免引起内脏损伤。

（6）若未经培训的人进行现场抢救，可只做胸外按压。

二、溺水救护知识

人落水后，大量水、藻草类、泥沙进入口鼻、气管和肺，阻塞呼吸道，或因呼吸道痉挛而引起缺氧、窒息、死亡。落水被淹后一般 4 ~ 6 分钟即可致死。溺水者落水后往往张皇失措，会死命抓住一切能够得到的东西，包括拯救者。因此，只要有其他方法将溺水者拉至岸上，就不要下水去施救。当然，在万不得已、施救者有能力的前提下可下水施救。没有受过救生训练的施救者下水之前应该有思想准备，此时的溺水者的本能反应可能使施救力不从心，要绝对避免救人不成反而赔上性命。

(一)自救

落水后要镇静不慌。举手挣扎时,会使人下沉。应仰卧,头向后,口鼻向上露出水面。呼气要浅,吸气要深,这样可勉强浮起,等人来救。若腿抽筋,要尽快呼救,并采取仰泳姿势浮于水面,待抽筋症状减轻后迅速上岸。

(二)救援

(1)若发现有人溺水,应立刻拨打急救电话119、120。

(2)发生溺水时,不宜直接下水救援,可在岸上将绳子、长杆、木板等投向溺水者,使其抓住,然后拖向岸边。与此同时,大声呼救。

(3)必须入水救援时,须先脱衣解裤,以免被溺水者拉住而无法脱身。游到溺水者面前约3~5m,先吸一大口气,然后潜入水底从溺水者背后施救,用一只手从其腋下插入握住其对侧的手,也可以托住其头部,用仰泳方式将其拖至岸边。

(4)万一被溺水者缠住,应放手自沉,待溺水者手松开,再进行救护。

对于未受培训的施救者,应在溺水者触手可及之处,将布、毛巾或救生圈甩过去,让溺水者抓住一头,自己抓住另一头拖着溺水者上岸;勿让溺水者抓住你的身体或四肢。

(三)急救措施

1. 保持呼吸道通畅

立即清除口、鼻内的泥沙、呕吐物等。松解衣领、纽扣、乳罩、内衣、腰带、背带等,但注意保暖,必要时将舌头用手巾、纱布包裹拉出,保持呼吸道通畅。

2. 控水(倒水)

方法一:急救者一腿跪在地上,另一腿屈膝,将溺水者腹部横放在其大腿上,使其头下垂,接着按压其背部,使胃内积水倒出。方法二:将溺水者仰面平躺在地上,急救者跨坐在溺水者大腿上,两手掌根并拢,用力冲击溺水者腹部。

3. 心肺复苏

呼吸心跳停止者立即就地进行心肺复苏,不要在短时间内轻易放弃抢救,边抢救边联系医院做进一步治疗。

三、触电救护

触电事故,是指人体接触带电物质,因电流造成损伤。触电的主要症状:灼伤、强烈的肌肉痉挛等影响呼吸中枢及心脏,引起呼吸抑制或心搏骤停。严重者可致残,危及生命。

(一)现场抢救

1. 关闭电源开关

一旦发现有人触电,救护人员应立即关闭开关、拉下电闸、拔出插头或取下保险丝,使触电者尽快脱离电源。

2. 切断电线

若开关距离较远,救护人员则可采用各种方法,立即切断电线。如用电工钳剪断电源线，或用木柄刀、斧、锄、铲等斩断电源线。

3. 挑开电源线

如果无法采用上述方法时，应该迅速寻找干燥的木棒、竹竿等，将触电者身上的电源线挑开，禁止使用金属材料或潮湿的物体挑电源线，注意不要使电源线弹到自己身上。

4. 拉开触电者

如上述方法都不能救出触电者，触电者又伏在带电物体上时，则可用干绳子、布单等套在触电者身上，将其拉出。也可戴上绝缘手套将其拉出。此时救护人员要特别注意自身保护，如站在厚木板或棉被等绝缘物体上。严禁用手直接去拉电源线或触电者，以防引起连锁触电。

5. 跨步电压触电

在电气设备发生接地故障时，电流从接地极流出，在地面上形成不同的电位分布，人走近短路地点时，两脚之间的电位差被称为跨步电压。人两脚跨开约0.8米，当进入到电源线落地点10米以内，即可造成跨步电压触电。可以采用单脚跳跃，跳出跨步触电范围线，避免触电。

（二）急救措施

（1）将脱离电源的触电者迅速移至通风干燥处仰卧。

（2）检查口腔，清理口腔黏液，取出假牙；放松上衣和裤带。

（3）观察有无呼吸，动脉有无搏动，若呼吸心跳停止，立即进行心肺复苏，不轻易中断。

（4）如有外伤，对外伤进行止血、包扎、固定，并拨打求助电话。

四、交通事故救护

道路交通事故是常见的路中灾难。万一出了交通事故，采取什么样的方法进行自我保护，每个乘车人都必须掌握。

（一）车祸时的紧急处理方法

1. 车辆遇险时

双手紧紧抓住前排座位或扶杆、把手，低下头，利用前排座椅靠背或两手臂保护头面部。

2. 翻车或坠车时

迅速蹲下身体，紧紧抓住前排座位的座脚，身体尽量固定在两排座位之间，随车翻转。

3. 事故车辆行驶中

乘客不要盲目跳车，应待车辆停下后再陆续撤离。无论是司机还是乘客只要意识还清醒就要先关闭发动机。对于撞车后起火燃烧的车辆要迅速撤离，以防油箱爆炸伤人。

4. 车翻倒后无力爬出时

汽车翻倒后无力从车中爬出的，可鸣笛或闪动大灯向路过车辆发出求救信号。

(二)车祸后的紧急处理措施

车祸发生后,除了确保伤者安全外,别忘了联络120和报告交通部门,以防引发其他车祸。车祸时无论伤者受伤程度如何,均需送医就诊。

1. 向旁人请求支援

无法自行处理时,一定要向旁人求救,及时联络救护。另外,无论多大的车祸都需要报警。

2. 确保伤者安全

原则上尽量不要移动伤者。但若出事地点太危险,则找人帮忙,小心地将伤者搬移至安全场所,防止引发其他车祸。利用三角板警示标志提醒后方来车。

3. 遇伤员被挤压、夹嵌在事故车辆内时

不要生拉硬拖伤员,应用机械拉开或切开车辆后,在保护颈椎的前提下,救出伤员。

4. 检查伤情,必要时进行初步救护

检查伤情,并采取初步的救护措施,如止血、包扎或固定,再转送医院。保持呼吸通畅,若呼吸、心跳停止,即进行心肺复苏。

五、外伤处理

生活中不免磕磕碰碰,伤口流血了,千万不要手忙脚乱,要镇定,知道一些止血的方法会有助于及时止血,帮助治疗。下面介绍四种常用的止血方法:

(一)加压包扎止血法

小的外伤、毛细血管或小静脉出血,流出的血液易于凝结,伤口覆盖无菌敷料后,再用纱布、棉花、毛巾、衣服等折叠成相应大小的垫,置于无菌敷料上面,然后再用绷带、三角巾等紧紧包扎,以停止出血为度,如图6-3所示。

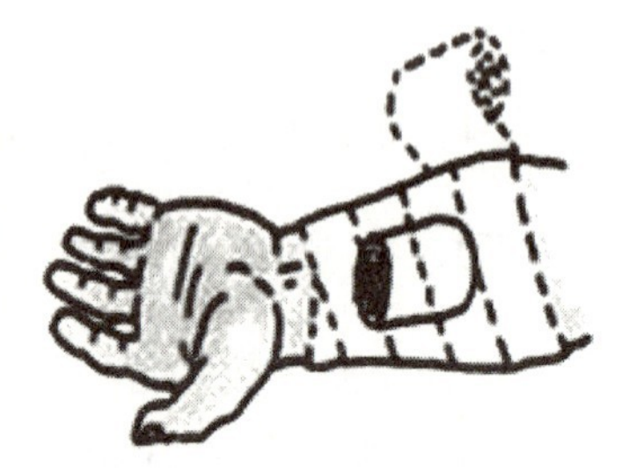

图6-3　加压包扎止血法

(二)指压止血法

一般用于动脉止血。即用手指将出血动脉的近心脏端,用力压向其相对的骨面,以阻断血液来源而达到临时止血的目的,如图6-4所示。

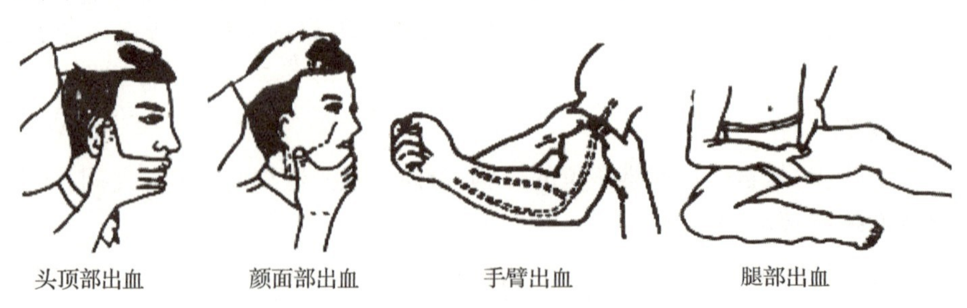

图6-4　指压止血法

（三）填塞止血法

用无菌的棉垫、纱布等，紧紧填塞在伤口内，再用绷带或三角巾等进行加压包扎，松紧以达到止血目的为宜，如图6-5所示。本法用于中等动脉以及大、中静脉损伤出血，或伤口较深、出血严重时，还可直接用于不能采用指压止血法或止血带止血法的出血部位。

（四）止血带止血法（结扎止血）

它是四肢较大动脉出血时救命的重要手段，用于其他止血方法不能奏效时（图6-6）。

（1）止血带不宜直接结扎在皮肤上，应先用三角巾、毛巾等做成平整的衬垫缠绕在要结扎止血带的部位，然后再上止血带。

（2）结扎止血带的部位在伤口的近心端。上肢大动脉出血应结扎在上臂的上1/3处，避免结扎在中1/3处以下的部位，下肢大动脉出血应结扎在大腿中部。

（3）结扎止血带要松紧适度，以停止出血或远端动脉搏动消失为度。

（4）一般止血带的使用时间不宜超过2～3小时，每隔40分钟松解一次。

（5）结扎好止血带后，在明显部位加上标记，注明结扎止血带的时间，并尽快运往医院处理。

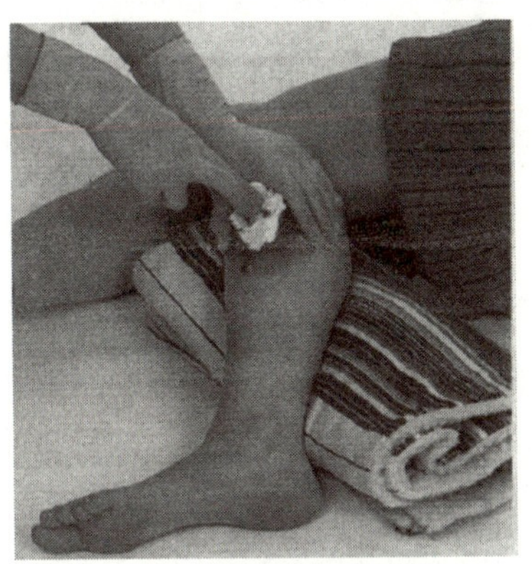

图6-5　填塞止血法

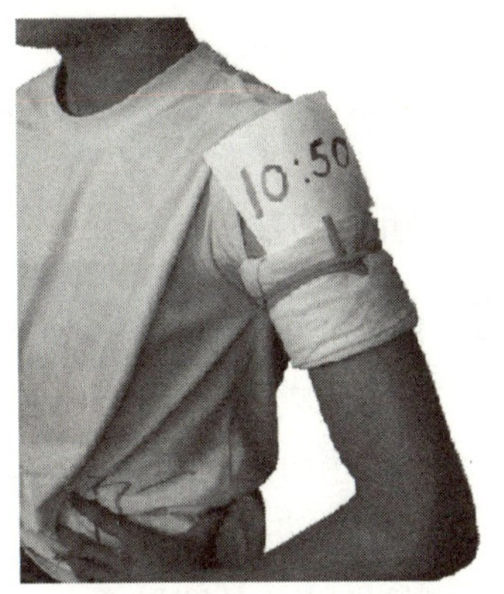

图6-6　止血带止血法

六、烧伤救护

在工业生产或日常生活中，发生烧烫伤的意外是经常发生的。最多见的是热力烧伤，如热液、热蒸气、火焰、炽热金属等；其次是化学烧伤，如强酸、强碱等。

（一）伤情分类

1. 烧伤面积估计

本人手掌五指并拢时的面积约等于体表总面积的1%，按照此方法可估计烧伤面积。

2. 烧伤深度估计

一度烧伤，最轻，仅烧及皮肤表层，局部红肿、灼痛；二度烧伤，真皮也被破坏，局部起水泡，疼痛剧烈；三度烧伤，最重，烧伤皮肤及皮下组织、肌肉甚至骨头。

3. 轻重分类

轻度烧伤，烧伤面积在10%以下的二度烧伤；中度烧伤，烧伤面积为11%～30%，或三度烧伤面积在10%以下;重度烧伤,烧伤面积为31%～50%,或三度烧伤总面积为10%～20%;特重烧伤,烧伤总面积在90%以上,或三度烧伤总面积在50%以上。

（二）普通烧伤急救措施

(1) 一度烧伤或小面积轻度烧伤,应立即将伤处浸在凉水中进行"冷却治疗",它有降温、减轻余热损伤、减轻肿胀、止痛、防止起泡等作用,如有冰块,把冰决敷于伤处效果更佳。"冷却"30分钟左右就能完全止痛。随后用鸡蛋清或万花油或烫伤膏涂于烫伤部位,这样只需3～5天便可自愈。

(2) 烧伤者经"冷却治疗"一定时间后,仍疼痛难受,且伤处长起了水泡,这说明是"二度烧烫伤"。这时不要弄破水泡,要迅速到医院治疗。一、二度烧伤禁用黏性纱布,禁止在伤处涂敷油脂、紫药水等。

(3) 对三度烧伤者,应立即用清洁的布单简单包扎,避免污染和再次损伤,创伤面不要涂擦药物,保持清洁,迅速送医院治疗。

（三）化学烧伤急救

强酸、强碱烧伤,用大量清水冲洗,冲洗时间应在20分钟以上,然后用中和剂。即强酸烧伤用弱碱如苏打水、碱性肥皂水中和;强碱烧伤用弱酸如食醋、硼酸水中和。冲洗前要脱去病人被污染的衣物。干石灰烧伤,不能先用水冲,必须将石灰粉拭净后再冲洗。

七、骨折救护

在日常生活和劳动中,难免有跌、坠、撞、扭伤等不幸发生,轻者造成软组织损伤,重者会发生骨折,现场急救是挽救伤员生命的重要措施之一,对创伤发展和预后影响极大。骨折通常分为闭合性和开放性两大类。闭合性骨折指皮肤软组织相对完整,骨折端尚未和外界连通;开放性骨折则是指骨折处有伤口,骨折端已与外界连通。全身各个部位都可发生骨折,但最常见的还是四肢骨折。一旦怀疑有骨折,应尽量减少患处的活动,转送时尽量用硬板床。下面是骨折后急救的5个原则。

1. 抢救生命

严重创伤现场急救的首要原则是抢救生命。如发现伤员心跳、呼吸已经停止或濒于停止,应立即进行胸外心脏按压和人工呼吸;昏迷病人应保持其呼吸道通畅,及时清除其口咽部异物;病人有意识障碍者可针刺其人中、百会等穴位;开放性骨折伤员伤口处可有大量出血,一般可用敷料加压包扎止血。严重出血者若使用止血带止血,一定要记录开始使用止血带的时间,每隔40分钟应放松1次(每次30～60秒钟),以防肢体缺血坏死。如遇以上有生命危险的骨折病人,应快速运往医院救治。

2. 伤口处理

开放性伤口的处理除应及时恰当地止血外,还应立即用消毒纱布或干净布包扎伤口,以防伤口继续被污染。伤口表面的异物要取掉,外露的骨折端切勿推入伤口,以免污染深层组织。有条件者最好用高锰酸钾等消毒液冲洗伤口后再包扎、固定。

3. **简单固定**

现场急救时及时正确地固定断肢，可减少伤员的疼痛及周围组织继续损伤，同时也便于伤员的搬运和转送。但急救时的固定是暂时的，因此，应力求简单而有效，不要求对骨折准确复位。开放性骨折有骨端外露者更不宜复位，而应原位固定。急救现场可就地取材，如木棍、板条、树枝、手杖或硬纸板等都可作为固定器材，其长短以固定住骨折处上下两个关节为准。如找不到固定的硬物，可用布带直接将伤肢绑在身上，骨折的上肢可固定在胸壁上，使前臂悬于胸前；骨折的下肢可同健肢固定在一起。

4. **必要的止痛**

严重外伤后强烈的疼痛刺激，可引起休克，因此应给予必要的止痛药。如口服止痛片，也可注射止痛剂，如 10mg 吗啡或 50mg 杜冷丁。但有脑、胸部损伤者不可注射吗啡，以免抑制呼吸中枢。

5. **安全转运**

经以上现场救护后，应将伤员迅速、安全地转运到医院救治。转运途中要注意动作轻稳，防止震动和碰坏伤肢，以减少伤员的疼痛；注意其保暖和适当的活动。

随着我国社会、经济的不断发展，生活节奏也越来越快，人们对安全的要求也越来越高。“促进个人安全，保护家庭安全，提高社会安全”已不再局限于某个人或某医院的责任，而是针对个人、家庭、社会的一个连续的、动态的行为，启发及培养公众健康意识是全社会的责任。大学生作为受过高等教育的知识群体，更是有责任掌握现场紧急救护技能、知识，作为一名志愿者参与到现场紧急救护的推广宣传活动中。

家庭急救九大禁忌

家庭是一个温暖的港湾，但也随时会有各种小的意外情况发生，如何准确判断并在第一时间内实施急救，是我们必须掌握的一门学问。

一、急性腹痛忌服用止痛药：以免掩盖病情，延误诊断，应尽快去医院查诊。

二、腹部受伤内脏脱出后忌立即复位：脱出的内脏须经医生彻底消毒处理后再复位。防止感染造成严重后果。

三、使用止血带结扎忌时间过长：止血带应每隔 40 分钟放松一次，并做好记录，防止因结扎肢体时间过长造成远端肢体缺血坏死。

四、昏迷病人忌仰卧：应使其侧卧，防止口腔分泌物、呕吐物吸入呼吸道引起窒息。更不能让昏迷病人进食、进水。

五、心源性哮喘病人忌平卧：因为平卧会增加肺脏瘀血及心脏负担，使气喘加重，危及生命，应取半卧位使下肢下垂。

六、脑出血病人忌随意搬动：如有在活动中突然跌倒昏迷或患过脑出血的瘫痪者，很可能有脑出血，随意搬动会使出血更加严重，应平卧，抬高头部，即刻送医院。

七、小而深的伤口忌马虎包扎：若被锐器刺伤后马虎包扎，会使伤口缺氧，导致破伤风杆菌等厌氧菌生长，应清洗消毒后再包扎，并注射破伤风抗毒素。

八、腹泻病人忌乱服止泻药：在未消炎之前乱用止泻药，会使毒素难以排出，肠道炎症加剧。应在使用消炎药痢特灵、黄连素、氟哌酸之后再用止泻药，如易蒙停等。

九、触电者忌徒手拉救：发现有人触电后应立刻切断电源，并马上用干木棍、竹竿等绝缘体排开电源线。

第三节　预防艾滋病教育

艾滋病是世界性重大社会问题，已对人类生存和社会发展构成严重危害，国际医学界至今尚无防治艾滋病的有效药物和疗法，因此艾滋病也被称为“超级癌症”。我国高度重视艾滋病防治工作，尤其是正在加速构建青少年的防御网络。青少年的生理和心理特点决定了他们有着极其强烈的好奇心，愿意接受并尝试各种想法、观念和行为，其中也包括有可能感染艾滋病的行为，如婚前性行为和吸毒等。据统计，全球艾滋病感染者中有一半的人是在15～24岁期间感染的，而且12～19岁期间感染的人数比例正在上升，青少年（含大学生群体）成为预防和控制艾滋病的重点人群。

一、艾滋病起源

艾滋病的起源尽管有很多争议，但是有一点是国际公认的，即这种至今仍是不治之症的疾病最初是在非洲被发现的。大约在18～19世纪，艾滋病病毒出现在中非热带雨林地区的灵长类动物的体内。艾滋病的病原体之所以在非洲部分地区出现和长期存在，这是因为中非有一种猴子，即非洲绿猴。据科学家取样分析，200只绿猴中竟有70%带有类似艾滋病的病原体。由于绿猴具有健全的免疫系统和较强的免疫能力，因而它们虽携带病毒但仍安然无恙。

据说，当地非洲人有吃猴肉的习惯。很可能是他们在杀猴之时，因接触猴血而受到传染，或者在饲养和捕捉猴子时遭到咬、抓造成皮肤损伤，使这种病原体乘机钻进了人体。以后大约在20世纪60年代，艾滋病病毒在全世界范围内开始广泛蔓延。

二、我国艾滋病的疫情状况

我国1985年发现第一例艾滋病病人，在那年6月，北京协和医院首先报告中国境内第一例艾滋病病人，此人为美籍阿根廷人，来中国旅游。其后几年的艾滋病病例报告也均是来华外国人和海外华人。1998年开始，全国所有省份报告有感染者，有28个省报告在注射毒品者中发现了患者，大部分省均报告发现经性途径传播的患者。

中国疾控中心公布的最新数据显示,截至2015年10月底,我国报告现存活艾滋病感染者和病人49.7万例,死亡15.4万。而据估计我国存活的感染者和病人是81万,也就是说,大约有46%的感染者目前尚未被发现。

三、艾滋病的概念

1. 什么是"艾滋病"

艾滋病全名为"获得性免疫缺陷综合征"(AIDS),是人体感染了"艾滋病病毒(HIV)"所导致的传染病。人类天生具有免疫功能,当细菌、病毒等侵入人体时,在免疫功能正常运作下,就算生病了也能治愈。艾滋病病毒HIV破坏人的免疫系统,使人体丧失抵抗各种疾病的能力,患者在感染其他疾病后导致各种复合感染而死亡。

2. 艾滋病病毒感染者和艾滋病病人

艾滋病病毒感染者是指已经感染了艾滋病病毒,但是还没有表现出明显的临床症状,没有被确诊为艾滋病的人;艾滋病病人指的是已经感染了艾滋病病毒,并且已经出现了明显的临床症状,被确诊为艾滋病的人。二者之间的相同之处在于都携带艾滋病病毒,都具有传染性。不同之处在于艾滋病病人已经出现了明显的临床症状,而艾滋病病毒感染者还没有出现明显的临床症状,外表看起来跟健康人一样。从艾滋病病毒感染者发展到艾滋病病人可能需要数年到10年甚至更长时间。

3. 艾滋病的常见症状

许多受艾滋病病毒感染的人在潜伏期没有任何症状,但也有一部分人在感染早期出现发烧、头晕、无力、咽痛、关节疼痛、皮疹、全身浅表淋巴结肿大等类似"感冒"的症状,有些人还可发生腹泻。这种症状通常持续1~2周后就会消失,此后病人便转入无症状的潜伏期。潜伏期病人的血液中有艾滋病病毒,血清艾滋病病毒抗体检查呈阳性反应,这样的人被称为艾滋病病毒感染者,或称艾滋病病毒携带者,简称带毒者。艾滋病病毒感染者有很强的传染性,是传播艾滋病最重要的传染源。

在很长的潜伏期中,感染者虽然没有症状,外表如常人,但全身免疫系统仍在继续受到艾滋病病毒的破坏,到免疫系统功能再也不能维持最低的防御能力时,多种对正常人不会引起疾病的病原微生物便会使患者发生条件性感染,引起脑、肺、胃、肠道和其他部位的病变及症状。一些恶性肿瘤也因患者抵抗力极度低下而产生。常见的症状有以下几个方面:

(1) 一般性症状。持续发烧、虚弱、盗汗、全身浅表淋巴结肿大,在三个月之内体重下降可达10%以上,最多可降低40%,病人消瘦特别明显。

(2) 呼吸道症状。长期咳嗽、胸痛、呼吸困难、严重时痰中带血。

(3) 消化道症状。食欲下降、厌食、恶心、呕吐、腹泻、严重时可便血。通常用于治疗消化道感染的药物对这种腹泻无效。

(4) 神经系统症状。头晕、头痛、反应迟钝、视线模糊等。

(5) 皮肤和口腔出现平坦和隆起的粉色、紫色大斑点,不痛不痒。

(6) 咽、喉部出现白膜。男性阴部出现鳞屑性斑，痒。女性肛门瘙痒，阴道痒，白带多。

(7) 肿瘤。可出现多种恶性肿瘤，位于体表的卡波希氏肉瘤可见红色或紫红色的斑疹、丘疹和浸润性肿块。

所以，艾滋病的症状是非常复杂的。

四、艾滋病传播途径

艾滋病病毒主要存在于感染者的血液、精液、阴道分泌物、乳汁、伤口渗出液和脊髓中，须同时满足三个条件才能传染：数量、质量和传播途径（体液交换）。数量：只有血液、精液、阴道分泌物、乳汁、伤口渗出液和脊髓含有足够的艾滋病病毒，才能传播艾滋病，其他体液不能。质量：艾滋病病毒离开人体后是脆弱的，常用消毒水即可杀死它，而且在干血和凝固了的体液中也失去活性，没有传染能力。传播途径（体液交换）：艾滋病病毒不能穿过完整的皮肤和黏膜，只有皮肤有了破损，而含有艾滋病病毒的体液恰好由此进入人体，才会传播。

1. 性交传播

艾滋病病毒可通过性交传播。生殖器患有性病或溃疡时，会增加感染病毒的危险。艾滋病病毒感染者的精液或阴道分泌物中有大量的病毒，通过性交，就会传播病毒。

2. 血液传播

输血传播：如果血液里有艾滋病病毒，输入此血者将会被感染。血液制品传播：有些病人（如血友病）需要注射由血液中提取的某些成分制成的生物制品，若有血液制品含有艾滋病病毒，使用血液制品就有可能感染上 HIV。但随着全世界对艾滋病的认识逐渐加深，基本上所有的血液用品都必须经过艾滋病病毒的检验，所以在发达国家的血液制品中含有艾滋病病毒的可能性几乎为零。

3. 共用针具的传播

使用不洁针具可以使艾滋病病毒从一个人传到另一个人。例如，静脉吸毒者共用针具；医院里重复使用针具、吊针等。不光是艾滋病病毒，其他疾病（如肝炎）也可能通过针具而传播。另外，使用被血液污染而又未经严格消毒的注射器、针灸针、拔牙工具，都是十分危险的。

4. 母婴传播

如果母亲是艾滋病感染者，那么她很有可能会在怀孕、分娩过程中或通过母乳喂养使她的孩子受到感染。但是，如果母亲在怀孕期间，服用有关抗艾滋病的药品，婴儿感染艾滋病病毒的可能就会降低很多，甚至完全健康。有艾滋病病毒的母亲绝对不可以用自己的母乳喂养孩子。

5. 谨慎小心，以免发生意外传染

(1) 接吻。唾液传播艾滋病病毒的可能性非常小，所以一般接吻是不会传播的。但是如果健康的一方口腔内有伤口，或者破裂的地方，同时艾滋病病人口内也有破裂的地方,双方接吻,艾滋病病毒就有可能通过血液而传播。

(2) 握手。双方手部皮肤无破损时,握手应属安全。

(3) 拥抱。隔着衣服的拥抱是安全的。如果皮肤直接接触,而皮肤有擦伤或患有皮肤病时,则有一定危险。

(4) 进餐。我国的共食制虽未发现可以传播艾滋病,但这是一种不卫生的饮食习惯,应该提倡分食制。

(5) 使用避孕套性交。正确使用避孕套可以在一定程度上减少传染艾滋病的机会,但仍有感染艾滋病病毒的危险,因为避孕套在性交时可能发生破裂和滑脱,约有10%左右的失败率,即在100次使用避孕套的性交中就可能发生10次失败。使用避孕套预防艾滋病并非安全可靠的方法,不能把避孕套看成安全套或保险套。只有洁身自爱,才是最可靠的。

(6) 共用马桶。马桶坐圈已经消毒,或坐圈肯定没有被病人的精液、月经血或阴道分泌物沾污,接触马桶坐圈的皮肤没有损伤或皮肤病时应属安全。

6. 不会传染艾滋病病毒的途径

空气;饮水、食物;日常工作和生活接触;游泳池;吸血昆虫和蚊子、跳蚤、虱子等,目前还没有发现传播艾滋病病毒的吸血昆虫;有防护的照料、护理艾滋病病人;蹲式厕所及小便池。

五、艾滋病易感染群体

1. 男性同性恋者

他们是艾滋病的高危人群,因为男性同性恋的性行为多以肛交方式来进行,而这种特殊的性交方式很容易造成脆弱的肛肠壁损伤出血,如果对方含有病毒的精液经破损的地方进入体内,就会造成感染。而且,男性同性恋者的性伴侣常为多个,传播艾滋病的危险性大大增加。

2. 吸毒者

经静脉注射毒品成瘾者约占全部艾滋病病例的15%~17%,主要是因为吸毒过程中反复使用了未经消毒或消毒不彻底的注射器、针头而造成传染。

3. 血友病患者

第三大易感人群为血友病患者,占1%左右。因为血友病是一种因体内缺乏凝血因子而得的疾病,要输入抗血友制剂,每一批号浓缩剂来自2000~5000个不同供血者的血浆,若血浆被感染,血友病患者则会被感染。另外,普通血友病患者本身机体更易感染上艾滋病病毒。

4. 接受输血或血液制品者

除了抗血友病制剂外,其他血液与血液制品的输注也与艾滋病的传播有关。

5. 与高危人群有性关系者

与上述高危人群有性关系者是艾滋病的又一易感染人群。

6. 艾滋病的其他高发人群

艾滋病从理论上说任何人群都有易感性，但主要是上面所提的五类人群。从年龄上，艾滋病虽可发生于任何年龄阶段，但事实说明90%以上发生于50岁以下的人群，而其中又主要发生在两个年龄组，即20～40岁的成人组和婴幼儿组。患有艾滋病的妇女所生的小孩，也是艾滋病的易感者。

此病至今还没有理想的疫苗和特效的治疗药物，宣传教育就成为现阶段预防艾滋病的主要手段。我国提出了现阶段控制艾滋病蔓延的对策：预防为主，宣传教育为主，经常性工作为主。虽然艾滋病现在还不能治愈，但是完全可以预防，预防艾滋病的主动权在我们自己手中！

六、远离“艾滋病”注意事项

（1）病毒携带者的血、排泄物和分泌物应进行及时清理及消毒，避免无保护地触及。

（2）保持单一性伴侣，避免性关系混乱，特别要防止与艾滋病病人发生性接触。大学生更是要做到洁身自爱。

（3）每次性生活坚持全程正确使用质量合格的安全套。

（4）不吸毒，尤其是不与其他人共用针具吸毒。

（5）积极对感染艾滋病病毒的孕妇进行治疗，以减少母婴传染。

（6）加强公用医疗器械和公用生活用品消毒。

（7）不在皮肤和黏膜表面有破溃的时候与艾滋病感染者直接接触。这是因为艾滋病可以通过血液和体液传播，当皮肤表面有破损的时候，艾滋病病毒就会乘虚而入。

（8）及早治疗并治愈性病可减少感染艾滋病的危险。性病患者、患有生殖器脓疮、溃疡、炎症的人更容易感染艾滋病。如怀疑自己患有性病和生殖器感染要及时到正规医院或性病防治机构检查、咨询和治疗，还要动员与自己有性接触的人去接受检查。

（9）不要共用刮脸刀、牙刷等个人用品。刮脸过程中极易在面部留下创口，而艾滋病病毒正是通过血液传播的。

（10）多了解艾滋病的传播途径，有针对性地进行自我保护。因为我们对艾滋病如此恐惧，也与对艾滋病的传播途径以及怎样保护自己并不十分了解有关，了解的知识越多，自己越安全。

七、防治艾滋病的“四免一关怀”政策

艾滋病威胁着每一个人和每一个家庭，影响着社会的发展和稳定，防治艾滋病是全社会共同的责任。艾滋病病毒感染者和病人是疾病的受害者，家庭和社会应为艾滋病病毒感染者和病人营造一个友善、理解、健康的生活和工作环境。为加强艾滋病防治工作，维护正常经济社会秩序，遏制艾滋病流行蔓延，我国政府出台了预防艾滋病“四免一关怀”政策。“四免一关怀”是当前和今后一个时期我国艾滋病防治最有力的政策措施。

1.“四免”

（1）农村居民和城镇未参加基本医疗保险等医疗保障制度的经济困难人员中的艾滋病病人，可到当地卫生部门指定的传染病医院或设有传染病区（科）的综合医院服用免费的抗病毒药物，接受抗病毒治疗。

（2）所有自愿接受艾滋病咨询和病毒检测的人员，都可在各级疾病预防控制中心和各级卫生行政部门指定的医疗等机构，得到免费咨询和艾滋病病毒抗体初筛检测。

（3）对已感染艾滋病病毒的孕妇，由当地承担艾滋病抗病毒治疗任务的医院提供健康咨询、产前指导和分娩服务，及时免费提供母婴阻断药物和婴儿检测试剂。

（4）地方各级人民政府要通过多种途径筹集经费，开展艾滋病遗孤的心理康复，为其提供免费义务教育。

2.“一关怀”

指的是国家对艾滋病病毒感染者和患者提供救治关怀，各级政府将经济困难的艾滋病患者及其家属纳入政府补助范围，按有关社会救济政策的规定给予生活补助；扶助有生产能力的艾滋病病毒感染者和患者从事力所能及的生产活动，增加其收入。

八、遏制艾滋病

社会公众对艾滋病的歧视和恐惧，使众多艾滋病病毒感染者和艾滋病病人处于一种无颜、无朋、无助、无望的可悲境地。在这样的境遇和心态下，艾滋病患者时常出现自暴自弃和仇视社会的心理和行为，有的放弃治疗，有的离家出走，有的恶意传播病毒等。遏制艾滋病，需要全社会人员共同努力抗击病毒，需要尊重、关爱艾滋病患者。

1. 艾滋病患者同样享有公民权益

艾滋病虽然离我们只有咫尺之遥，社会中的每一个人都有“防艾”的责任和义务，但对具体的艾滋病患者无须如临大敌、心存恐惧。艾滋病患者身心已十分痛苦，社会倘若不能宽容和理解，无异于在其撕裂的伤口再重重地撒上一把盐，滋生了其仇视和冷漠心态，违背了社会发展要义。艾滋病患者是一名合法公民，那么他就享有法律规定的合法权益。因而，艾滋病患者不仅可当公务员，而且应融入社会生活的方方面面，这是法律所赋予一个普通公民的权利，是社会和谐发展的基本内涵。

2. 用尊重帮助艾滋病患者自我阻断

“当你不伸出手的时候，我不会在意，但如果你先伸出手，我会紧紧地和你握在一起。你们放心，我们不会伤害别人，即使是在公共场所，我们也会主动避免和他人接触。”一名艾滋病患者如是说。这些话道出了他们的共同心声，他们渴望被尊重，告别被歧视。只有在一个没有歧视、受到尊重的环境里，让艾滋病患者得到社会的认同，他们才会主动参与艾滋病检测与治疗，才能让每一个艾滋病患者从自己做到阻断，不会恶意地感染下一个人。“艾滋病患者就跟我们患了感冒一样，不是罪恶而是病了；不要把艾滋病患者看作洪水猛兽，正常地和他们接触不会感染艾滋病。”防艾宣传大使濮存昕这样讲。

3. 抗击艾滋病是全人类共同的战争

防治艾滋病是全社会的共同责任，必须引导社会各方面力量广泛参与。要积极动员各级各类医疗卫生机构、疾病预防控制机构、广大企事业单位、学校、各类社会团体、民间组织、民营企业和众多的志愿者，乃至一些国际组织，投入到艾滋病防治工作中来，有力出力，有钱出钱，形成全社会共同参与艾滋病防治的有效机制，让象征对艾滋病病人理解和关爱的“红丝带”到处飘扬。艾滋病是一场殃及全人类的危机，地球村的每个居民都应为遏制这一灾难贡献自己的力量。

在地球上，每一天的每一分钟都有一个孩子死于艾滋病。艾滋病现在已经成为威胁人类健康的公敌。面对来势汹汹的艾滋病恶魔，面对因艾滋病酿成的一桩桩悲剧，我们不能冷眼旁观，不能焦虑恐惧，我们需要冷静地思考，积极地行动，因为，抗击艾滋病是一场战争，我们只有了解艾滋病，才能在今后从容面对。

走进艾滋病患者的真实生活

也许，这是世界上最特殊的一所学校。全校只有13个孩子，最小的7岁，最大的12岁，都上小学三年级。学校没有编制，没有经费，只能靠四处“化缘”。也许，这是世界上最特殊的一群儿童。13个孩子都是来自农村的艾滋病患者，母亲都因艾滋病去世。其中，一个孩子父母双亡，其他孩子的父亲常年在外打工，偶尔才来看看孩子。13个孩子从一降生，便因母婴传播感染了艾滋病病毒。几年后，母亲陆续逝世，他们也相继发病，打针、吃药、输液，成为他们童年最苦涩的记忆。

艾滋病抗病毒药物有个特点，一旦服用，不能间断，如果随意停药，就可能产生耐药性，最终导致无药可用。有一个艾滋病儿童，从小把药当饭吃。即便是病重，饭咽不下去，药也要咽下去。不管是胶囊还是片剂，不管味道多苦，孩子塞进嘴里就嚼，嚼碎了才咽下去。

对于这群特殊的孩子来说，生下来似乎就是为了活下去。孩子是无辜的，父母因感染艾滋病离开了他们，失去亲情的孩子需要更多的情感需求，我们要多和这些孩子精神交流，在不同的场合给予更多的爱。

苏州健雄职业技术学院大学生“红丝带”在行动

红丝带标志：象征着对艾滋病病毒感染者和病人的关心与支持，象征着对生命的热爱和对平等的渴望，象征着要用“心”来参与预防艾滋病的工作。

艾滋病联合规划署执行主任彼得·皮奥特在多个场合公开说过：“有证据表明这一全球流行病感染情况正在各地增多。与此同时，每年新增的患者中，40%为15~24岁的年轻人。”大学生群体俨然成为预防和控制艾滋病的重点人群。同时很多国内权威人士认为，加大对高校的“防艾”并不意味着仅仅让同学们洁身自好，更多的希望是发动大学生加入到防治宣传工作中来。苏州健雄职业技术学院作为全国第6所挂牌“青艾小屋”的院校，大学生红丝带行动飘扬在校园。学生们开展了防艾知识展板宣传，举办了“防艾”知识竞赛、“拒绝‘艾滋’，履行承诺”大型签名活动，向市民发放艾滋病防治手册，向学生发放“防艾”教育处方，邀请太仓市疾控中心专家、上海市生殖健康专家讲座，播放防艾主题电影，开展同伴教育等活动……同学们在有趣的活动中，收获了防艾知识，积极参与了防艾宣传活动。我院还曾多次安排“防艾”学生志愿者与艾滋病病人面对面交流，每次活动后大家颇有感慨：“他们本应和你我一样，有欢笑、憧憬。但由于种种原因，他们成为艾滋病的受害者，也遭遇到社会中异样的眼神和排斥，从此生活不再有阳光……希望社会能对他们多一份理解和尊重，少一份偏见与歧视！”大学生志愿者是防艾群体的中坚力量，他们的红丝带行动凝聚的是力量，收获的是信心，同时不断推动着全院乃至全市上下的防艾行动，把它带来的温暖、热情与希望传播开来！

第四节　毒品预防教育

毒品是全球性的灾难，也是全人类共同的敌人。目前，世界范围内日益严重的毒品潮，不仅严重危害人类的健康，败坏社会风气，而且直接导致和诱发各种犯罪，威胁着全球政治稳定和经济发展。大学生是祖国的未来和希望，同时也是新型毒品的“易感人群”，很多大学生都是因为对毒品缺乏了解而被诱骗吸毒，有的为了“治病”而滥用毒品，有的为了“减肥”而吸食毒品，结果成瘾而不能自拔！当前，新型毒品呈现蔓延之势，切实抓好大学生毒品预防教育，是高等院校的当务之急和重中之重。

一、毒品概述

毒品是指鸦片、海洛因、吗啡、大麻、可卡因以及国务院规定管制的其他能够使人形成瘾癖的麻醉品和精神药品，它具有以下共同特征：

（1）有一种不可抗拒的力量强制性地使吸食者连续使用该药，并且不择手段地去获得它。

（2）连续使用有加大剂量的趋势。

（3）对该药产生精神依赖及躯体依赖性，断药后产生戒断症状，即断药后会出现“脱瘾”症状。

（4）对个人、家庭、社会都会产生危害性结果。

二、毒品的分类

从毒品的来源看，可分为天然毒品、半合成毒品和合成毒品三大类。天然毒品是直接从毒品原植物中提取的毒品,如鸦片。半合成毒品是由天然毒品与化学物质合成而得,如海洛因。合成毒品是完全用有机合成的方法制造,如冰毒。目前,吸食海洛因等传统毒品的人员逐渐趋于大龄化,而冰毒、"K"粉等新型合成毒品吸食者则呈低龄化趋势。新型毒品主要有:

1. 冰毒

对人体中枢神经系统具有极强的刺激作用,且毒性强烈。冰毒的精神依赖性很强,吸食后会产生强烈的生理兴奋,大量消耗人的体力和降低免疫功能,严重损害心脏、大脑组织甚至导致死亡,还会造成精神障碍,表现出妄想、好斗、错觉,从而引发暴力行为。

2. 摇头丸

摇头丸是冰毒的衍生物,具有兴奋和致幻双重作用,滥用后可出现长时间随音乐剧烈摆动头部的现象,故称为摇头丸。服用后会产生中枢神经强烈兴奋,出现摇头和妄动。

3. K 粉

K 粉即"氯胺酮",静脉全麻药,通常在娱乐场所滥用。服用后遇快节奏音乐便会强烈扭动,会导致神经中毒反应、精神分裂症状,出现幻听、幻觉、幻视等,对记忆和思维能力造成严重的损害。

4. 咖啡因

咖啡因是化学合成或从茶叶、咖啡果中提炼出来的一种生物碱。大剂量长期使用会对人体造成损害,引起惊厥、心律失常,并可加重或诱发消化性肠道溃疡,同时具有成瘾性,停用会出现戒断症状。

三、毒品的危害

毒品(麻醉品)成瘾是一种反复发作的脑疾病。一旦沾染上毒瘾就难以戒掉,对社会、家庭、个人造成巨大危害。

(一)吸毒对身心的危害

1. 药物耐受性

即指不断地使用同一种药物以后其效果的退化,需要加大剂量才能获得与以前同样的或相似的效果。

2. 身体上的依赖性

即指在某一段时间内不断服用某种药物带来的生理上的变化,需要继续服用这种药物来维持身体上的要求。

3. 心理上的依赖性

毒品进入人体后作用于人的神经系统,使吸毒者出现一种渴求用药的强烈欲望,驱使吸毒者不顾一切地寻求和使用毒品。一旦出现精神依赖后,即使经过脱毒治疗,在急性戒断反应基本控制后,要完全康复原有生理机能需要数月甚至数年的时间。这是许多吸毒者一而再、再而三吸毒的原因,也是世界医药学界尚待解决的问题。

4. **对人体机理的危害**

从实践中的情况来看，凡是吸毒成瘾者，其症状普遍表现为身体虚弱，面色蜡黄，精神颓废，萎靡不振，一旦毒瘾发作，顿足捶胸，有的站立不起，咯血不止；有的乱碰乱撞，啃墙吃土；有的满地打滚，哭天喊地。种种丑态，不一而足。

5. **吸毒损害人体健康**

造成乙型肝炎、丙型肝炎、性病的传播等公共卫生问题，其中最严重的是艾滋病的感染和传播。

（二）吸毒对社会和家庭的危害

1. **吸毒影响社会经济财富的创造和积累**

据联合国麻醉品管制局公布的最新数字，世界上吸毒人员超过5000万人。每年有几十万瘾君子因吸毒而丧命。全球毒品交易额约达8000～10000亿美元，吸毒问题严重的国家，不得不拨出巨款用于防治吸毒及相关问题的开支；同时由于长期吸毒而使得吸毒者的劳动能力降低，或者导致劳动力完全丧失，从而影响社会财富的创造，也间接给国家、社会带来巨大的经济损失。

2. **吸毒与犯罪是一对孪生兄弟**

吸毒引起社会犯罪增加。一方面是吸毒者成瘾后，摆脱不了毒瘾的煎熬，为了满足毒瘾，铤而走险，从事偷扒抢劫、贪污、卖淫甚至杀人的犯罪活动；另一方面是贩毒分子疯狂的报复、恐吓、暗杀等活动，严重威胁人民群众的生命和财产安全，扰乱社会秩序。

3. **对家庭的危害**

家庭中一旦有人开始吸毒，家便不再成为家了。吸毒者在自我毁灭的同时，也破坏自己的家庭，使家庭陷入经济破产、亲属离散甚至家破人亡的困难境地。

四、易染人群和环境

从理论上讲，任何人在一定环境中和条件下均有可能成为吸毒者，但是，在现实生活中，却见有些人更易染上毒瘾，被认为是易染吸毒人群。而另一些人，尽管各种条件相同，而吸毒的可能性小，被认为是不染吸毒人群。当然，这里所讲的易染人群是相对的，还必须在一定的环境和毒品存在的情况下易染性强。常见的易染人群有以下几种：

1. **从小有人格行为不良者**

人格不良者有如下表现：不遵守社会习俗，缺乏自尊心，易受到外部环境的控制，经不起挫折，社会适应性差，缺乏耐心和学习欲望；与家庭关系疏远，精神痛苦，无视规章制度，寻求感官刺激；早年就有饮酒、吸烟习惯，经常逃学和撒谎，寻求“独立”和“自由”，对成绩和目标缺乏兴趣，对社会持批评态度，有越轨行为，与同伴的关系较父母更为密切。行为问题为伙伴强化。

2. **青少年**

青少年涉世不深，缺乏辨别是非的能力，较易受骗上当，尤其是那些家庭教育不良、人生观腐朽、虚荣心强、爱讲排场、情绪不稳定、顽固易怒、逞强好胜等而又对吸毒的危害性

缺乏认识的青少年更易为诱因所驱使而吸毒。

3. 个体户

随着改革开放的发展,有些个体户物质条件丰富了,为了追求精神刺激,或为了逃避烦恼和苦闷,走向毒渊。有些个体户的亲人长期处在吸毒的环境中,受到不良的感染也会参与吸毒。值得注意的是,有的贩毒分子为了达到牟取暴利的目的,而追寻这些"阔佬",使用种种伎俩,诱骗这些"阔佬"吸毒,这也是个体户吸毒多的因素之一。

4. 某些职业人员

一般而言,职业人员吸毒所占比例不高,因他们的实际收入难以支付昂贵的毒品支出。但一些较为特殊的职业,如汽车司机、采购员等,经常在外接触的人多,较易获得毒品,并由于离开家庭、单位,缺乏约束,一有机会就会染毒。

当前,吸贩新型毒品违法犯罪活动呈现发展蔓延态势。吸食群体由以上的四个群体为主,逐步向公司职员、演员、大学生和国家公务员等其他社会阶层扩散。

五、大学生预防毒品意识缺乏

1. 大学生在毒品问题上存在错误观念

一是认为毒品离我们很遥远。部分大学生认为,自己一直生活在一个平静和谐的环境中,就算偶尔听到某某酒吧、歌厅有K粉、麻古的出现,也觉得那不是他们的世界所应有的东西。大学生了解的有关毒品的知识还很少,面对毒品时不仅缺乏辨别能力,同时防范意识也十分欠缺,更有甚者认为自己一辈子都不会碰到这样的麻烦,因此不想知道有关知识。二是认为沾染毒品不可怕,自制力强就能轻易戒掉。由于存在着这样的错误认识,有的大学生认为如果沾染上了毒品,凭自己的自制力,一定能戒掉,这是一个值得十分关注的现象。

2. 大学生周围危险因素日益增长

近年来,化学合成毒品问题日趋严重,如冰毒、K粉由于制造工艺简单,价格较低,发展势头强劲,吸食的人数也增长迅速,特别在歌舞娱乐场所滥用情况严重。据统计,青少年吸毒者中有75%以上是受朋友的影响和引诱,如果没有一些关于毒品方面的知识,没有防范意识,就很容易染上毒瘾。从目前来看,吸毒现象已波及社会各个层面,大学生也难以幸免,尤其是女大学生往往受不住各种诱惑,混迹于非正规娱乐场所,从事吸食K粉、麻古等违法活动。

3. 大学生自身存在着沾染毒品的潜在因素

因为大学生正处于青春期后期与成年初期阶段,在生理和心理上都处于迅速变化的过程中,他们虽然文化层次较高,思想比较活跃,然而由于他们阅历浅、社会经验不足,对自己缺乏正确而全面的认识,容易受到社会上各种思潮的冲击,很容易产生各种各样的心理冲突和矛盾。调查中发现,当有些学生难以解脱而消极颓废时,就容易寻找外在解脱办法。而如果他们对毒品知之甚少,对其中的危险性认识不足的话,就容易陷入毒品的麻醉之中。

六、大学生如何拒毒防毒

从根本上说,远离毒品,必须树立正确的人生观、价值观,坚定自己的理想与信念。大学生防范和远离毒品,需要做到以下几点:

(1) 生活中遇到了困难和挫折,要设法寻找正确的途径去解决,绝不能借毒解愁。不听信毒品能治病、毒品能解脱烦恼和痛苦、毒品能给人带来快乐等各种花言巧语。

(2) 交友要谨慎,绝不要跟社会上不三不四的"混混"交朋友。不结交有吸毒、贩毒行为的人。如发现亲朋好友中有吸毒、贩毒行为的人,一要劝阻,二要远离,三要报告公安机关。

(3) 要有警觉戒备意识,对诱惑采取坚决拒绝的态度,如不接受陌生人提供的香烟和饮料,最好不要吸烟,许多吸毒者就是从吸烟开始的。

(4) 不要盲目追求刺激、与他人攀比,不要认为"吸毒是有钱人的标志",不要把吸毒与享受画等号,尽量少进入 KTV、酒吧、迪厅等治安复杂的场所。

(5) 吸毒不是减肥,而是减命,千万不要用这种极端的方式来减肥。

(6) 不能贪图眼前的小恩小惠,谨记天下没有免费的午餐,懂得"吸毒一口,掉入虎口"的道理,千万莫尝第一口。

毒品危害人们的身心健康,吞噬人们的肉体和灵魂,直接毁灭我们的美好生活。毒品曾给中华民族带来极其深重的灾难,时至今日,毒品这场来势凶猛的世纪之患正无情地侵蚀着一些人的身心。大学生更应该以身作则,坚决地拒毒抗毒。

禁毒就在我们身边

江苏省禁毒专项整治行动战果显著,2015 全年共破获毒品刑事案件 5870 起,捕获涉毒犯罪嫌疑人 6808 名,裁决强制隔离戒毒 4567 名,缴获毒品、易制毒化学品 734.26 千克,是上年的 3.34 倍,破获公安部目标案件 52 起,创历年新高。

2015 年苏州破获史上最大毒品案件,缴获毒品 46 千克。11 月 4 日,苏州警方成功破获一起特大贩毒案,抓获涉毒违法犯罪嫌疑人 57 名,查获冰毒 45 千克、麻古 1 万粒(约 1 千克),一举捣毁了一个盘踞在该市的涉毒网络,斩断了一条从广东至苏州的毒品贩运通道。该案为苏州市历史上缴获毒品数量最多的一案件。

2015 年,发生了一个典型的大学生吸毒案例,"4 名女大学生为减肥吸毒,生活费有限凑钱买毒品"。2015 年,江苏省某检察院以涉嫌贩卖毒品罪对女大学生丽丽(化名)做出批准逮捕决定。

19 岁的丽丽,面貌姣好,1.7 米的个子,看上去比同龄人成熟许多。3 年前,父母离异，丽丽只能跟随爷爷奶奶生活。

2014年，父母把女儿送到江苏某大学一学院学习。因觉得对女儿有亏欠，家长便每个月按时寄送1200多元的生活费。来到大学后，丽丽和同学常混迹于非正规娱乐场所、网吧等，并认识了社会上一些不良人员。

2015年春节后，丽丽第一次吸毒，而原因是此前有同学在私底下传，吸毒可以减肥，也可以让人“很嗨”。最初，因为生活费有限，丽丽就和其他几个玩得好的同学一起凑钱买毒品吸食。5月份，丽丽和其他3名同学在学校外合租了一套房子。小兰是其中一位，8月她第一次吸食毒品。小兰说，此前她因为羡慕丽丽身形苗条，问她怎么保持的，丽丽说是吸毒。在被多次怂恿下，小兰第一次用“冰壶壶”吸食冰毒。后来，使用锡纸吸食。案发时，小兰共吸食了3次毒品。

对此，检察官提醒，吸毒能够抑制食欲，可让服用者几天不进食，从而让人消瘦。然而，毒品对人的伤害之深，这么做根本不是在减肥，而是在摧残生命。

第五节　珍爱教育

近日，国家某教育网对多所高校数千名大学生发放调查问卷，调查显示有近三分之二的女大学生表示谈过或正在谈恋爱，其中部分大学生认为，在双方愿意的情况下接受婚前性行为，无需斥责。同时调查发现，到医院终止妊娠的女性中，半数为未婚女性，其30%为在校女大学生。女大学生正处于一生中人格完善的黄金时期，她们青春烂漫，活力四射，但因涉世未深，身心受伤害事件时有发生，究其原因是绝大多数人不懂得自我保护，没有妥善处理好男女之间的关系导致的。因此，须加强大学生珍爱自我教育，使女生们切实从关爱自身出发，树立自尊、自爱的信念和自我保护意识。

一、大学生性道德失落造成的主要后果

当代大学生由于性观念的日益开放，性教育的缺乏，结果带来了性行为中的道德失范，就必然引起了一些严重的后果，它包括即刻的和明显的，长期的和无形的。主要表现在以下两个方面：

1. 大学女生怀孕、堕胎现象屡见不鲜

由于缺乏性教育，男女大学生不善于约束自己，造成女方怀孕直至人流，对学习、人格的成长所带来的伤害和痛苦是无穷的。一位妇科门诊主任在多年的接待这种病例经历中，以致他都道出了这样的一个少女怀孕公式：恋爱—性行为—无避孕—妊娠—不知道怀孕—大月妊娠—人工流产或引产。

2. 性病、艾滋病蔓延

从害羞到坦然面对，再到性开放，大学生性观念悄悄发生着改变。性病、艾滋病的传播主要渠道之一就是通过性交的传播。现在一些大学生把性放纵、乱性看作是一种与时

俱进或新潮，不加克制地盲目追求、草率从事，这是很危险的。众多的悲剧已为我们敲响了警钟。大学生不要涉足色情场所，不要轻率地进出某些娱乐场所，不要触及网络一夜情。大学生感染性病群体已悄然扩大，我们必须行动起来，不可等闲视之。大学生，尤其是女大学生，要学会自尊自爱，懂得性保护的重要性，过分放纵情感弄不好会葬送自己的美好人生。

二、懂得拒绝恋爱中的“非分要求”

1. 理性拒绝恋爱中的“非分要求”

当恋爱中的男女双方进入热恋，两者的情感达到相当的程度时，他们的亲热举止会渐渐变得大胆、放肆。从男女的生理、心理角度来看，这是正常过程的必然趋势。但是，就传统的社会观点和对爱情的责任感来讲，这样做是不道德和轻率的。在热恋中，女生对异性提到的非分要求，既不要如遇猛虎，也不能听之任之。那么，当恋人的亲热举止超出了双方感情的范围时，要用你女人独有的温柔和理性，去帮助对方恢复理智。不要凭一时感情冲动，而使彼此的情感受伤害。如果对方是一个善解人意的人，在你良言相劝后一定可以清醒、明白过来。若对方仍然不听规劝，须声色俱厉地表明态度。

2. 性关系前须思考的问题

发生性行为的决定是个人的事情，但在此之前，请女生先考虑以下问题，我们都准备好了吗？

（1）我的道德文化的信念能不能接受？

（2）我和他的关系如何？我信任并尊重他吗？

（3）我对性行为的结果有什么预期？事后我会怎么看自己和他？

（4）我和他讨论过如果怀孕怎么办吗？

（5）我和他各自为此采取预防措施了吗？

（6）万一感染了性病或怀孕了，我们怎么办？

（7）我有没有因为压力而发生性行为？

（8）我会和他讨论我的决定吗？

3. 拒绝“性要求”的技巧

两个人已经深深相爱，男生已经多次向女生提出肌肤相亲的要求。女生若不能百分百确定，就不该贸然答应。看看以下的情况，掌握说“不”的方法吧！

（1）别的人都做过了，我们这么相爱，就试试吧？

答：不。别人是别人，但是我还没想好，我想好多人都不会这样做，包括我在内。

（2）如果你真的爱我，就应该理解我的感情，我真的非常想。

答：不。我不跟你做，不等于我不爱你，如果你爱我的话，就不要逼我做不想做的事情。

（3）我们那么相爱，还有什么不可以做的。

答：不。我们还没有足够的准备，我还要好好想一下。

（4）我们都是成人了，都已经成熟了，还等什么？

答:不。成熟的人做什么事情都会想得清清楚楚,并会考虑后果。不如我们先讨论下做过之后会有什么样的后果和责任?你说好不好?

(5)我们上次不都是已经试过了吗?这次你怎么不愿意了?

答:不。上次归上次,现在我要再想想清楚,我想你不会逼我的。

(6)有性要求是正常的,而且性行为会让我们更亲近,我们试试吧!

答:不。我知道有这种要求是正常的,我可以理解你,但是你想没想过试试的后果?

(7)总之我太爱你了,有些控制不住,现在就想要!

答:不。你太冲动了!如果你爱我,就应该顾及我的感受。

(8)我知道你其实同我一样很想试试的,为什么不试试呢?

答:不。其实你都不知道我想要什么,证明你都不了解我!我要的,是真正关心我,并尊重我的人。

(9)拥抱使我很兴奋,如果你真的爱我,就证明给我看!

答:不。我不想的!爱不是这样证明的!不如我们冷静下好不好!

(10)如果你不肯,就说明你不是真爱我,那我就找别人了。

答:不。我觉得你好不尊重我!如果你真的这样想,我倒要好好想想,你是否真的值得我爱。

三、避孕保护知识

社会科学研究所的赵维泰先生说:“大学生在年龄、生理上都已成熟,因此不能再单纯地说‘婚前性行为’的对错。主要问题不在于这个行为是发生还是没发生,而在于应该以一个正确的态度来看待这个问题。以感情好为理由而发生婚前性行为,可以理解但不可取。对于大学生来说,婚姻本身是不可预期的,而且作为学生主要任务还是学习。如果事情已经发生了,女大学生就更应该严肃地看待这个问题,至少应该考虑这个事情在今后的幸福生活中会造成什么后果。”如果男女生间发生了不该发生的性行为,那么女生要采取有效的避孕措施,杜绝堕胎而给身体带来的伤害。

1. 安全期避孕法

月经规律的女性,大约在预算的下次月经前14~16天排卵,在此日期前后2~3天内为不安全期,其他日期是安全期。利用安全期避孕优点是对身体没有伤害和副作用;缺点是年轻女孩子月经及排卵周期经常不固定,避孕失败率高(避孕失败率20%~30%),不能预防艾滋病和性病。

2. 口服避孕药

(1)长效口服避孕药。主要依靠炔雌醚在脂肪组织中贮存并逐渐释放而起长效作用。在月经来潮的第5天服药1片,以后每隔28~30天服1片。

(2)短效口服避孕药。一般从月经第5天开始服用,每天1片,连服22天,不能间断,若偶然漏服应于24小时内补服1片。停药后2~4天来月经,然后于月经第5天服下一个周期的药,若停药7天仍不来月经,则应立即开始服下一个周期的药。

利用上述两种口服避孕药避孕有其优缺点：优点是口服避孕药是最安全的避孕方法，成功率几乎 100%；缺点是短效避孕药每天必须服用，不得间断，长效避孕药可能导致内分泌紊乱，且两种方式都不能预防艾滋病或性病的传染。

（3）紧急避孕药。紧急避孕药适用于发生性关系时没有采取避孕措施或避孕套破损、滑脱以及体外排精失败、女性受到意外伤害等情形。在同房后 72 小时之内服用紧急避孕药，能有效地阻止意外怀孕，使女性免受流产之苦。它属于唯一的事后补救方法，同时也存在如下缺点：每次使用的失败率为 2%；服药后可能会导致恶心、头晕、呕吐、头痛、乳房胀痛和肌肉痉挛等副作用；不能防止性病和艾滋病病毒；有导致宫外孕的潜在危险。

紧急避孕药其他注意事项：

① 一年内服用不得超过 3 次。

② 72 小时内服用一片，隔 12 小时再服一片，总量为 2 片。服药时间越早效果越好。

③ 服药后 2 小时内发生呕吐的，必须立刻补服一片。

④ 吃了紧急避孕药后又发生性行为，必须采取避孕措施，否则仍有怀孕的可能。

⑤ 心血管病患者、糖尿病患者、乳腺癌患者、40 岁以上妇女、产后半年内的哺乳女性及已经确定为妊娠的人严禁使用此药。

3. 安全套避孕

直接套在阴茎上，主要用于在性交中阻止精子和卵子结合，防止怀孕。优点是简单方便；男性承担避孕的责任；可预防艾滋病与性病，没有副作用。缺点是使用不当易致避孕失败；可能引起橡胶过敏及妇科炎症。

四、人工流产

月经周期是女性特有的生理周期，由于每个人的体质不同，大部分人的月经周期为 28～30 天。月经提前或推迟一周很正常，但若超过一周，就要引起足够的重视。可先购买早孕试纸自行验孕，但该方法存在一定的误差，可到医院进一步做尿液检查，若检查结果呈阳性表示已经怀孕。最准确的方法是进行 B 超检查。若确定意外受孕，应慎重考虑解决办法。若要流产，建议到正规大医院处理。

（一）人工流产知识

1. 药物流产

药物流产适用于停经 49 天内的孕妇。药物流产首先在医院进行检查，然后必须在医生的严格看护和指导下服用药物。一般服药数天后，胚胎可以从子宫内排出。而且在服药之后会有断续的出血和腹痛，持续一段时间才会停止。

2. 手术流产

手术流产适用于怀孕 14 周以内者。手术流产分人工流产负压吸引术和人工流产钳刮术。前者适用于怀孕 10 周以内者；后者适用于怀孕 11～14 周者。

3. 无痛人流

无痛人流，是指在静脉麻醉的基础上进行的人工流产术，即手术开始前给予一种麻醉剂(多为异丙酚)静脉注射,待病人意识状态丧失后进行手术,因此在手术过程中病人不会感到痛苦。“无痛人流”并不真的像广告说的那样轻松和安全,许多人存在以下误解:

(1) 误解一:“无痛人流在睡梦中进行,无伤害,随治随走。”

意识丧失不等于睡眠。有的麻醉药会使病人出现呼吸抑制,甚至发生呼吸暂停。有的麻醉药还会使病人产生幻觉,病人醒后犹如做了一场梦,但因药物的残留,病人常有头晕症状,有时还会感到腹部有轻微的疼痛。目前的麻醉方式尚未达到理想的境界,因此麻醉不良反应还时有发生,尤其是血液循环受抑制以及对药物过敏的病人。

(2) 误解二:“无痛人流是小手术,在哪儿做都一样。”

无痛人流必须有精于急救处理的麻醉执业医师在场,术中必须现场监护,同时必须配备用于呼吸、循环、抗过敏的急救药物与设备。而很多私人诊所或小医院可能并不具备这些条件。

(3) 误解三:“有了无痛人流,就不怕意外怀孕了。”

无痛不等于无风险。无痛人流只不过是施行了麻醉,减少了病人的痛苦,但与普通人流相比身体受损程度丝毫不减。除了麻醉的风险外,人流手术本身也存在一定危险,如出血甚至大出血,手术不当还会造成子宫穿孔。因此,无痛人流绝不能常做,更不能替代常规避孕。

(二) 人工流产的危害

1. 手术直接的危害

未生育过的女性子宫颈管未消失,宫颈长而紧,施行人工流产手术时扩张宫颈口要比曾经生育过的女性费力而疼痛,引起感染的机会也相应增多。手术过程中出血量多,严重者可能会因出血过多而导致死亡;子宫穿孔,如果不能及早发现和治疗,会危及生命。

2. 影响将来的生育

人工流产,特别是短期内多次人工流产,容易引起输卵管炎、宫颈和宫腔粘连、闭经等,造成继发性不孕,习惯性流产,早产率偏高。说得通俗些,反复人流、反复刮宫使子宫内“土壤”变得薄而贫瘠,“种子”进来了,却无法生根发芽。到最后,很可能连所谓的“试管婴儿”也没法做。

3. 术后感染

例如,急性子宫内膜炎。如果治疗不及时甚至可发展为败血症、盆腔炎、附件炎、宫腔粘连等。

4. 其他危害

例如,漏吸,需再次手术;吸宫不全,术后出血增多,出血时间长,需再进行清宫手术;羊水栓塞,一旦发生,死亡率最高可达40%;部分流产后的女性会有心理阴影,负性情绪影响学习、工作;心理压力大,给今后的婚姻留下阴影……

“爱”是一个非常强烈的字眼,如果滥用得太多就失去了它本身的意义。如果你不止对一个人说“我爱你”,等你真正要表达那种独一无二的爱时,就很难找到适当的字眼去表达那种情感了。所以,一个青年如果滥用性爱,只会使这种所谓的“爱”变得低廉。这就能够解释,有些青年男女因为发生了性关系,反而很容易疏远和分手,因为他们忽视了界限和距离产生的吸引力。再说，你轻易地失去贞操，也就失去了自尊、自重和自爱，又怎能指望对方给你较高的评价呢？女大学生们，花朵应在正确地点、正确时候开放，才是最美、最艳的，请守住你们最美丽的一道线。

苏州健雄职业技术学院“生命教育基地”简介

随着素质教育以及新课程改革在全国范围内的展开，关注生命已成为了社会共识，上海、辽宁等省市教育主管部门还颁布了生命教育的指导性文件，生命教育在中小学教育中正广泛地开展。高等教育作为教育的后一阶段，将生命教育纳入大学生素质教育则显得尤为突出、重要，是“以人为本”教育思想的体现。

学院将学生生命教育作为学生素质教育工作的基石，其核心是让学生认识生命、保护生命、珍爱生命、欣赏生命，探索生命的意义、价值。2006 年以来，学院陆续开展“生命教育”相关主题教育，2011 年全面实施“大学生生命教育工程”。2012 年，学院投资 50 万元建立了“太仓地区青少年生命教育基地”，基地总面积达 300 平方米，共有 8 间工作用房，分别设置了个体咨询室、自助调节室、团体辅导室、朋辈交流休息区、健康指导教室等功能场所。该基地引入当地卫生局、红十字会等多方政府资源，面向太仓地区青少年开展生命教育，主要内容有：(1)生命价值观教育；(2)心理健康教育；(3)紧急救护教育；(4)预防毒品教育；(5)预防“艾滋病”教育；(6)“生理健康”教育。2012 年，学院顺利通过“江苏省红十字会示范学校”验收，专家组高度肯定了生命教育工作是红十字会工作的创新与延伸；同年 5 月，中国红十字会华建敏会长视察学院红十字会工作，高度评价了基地所开展的青少年生命教育工作。近 3 年来，基地除为学院学生开展生命教育外，还为 10000 余名太仓地区青少年开展生命教育项目培训，生命教育工作已成为青少年学生素质教育的品牌项目。

随着全社会对生命教育实践与研究的不断深入，我们相信生命教育工作能够让学生感受到生命的关怀和熏陶，升华对生命的认识，不断增强生命的韧性。

【学长寄语】

在恋爱这个“专业”里，同样有很多功课要学习，对于女生来讲，“珍爱”这门功课显得尤为重要——我们要尊重自己，关爱自己，保护自己！在爱的名义下，我们可以沉醉，但也需要用理智浇灌炙热。如果他真的爱你，就不应该让你受到心灵、身体的伤害。爱需要尊重，需要呵护！

（程梦茹，2014 届计算机应用技术（嵌入式）专业毕业，现工作于青岛集丽世界假发有限公司，担任美工主管。）

参考文献

[1] 韩延明. 大学理念论纲[M]. 北京:人民教育出版社,2003.

[2] 付丽苹,刘征. 论高等职业教育特色[J]. 社科纵横,2007,22(07):131 – 132.

[3] 嵇芹珍. 大学生入学教育[M]. 苏州:苏州大学出版社,2009 年.

[4] 魏晓锋. 德国双元制职业教育在健雄职业技术学院的本土化改革与实践[J]. 世界教育信息,2009,(11):52 – 54.

[5] 朱建设,等. 吴健雄:献身物理科学的一生[M]. 南京:东南大学出版社,2002.

[6] 江才健. 物理科学的第一夫人——吴健雄[M]. 上海:复旦大学出版社,1997.

[7] 燕良轼,唐海波. 大学生心理健康教程[M]. 第 2 版. 长沙:中南大学出版社,2006.

[8] 张玉华. “90 后”大学生消费行为误区及其疏导路径探析[J]. 中州学刊,2012,(2):103 – 106.

[9] 霍艳芳. 大学生个人知识管理初探[J]. 图书馆学研究,2007,(02):54 – 57.

[10] 左军. 对高校学风建设的几点思考[J]. 嘉兴学院学报,2004,16(04):76 – 78.

[11] 张磊. 加强高校学风建设的对策研究[J]. 现代营销,2012,(06):291 – 291.

[12] 陈大为. 浅谈高校学风建设的有效途径[J]. 学理论,2012,(06):203 – 204.

[13] 赵东新. 高职院校毕业生就业的主要问题及对策[J]. 中国大学生就业,2007,(18):60 – 61.

[14] 龚雨玲. 高职院校毕业生创业存在的问题与对策[J]. 教育探索,2011,(01):152 – 153.

[15] 龙晓峰. 高职院校毕业生自主创业的现状及对策[J]. 学习月刊,2009,(06):11 – 12.

[16] 张德,吴剑平. 校园文化与人才培养[M]. 北京:清华大学出版社,2011.

[17] 郑玮玮. 浅析大学生党员先锋模范作用的发挥[J]. 泉州儿童发展职业学院学报,2011,(02):57 – 60.

[18] 施燕. 提前锻炼自己成就美好明天——大学社团在大学生群体中的作用[J]. 长春理工大学学报,2010,5(10):42 – 43.

[19] 雷建民. 我国高校学生社团类型、特征与功能[J]. 泰安师专学报. 2010,(01):105 – 108.

[20] 陈琨. 高校大学生志愿者行动的价值研究[J]. 江苏科技信息. 2010,(03):32 - 34..
[21] 刘显容. 大学生诚信现状及对策研究[D]. 西南大学,2009.
[22] 张松宾. 大学生感恩意识在情感生活中的自我培养[J]. 贵州教育学院学报(社会科学),2009,25(7):10 - 12.
[23] 胡虹霞. 关于大学生感恩意识培养的几点思考[J]. 山东省青年管理干部学院学报,2005(03):29 - 30.
[24] 李晋东. 大学生安全教育读本[M]. 西安:陕西师范大学出版社,2007.
[25] 邹昨平. 现场急救[M]. 苏州:苏州大学出版社,2009.
[26] 蔡金红,苏伟,周本贞,等. 禁毒和预防艾滋病教育教师指导(高师院校版)[M]. 北京:高等教育出版社,2009.
[27] 杨育林,赵联合. 大学预防艾滋病健康教育读本(大学生性生理性心理健康指导)[M]. 济南:山东科学技术出版社,2005.